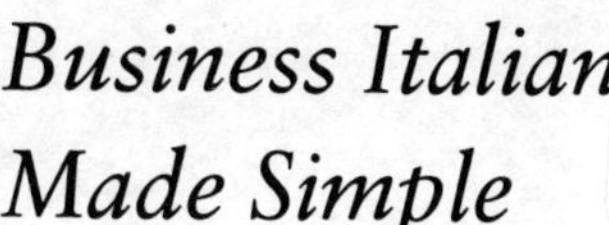

Business Italian Made Simple

Related titles in the series

Accounting
Advertising
Auditing
Book-keeping
Business and Commercial Law
Business and Enterprise Studies
Business French
Business German
Business Italian
Commerce
Cost and Management Accounting
Economics
Elements of Banking
Financial Management
Information Technology
Law
Management Theory and Practice
Marketing
Office Practice
Personnel Management
Psychiatry
Social Services
Statistics for Business
Teeline Shorthand
Typing

Business Italian Made Simple

Vincent Edwards
Director of Postgraduate Studies, Buckinghamshire College Business School

and

Gianfranca Shepheard
Freelance translator and interpreter

Made Simple
An imprint of Butterworth-Heinemann Ltd
Linacre House, Jordan Hill, Oxford OX2 8DP

 PART OF REED INTERNATIONAL BOOKS

OXFORD LONDON BOSTON
MUNICH NEW DELHI SINGAPORE SYDNEY
TOKYO TORONTO WELLINGTON

First published 1992

British Library Cataloguing in Publication Data
Edwards, Vincent
Business Italian – (Made Simple Books)
I. Title II. Shepheard, Gianfranca
III. Series
458.3

ISBN 0 7506 0334 8

Typeset by Key Graphics, Aldermaston, Berks
Printed and bound in Great Britain by Clays, St Ives plc

Contents

■ = Cassette symbol

Preface

Business Italian Made Simple sets itself the ambitious aims of offering a course in business Italian for those with a foundation in the language, as provided, for example, by *Italian Made Simple*, and of supplying background information on doing business in Italy.

The Italian economy is one of the largest in both Europe and the world and we will shun the controversy as to which economy is larger, the Italian or British. The Italian economy has, however, succeeded to a greater extent than have other major European Community economies in remaining difficult for foreign companies to penetrate. Structurally, and also politically, there are hidden barriers to entry which have dissuaded many companies from undertaking serious forays into the Italian peninsula. Clearly, with the advent of the Single European Market, Italy offers substantial business opportunities for companies which can approach it with a knowledge of its language and culture and with the determination to persevere and succeed.

The course makes no pretensions to be an encyclopaedia, but it aims to point the reader in the right direction. With the dramatic changes taking place in Europe all one can expect is further change. It is unlikely that all of today's answers will still be applicable in the near future. It is much more likely that knowing where to go for answers and support will be more useful than answers to today's questions themselves.

Entry into, and development of, new markets requires commitment and dedication. The same qualities apply to learning a language and the culture of a country, and the rewards are in proportion to the investment of time and effort. We are convinced that by working through *Business Italian Made Simple* and by using it as an introductory source of reference your efforts will be rewarded.

Many people have contributed over time to the development of this book, in particular colleagues and students on the European Business and European Marketing courses at Buckinghamshire College, commercial clients and academics and practitioners in Italy. It would take too long to name them all.

We would nevertheless like to express our personal thanks to Laura Gualtieri, formerly research assistant at Buckinghamshire College,

Pierpaolo and Anna Gessa for supplying us with up-to-date reference information and publications, and David Baker, Senior Lecturer in Marketing at Buckinghamshire College, for permitting us to use the results of his survey of European businessmen and women. The following companies also kindly consented to our using company-specific materials: Miroglio Tessile S.p.A.; and Ing. C. Olivetti & C., S.p.A., Ivrea.

Vincent Edwards
Gianfranca Shepheard

How to use this book

Business Italian Made Simple was conceived as both a language course and an introductory reference work for those interested in and operating in the Italian business environment. It assumes the reader has a basic, but possibly rusty, knowledge of the language. If you are a complete beginner you may prefer to use *Italian Made Simple* first, before progressing on to this book.

Business Italian Made Simple is structured in a way that allows you to work through the book in the traditional way, unit by unit. However, there is no reason why you should not work through it on a topic basis, as the level of the exercises is fairly uniform throughout the book.

If studying on your own, you can work through the book at your own pace, although we have devised the book for both individual and classroom study. At the same time the book also aims to provide introductory information on a broad range of topics relevant to conducting business in Italy.

Complementary cassettes are also available, which offer an opportunity to hear and practise spoken Italian. They are based predominantly on materials and exercises covered in the book.

In bocca al lupo e buon lavoro!

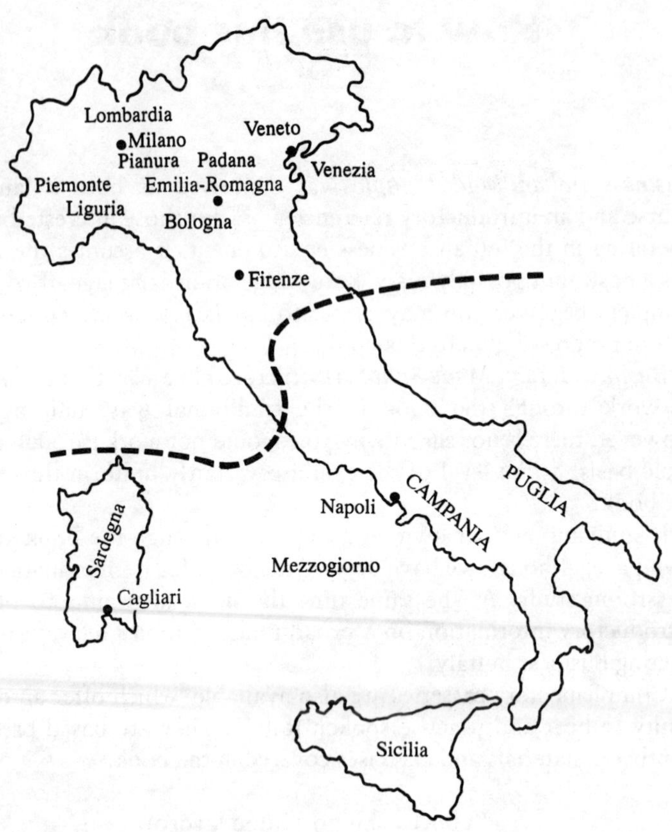
Lombardia
Milano
Pianura
Padana
Veneto
Venezia
Piemonte
Emilia-Romagna
Liguria
Bologna
Firenze
PUGLIA
CAMPANIA
Napoli
Sardegna
Mezzogiorno
Cagliari
Sicilia

Unit 1

Presenting a company
Presentazione di una società

In this unit you will learn words and expressions connected with introducing a company. We also review the passive tense of verbs and its use, in particular the use of *essere* or *venire* to form the passive. The unit begins by presenting a typical company.

La sede legale e lo stabilimento della società Francesco Pardini & Figli S.r.l. si trovano nella cittadina toscana di Poggibonsi, in provincia di Siena. L'azienda fu fondata nel 1939 da Francesco Pardini e alla sua morte, avvenuta nel 1970, fu ereditata dai quattro figli che sono tuttora gli amministratori della società. Negli anni Settanta, da piccola industria familiare la Pardini & Figli fu trasformata in un'azienda moderna ed efficiente che oggigiorno impiega oltra 200 dipendenti e ha un fatturato annuo di 20 miliardi di lire. La Pardini produce capi d'abbigliamento, principalmente abiti e accessori di moda maschili. Il 20% della produzione è venduto in Italia e l'80% viene esportato principalmente negli Stati Uniti, nel Canada e nei paesi della Comunità Economica Europea.

The registered office and factory of the company Francesco Pardini & Sons S.r.l. (limited liability company) are in the small Tuscan town of Poggibonsi, in the province of Siena. The company was founded in 1939 by Francesco Pardini and after his death in 1970 it was inherited by his four sons who are the present directors of the firm. In the 70s Pardini & Sons was transformed from a small family business into a modern and successful enterprise which nowadays employs over 200 people and has an annual turnover of 20,000 million Lire. Pardini & Sons manufacture clothes, mainly suits and fashion accessories for men; 20 per cent of production is sold in Italy and 80 per cent is exported, mainly to the USA, to Canada and to the member countries of the EC.

Vocabolario

l'amministratore	administrator, director
l'amministratore delegato	managing director
l'amministratore esecutivo	executive director
avvenire [avvenuto]	to happen, occur, take place
la città, la cittadina	town, small town
il dipendente	employee, worker
il dipendenti	personnel, staff
ereditare [ereditato]	to inherit
esportare [esportato]	to export
il fatturato, il giro d'affari	turnover
fondare una società [fondato]	to found, constitute, establish a company
impiegare [impiegato]	to employ, use
l'impresa familiare	family firm
il mercato estero	export market
il mercato interno	home market
il miliardo = 1.000 milioni	billion = 1,000 million
produrre [prodotto]	to produce, manufacture, make
la ragione sociale	company name
la sede legale	registered office
la società, la compagnia, la casa, l'impresa, la ditta, l'azienda	firm, company, business
S.r.l. – società a responsabilità limitata	limited liability company
lo stabilimento	factory, plant, mill, workshop
trasformare [trasformato]	to transform, to change
trovarsi [trovato]	to be situated
vendere [venduto]	to sell
20% – venti per cento	20 per cent
la Comunità Europea CEE	EC
il Mercato Comune Europeo MEC	Common Market

Answer the following questions:

1 Dove sono lo stabilimento e la sede legale della Pardini & Figli?
2 Quando fu fondata la società e da chi?
3 Che cosa accadde alla morte del fondatore della società?
4 Chi sono gli amministratori e i direttori della società adesso?

5 Che cosa produce l'azienda?
6 Qual'è il fatturato annuo della società?
7 Dove vende i suoi prodotti la Pardini?

1 Sono a Poggibonsi, in Toscana.
2 La società fu fondata nel 1939 da Francesco Pardini.
3 I figli di Francesco Pardini ereditarono la società.
4 I figli di Francesco Pardini sono gli amministratori e i direttori della società.
5 Produce capi d'abbigliamento maschile.
6 20 miliardi di lire.
7 Il 20 per cento in Italia e l'80 per cento negli USA e nel MEC.

Choose the Correct Answer

1 La Pardini è una società:
   a. per azioni
   b. multinazionale
   c. a responsabilità limitata

2 L'azienda fu fondata:
   a. nel 1939 da Francesco Pardini
   b. nel 1970 da Francesco Pardini
   c. nel 1939 dai quattro figli di Francesco Pardini

3 La Pardini produce:
   a. capi d'abbigliamento maschile
   b. accessori e capi d'abbligliamento femminile
   c. capi d'abbigliamento e accessori moderni

4 La società vende:
   a. il 20% della propria produzione nel MEC
   b. il 20% della propria produzione nel Canada
   c. il 20% della propria produzione in Italia

1c, 2a, 3a, 4c.

ITALY: AN INTRODUCTION

Italy is one of the larger countries of Europe with an area just above

301,000 km^2, making it approximately one-third larger than the United Kingdom. Italy stretches from the Alps to the Mediterranean and includes the islands of Sicily and Sardinia.

Italy's population was 56,663,000 in 1987 [ISTAT *Compendium*, vol. 22 1988] with a labour force of 23,668,000 people (41.8% of the population), of whom over 20 million were employed and almost 3 million unemployed. This compares to the UK's population, in 1987, of just under 57m and workforce of around 28m of whom c.3m were unemployed.

Italy has been a republic since 2nd June 1946. The head of state is the President, elected every seven years. Parliament consists of two chambers: the Chamber of Deputies and the Senate. Deputies and Senators are elected every five years. Italian politics since the end of the Second World War have been characterised by (1) frequent changes of government and (2) the dominance of the Christian Democratic Party – DC – in coalition governments. No one party has ever achieved an absolute majority and this has necessitated the formation of various coalitions pivoted on the DC. The Communist Party – PCI – has usually represented the main opposition to DC rule. Since 1991 the PCI has been renamed the Partito Democratico della Sinistra (PDS) – the Democratic Party of the Left.

The capital of Italy is Rome (population over 4m) but the major business centre is Milan (population of Greater Milan over 4m). Other important cities are Bari, Bologna, Cagliari, Florence, Genoa, Naples, Palermo, Turin and Venice.

Translate into Italian

1 When was that Neopolitan company founded?
2 Mr Rossani and Mrs Banchi are the new directors of our company.
3 What products do Verdani S.r.l. manufacture in their new factory?
4 Our products are not exported, they are sold only in the home market.
5 Merello & Sons have an annual turnover of over 400 billion lire.
6 Over 700 employees work in the Sicilian plant.

1 Quando fu fondata quella società napoletana?
2 Il signor Rossani e la signora Banchi sono i nuovi amministratori della nostra società.

3 Quali prodotti produce la Verdani S.r.l. nel nuovo stabilimento?
4 I nostri prodotti non sono esportati, sono venduti solo nel mercato interno.
5 La Merello e Figli ha un fatturato annuo di oltre 400 miliardi di lire.
6 Oltre 700 dipendenti lavorano nello stabilimento siliciano.

Insert the correct form of the present tense of the verb given in brackets

L'amministratore delegato della Pannoni & Paoli (trovarsi) a Viterbo dove la società (avere) un nuovo stabilimento. Nella fabbrica (lavorare) ben 350 dipendenti. I nostri prodotti (esportare) in tutto il mondo. La nostra impresa (produrre) capi d'abbigliamento per bambini. Che cosa (importare) quelle piccole aziende venete? Questi accessori di moda (venire) dalla Malesia.

si trova, ha, lavorano, vengono esportati, produce, importano, vengono

Passive Tenses

Paolo Nolli fondò la Nolli S.p.A. nel 1949.
La Nolli S.p.A. fu fondata da Paolo Nolli nel 1949.

These two sentences give us the same information in two different ways: the first contains the verb in the active form while the second contains the verb in the passive form. In Italian passive tenses can be formed using either *essere*, (to be) + past participle (for example *è mangiato, è stato letto, fu mandato, sarà acquistato*) or '*venire*' (to come) + past participle, but only in simple tenses (for example *viene venduto, verrà letto, venne comprato, vengono ascoltati*).

Rewrite these sentences in the passive:

Example:
Giorgio Mazzini *fondò* la ditta nel 1949.
La ditta *fu fondata* da Giorgio Mazzini nel 1949.

1 Esportiamo i nostri prodotti in Scozia.
2 La nostra società impiega 90 dipendenti.
3 I nuovi amministratori trasformarono la società in breve tempo.
4 Questa società produce molti accessori di moda femminili.

5 Vendiamo il 33% della nostra produzione in Sud America.
6 Chi ti ha chiamato al telefono?
7 La ditta venderà tutti i prodotti negli Stati Uniti.

1 I nostri prodotto sono esportati in Scozia.
2 90 dipendenti sono impiegati dalla nostra società.
3 La società fu trasformata dai nuovi amministratori in breve tempo.
4 Molti accessori di moda femminile sono prodotti da questa società.
5 Il 33% della nostra produzione è venduto in Sud America.
6 Da chi sei stato chiamato al telefono?
7 Tutti i prodotti saranno venduti dalla ditta negli Stati Uniti.

Indicate whether the sentences with *venire* are active or passive.

		Active	Passive
1	L'azienda venne rilevata da una multinazionale nel 1976.	☐	☐
2	Gli amministratori vengono nello stabilimento alle sette del mattino.	☐	☐
3	Da dove vengono quei macchinari?	☐	☐
4	Dove vengono esportati i vostri prodotti?	☐	☐
5	Da chi viene finanziato questo investimento?	☐	☐
6	Verranno alla mostra i loro tecnici?	☐	☐
7	Oggigiorno quei prodotti non vengono venduti tanto.	☐	☐

P, A, A, P, P, A, P.

Complete the sentences with a passive construction using one of the verbs in brackets.

1 La ditta [fondare/trasformare/iniziare] nel 1939.
2 Metà della nostra produzione [importare/esportate/fare] nei paesi dell'Est.
3 Che cosa [produrre/ereditare/impiegare] in questo reparto?
4 In questa azienda [impiegare/avvenire/vendere] oltre 3.000 dipendenti.

fu fondata, viene esportata, viene prodotto, sono impiegati

Unit 2

Business organization
Organizzazione aziendale

In this unit you will learn words and expressions used in the context of company organization. We also review the present tense and reflexive verbs. There are more reflexive verbs in Italian than in English and they are used in a wider range of applications. The unit begins with a dialogue between two directors on the subject of business organization.

Dialogo fra due amministratori:

– Le aziende non operano in un vuoto, ma in un contesto di relazioni con gruppi diversi ed entità esterne: clientela, imprese fornitrici, enti pubblici e organi governativi a vari livelli (comune, provincia, regione, stato) e il pubblico stesso. E naturalmente dalla struttura organizzativa non si devono escludere i dipendenti e gli azionisti.

– Mi sembra che sia importante rendersi conto che l'azienda appartiene ad un sistema sociale a livello nazionale e, in un numero crescente di casi, internazionale.

– Non appena le dimensioni dell'azienda raggiungono un certo livello, quando ormai il titolare non è più in grado di svolgere personalmente le attività necessarie per la sopravvivenza e il successo dell'azienda stessa, vengono di solito impiegati degli specialisti con competenza in diversi campi: produzione, vendita e marketing, contabilità e finanza, personale, controllo della qualità dei prodotti, ecc.

– Con la crescita dell'azienda i compiti di questi specialisti vengono ripartiti tra varie unità organizzative separate nell'ambito aziendale, mentre il titolare e/o i dirigenti provvedono alla gestione generale e alla pianificazione della strategia.

– Molte aziende sono però organizzate in un modo ancora più complesso.

– Da un certo punto di vista questo è vero. Quando un'azienda, specialmente se molto grande, offre una vasta gamma di prodotti o di servizi, oppure opera su diversi mercati, allora la struttura organizzative si articola sui prodotti o sui gruppi di prodotti (per esempio automezzi, aeroplani) o su determinate aree geografiche (Europa, Nord America, Asia), dando luogo a divisioni che riflettono più o meno il tipo di organizzazione descritta sopra.

Dialogue between two directors:

"Companies do not operate in a vacuum, but in a context of relationships with various groups and outside bodies: customers, suppliers, public bodies and government departments at various levels (local authority, province, region, central government), and the public itself. Then you must not exclude the employees and shareholders from the organizational structure."

"I think it's important to realize that a firm is part of a social system which is national and, in more and more cases, international."

"As soon as a company reaches a certain size, when the owner is no longer able to carry out those activities which are necessary for the survival and success of the firm on his own, then specialists with competence in various fields are employed: production, sales and marketing, accounting and finance, personnel, quality control etc."

"As the firm grows, the tasks performed by these specialists are divided between various separate organizational units within the firm while the owner and/or the senior managers look after the general management and strategic planning."

"Many companies, however, are organized in an even more complex manner.'

"From a certain view point, this is true. When a firm, specially if it's very large, supplies a wide range of products or services or operates in various markets, then its organizational structure will be expressed in terms of products or groups of products (for example, motor vehicles, planes) or of specific geographical areas (Europe, North America, Asia), giving rise to divisions that reflect more or less the kind of organization described above."

Vocabolario

l'automezzo	motor vehicle
l'azionista	shareholder
la clientela	clientele, customers

il compito	job, function
il comune	local authority, local council
la contabilità	accounting
la crescita	growth
la dimensione	size, dimension
il dirigente	(top) manager
l'ente pubblico	public body
l'entità	entity, organization
essere in grado di	to be able to
esterno	outside, external
la finanza	finance
il fornitore	supplier
la gamma	range
la gestione	management
la mansione	job, function
le mansioni dirigenziali	management tasks
l'organizzazione aziendale	company organization
l'organo	organ, body
il personale	personnel
raggiungere [raggiunto]	to reach, achieve
rendersi conto (di) [reso]	to realize
ripartire [ripartito]	to divide, share
la sopravvivenza	survival
lo specialista	specialist
svolgere [svolto]	to carry out, to undertake
il titolare, il proprietario	owner
l'ufficio	department, office
l'unità organizzativa	organizational unit
la vendita	sale
il vuoto	vacuum, void

Answer the following questions

1 Chi fa parte dell'azienda?
2 Con quali altri gruppi ha rapporti l'azienda?
3 Come sono organizzate di solito le aziende piccole?
4 E quelle medie?
5 Come sono organizzate molte aziende grandi?
6 Perché ci sono diversi tipi di organizzazione?
7 Chi si occupa della gestione generale di un'azienda?

1 Il titolare o gli azionisti, i dirigenti e i dipendenti.
2 Con i clienti e i fornitori, con gli organi pubblici e governativi e con il pubblico.
3 Il titolare gestisce più o meno tutto.
4 Ci sono reparti di specialisti per le vendite, la contabilità, ecc.
5 Secondo gruppi di prodotti o aree geografiche.
6 Per garantire le attività necessarie per la sopravvivenza e il successo dell'azienda.
7 Il titolare e/o i dirigenti.

Translate into Italian

1 I work for a small company in Tuscany.
2 We have customers in all the European countries.
3 We offer a broad range of services and products.
4 Our products are bought by public and private customers.
5 Our company has 500 employees.
6 The shareholders were pleased with our company's success.
7 Our company has three major departments: personnel, accounts and sales.
8 I'm the marketing director of a small company.

1 Lavoro per una piccola azienda in Toscana.
2 Abbiamo clienti in tutti i paesi europei.
3 Offriamo una vasta gamma di servizi e di prodotti.
4 I nostri prodotti sono acquistati da clienti pubblici e privati.
5 La nostra ditta ha 500 dipendenti.
6 Gli azionisti erano soddisfatti del successo della nostra ditta.
7 La nostra azienda ha tre reparti maggiori: personale, contabilità e vendite.
8 Sono il direttore dell'ufficio marketing di una piccola società.

Answer in Italian

1 Per quale azienda lavora lei?
2 In quale reparto lavora?
3 Chi sono i vostri (a) clienti (b) fornitori maggiori?
4 In quali paesi opera la sua azienda?
5 Qual'è la sua mansione in azienda?
6 Quanti dipendenti ha la sua azienda?

7 Le piace lavorare per la sua azienda?

1 Lavoro per l'azienda ...
2 Lavoro nell'ufficio vendite/contabilità/personale ...
3 I nostri clienti maggiori sono ...
I nostri fornitori maggiori sono ...
4 La mia azienda opera in ...
5 Io sono il direttore della vendite ecc./Io sono responsabile delle vendite per i prodotti...
6 La mia azienda ha ... dipendenti.
7 Sì, mi piace. No, non mi piace.

Complete the passage by inserting the correct form of the present tense of the verbs

andare, ricercare, diventare, dovere, essere, lavorare, occuparsi, piacere, produrre, sviluppare, vendere.

Toni Di Giuro ... per una grande azienda milanese. L'azienda ... diversi prodotti per l'industria automobilistica e li ... in Italia e all'estero. Toni ... del marketing che ... sempre più determinante. Toni ... e ... prodotti nuovi e perciò ... comunicare continuamente con diversi reparti: produzione, vendite, contabilità. Il lavoro ... a Toni. Ogni tanto ... anche a visitare i clienti esteri: quest'anno ... già stato in Francia, Germania e Inghilterra.

lavora, produce, vende, si occupa, diventa, ricerca, sviluppa, deve, piace, va, è.

Reflexive verbs

Reflexive verbs are verbs where the object (direct or indirect) refers to the subject, e.g. *io mi lavo, Anna si veste*.

In Italian reflexive verbs are also used to denote a passive in English, e.g. *si dice che* ... (it is said/people say that ...); *oggigiorno si vendono molti dischi americani in Italia* (nowadays many American records are sold in Italy).

Some Italian verbs have to be used reflexively, e.g. *occuparsi di* (to deal with); *devo occuparmi delle vendite* (I must deal with sales); *sbrigarsi* (to hurry up); *sbrigatevi* (hurry up!)

Remember that you need the reflexive pronoun *si* in the third person singular and plural, e.g. *Giulio si lava* (he is washing himself), but *Giulio la lava* (he is washing it [la macchina)

Reflexive verbs take *essere* in the past tense, e.g. *ci siamo salutati* (we said hello to each other).

Now you try

1 John and the team are getting changed.
2 Few Italian papers are read in England.
3 It is thought that she will come.
4 They are dealing with the post.
5 They never want to hurry up.
6 Mary has just washed her car.
7 The children have not yet washed.

1 John e la squadra si cambiano.
2 Si leggono pochi giornali italiani in Inghilterra.
3 Si pensa che verrà.
4 Si occupano della posta.
5 Non vogliono mai sbrigarsi.
6 Mary ha appena lavato la macchina.
7 I bambini non si sono ancora lavati.

THE ITALIAN ECONOMY

The Italian economy is one of many contrasts. It includes leading multinational companies such as FIAT and Olivetti as well as a plethora of small companies, many operating in underdeveloped sectors such as retailing. Then there is the enduring contrast between North and South. The North – which encompasses Italy from the Alps to Rome – contains the largest proportion of major companies and creates the greater part of the national wealth. The South, the Mezzogiorno, is the area south of Rome and the islands. It continues to be beset by problems of underdevelopment, unemployment and underemployment, and emigration.

Even in agriculture the North is in a strong position, with around 2/5 of agricultural output originating in the northern Po Valley. Italy has a strong reputation in the following areas: transportation (especially motor vehicles), food and drink, clothing and design, and office equipment. In comparison to other EC countries Italy has a high proportion of state-owned companies, although a process of privatisation has been launched.

In general, the development in the postwar Italian economy has been spectacular – both in quantitative and qualitative terms. Growth has tended to be good but is normally accompanied by relatively high rates of inflation. The output of the Italian economy is nowadays considered to be similar to that of the UK.

Unit 3

Organization chart
Organigramma

In this unit you will learn words and expressions relating to the specific organizational structure of companies. We also review the range and usage of prepositions. The unit begins with a company's detailed organization chart.

Organigramma di una società per azioni

Assemblea degli azionisti

Collegio sindacale

Consiglio di amministrazione

Direzione generale

Servizio segreteria/tesoreria

Direzione Tecnica
- Ufficio tecnico
- Ufficio studi e progetti
- Ufficio programmazione
- Servizi ausiliari
- Servizi generali (impianti, manutenzione, collaudi)
- Servizi Produzione (Reparti 1, 2, 3, 4, 5)

Direzione Commerciale
- Ufficio acquisti
- Ufficio vendite [mercato interno e mercato estero]
- Ufficio marketing
- Ufficio promozione e pubblicità
- Ufficio ricerca di mercato

Direzione amministrativa
- Ufficio personale
- Servizi di ragioneria
- Centro informatico [elaborazione dati]
- Ufficio cassa
- Ufficio magazzino
- Ufficio affari legali
- Ufficio finanziamenti

Organization Chart of a Public Company

Shareholders' meeting

Board of auditors

Board of directors

General management

Secretarial/Treasurer's Department

Technical management
- Technical department
- Project and development department
- Programming department
- Auxiliary services
- General services (plant, maintenance, testing)
- Production Section (Departments 1,2,3,4,5)

Commercial management
- Buying department
- Sales department [home & export markets]
- Marketing department
- Promotion and advertising department
- Market research department

Administration
- Personnel department
- Accounts department
- Computer centre [data processing]
- Cash department
- Stock room
- Legal department
- Finance department

WHY EXPORT TO ITALY

Italy presents many opportunities to British exporters because of (1) the size of the economy, (2) the general standard of living, (3) the insufficiency of domestic production and (4) consumer preference for imported goods. Italy's economy is similar in size to the UK's, but it has experienced higher growth rates. It is likely that demand for goods will expand commensurately.

The standard of living – especially in the North – is on a par with other parts of Western Europe. It is possible that Italian tastes may be moving towards those of her EC partners. Domestic production fails to meet home demand in a number of sectors including food. This, in conjunction with consumer tastes (e.g. for whisky and tartan) opens up possibilities for exporters of British and other foreign products.

Comprehensive information on exporting to Italy can be obtained from the Exports to Europe Branch (EEB) of the Department of Trade and Industry (DTI).

Vocabolario

l'amministratore delegato	managing director
gli amministratori di società	company directors
l'avvocato	lawyer, solicitor
l'azione	share
il caporeparto, il caposquadra	department head, foreman
il capufficio	head of department, chief clerk
il cassiere	cashier
il compratore	buyer
il comitato esecutivo	executive committee
il consigliere delegato	member of the board of directors
convocare l'assemblea	to call a meeting
il dattilografo/ la dattilografa	typist
il designer	designer
il direttore commerciale	sales director
il direttore tecnico	technical director
il dirigente	executive
dirigere un'azienda [diretto]	to manage, to run a business
il geometra	draughtsman
l'ingegnere	graduate in engineering
la linea gerarchica, di comando	line of command, line of authority
il manager dell'esportazione	export manager
il manager dell'importazione	import manager
l'operaio/l'operaia	worker
l'organigramma	organigramme, organization chart
l'organigramma orizzontale	horizontal organization chart
l'organigramma verticale	vertical organization chart
il personale	staff, personnel
i quadri dirigenti	top managers
i quadri intermedi	middle managers
il ragioniere/ la ragioniera	accountant
il revisore contabile	auditor
il segretario/la segretaria	secretary
lo stenografo/la stenografa	shorthand typist
la struttura gerarchica	hierarchical structure
il tecnico	technician
il tesoriere	treasurer
il venditore	salesman

Answer the following questions

1 Quali sono le tre direzioni amministrative di una società per azioni?
2 A quale direzione appartiene il reparto di ragioneria?
3 Quali sono i servizi tecnici generali?
4 Quali uffici comprende la direzione commerciale?
5 Quali uffici dipendono dalla direzione amministrativa?

1 Le tre direzioni amministrative di una società per azioni sono: la direzione tecnica, la direzione commerciale e la direzione amministrativa.
2 Il reparto di ragioneria appartiene alla direzione amministrativa.
3 I servizi tecnici generali sono gli impianti, la manutenzione e i collaudi.
4 La direzione commerciale comprende gli uffici acquisti, vendite, marketing, promozione e pubblicità e infine ricerca di mercato.
5 Dalla direzione amministrativa dipendono gli uffici personale, cassa, magazzino, affari legali e finanziamenti.

How would you say in Italian?

1 The technicians of this company work in the factory outside town.
2 In our office there are several secretaries (female), one draughtsman, one accountant (male) and two salesmen.
3 Five members of staff work in the marketing department.
4 Where is your export director?
5 The data processing centre is on the first floor of our factory.

1 I tecnici di questa azienda lavorano nello stabilimento fuori città.
2 Nel nostro ufficio ci sono diverse segretarie, un geometra, un ragioniere e due venditori.
3 Cinque dipendenti lavorano nel reparto di marketing.
4 Dove si trova il vostro direttore dell'esportazione?
5 Il centro elaborazione dati si trova al primo piano della nostra fabbrica.

Join the job titles to the appropriate department or office

1	Compratore	a	servizi generali
2	cassiere	b	ufficio acquisti
3	designer	c	ufficio di ragioneria
4	direttore di marketing	d	ufficio tecnico
5	ingegnere collaudi	e	ufficio cassa
6	manager computer	f	servizi generali
7	manager vendite estere	g	servizi produzione
8	operaio	h	servizio segreteria
9	ragioniere	i	ufficio vendite
10	tesoriere	j	ufficio marketing
11	tecnico impianti	k	centro computer

1b, 2e, 3d, 4j, 5a, 6k, 7i, 8g, 9c, 10h, 11f

Put the sections in the correct sequence

Example:
Tre reparti / nella nostra società / di produzione / ci sono / Nella nostra società ci sono tre reparti di produzione.

1 Nello stabilimento / quella società / di Fiesole / 132 dipendenti / impiega.
2 All'estero / attualmente / del marketing / si trova / il manager.
3 Lavora / l'ufficio / in collaborazione / pubblicità / con l'ufficio marketing / della Boffoni S.p.A.
4 Cento / lavorano / della vostra società / nel reparto / Numero 3 / dipendenti.
5 Si occupa / quel vostro tecnico / dei macchinari / della manutenzione / nella nuova fabbrica?

1 Quella società impiega 132 dipendenti nello stabilimento di Fiesole.
2 Il manager del marketing si trova attualmente all'estero.
3 L'ufficio pubblicità della Boffoni S.p.A. lavora in collaborazione con l'ufficio marketing.
4 Cento dipendenti della vostra società lavorano nel reparto Numero 3.
5 Quel vostro tecnico si occupa della manutenzione dei macchinari nella nuova fabbrica?

Prepositions

Preposition literally means placed before; it is a word placed before a noun or with a verb to indicate a particular function. The following are the main prepositions in Italian: *di, a, da, in, con, su, per, tra, fra.* Some of them can be combined with the definite article. For example: *del, dello, della, dell', degli, all', alle, dal, dalle, nel, nella, nell', nei, sul, sulle, sull', sui,* etc. There are also adverbial prepositions: *circa* (about), *contro* (against), *davanti* (in front of), *dentro* (inside), *dietro* (behind), *dopo* (after), *fino* (until), *fuori* (outside), *insieme* (with), *lontano* (far), *oltre* (beyond), *presso* (by), *prima* (before), *senza* (without), *sopra* (on), *sotto* (under), *verso* (towards), *vicino* (near).

Insert the correct prepositions

Tutti questi impiegati lavorano ... uffici ... Merini S.p.A. Cominciano la giornata ... lavoro la mattima ... 8,30 e finiscono ... 17. Gli operai invece lavorano ... 7,30 ... 16,30. La domenica i dipendenti non lavorano ... fabbrica. La fabbrica si trova ... viale Mantova ... città. Lo stabilimento è ... zona industriale ... ... centro ... città ... Brescia.

negli, della, di, alle, alle, dalle, alle, in, in, fuori, nella, vicino al, della, di.

Divide the following nouns into three groups

	male	female	either
direttore	☐	☐	☐
stenografa	☐	☐	☐
manager	☐	☐	☐
geometra	☐	☐	☐
dattilografa	☐	☐	☐
dirigente	☐	☐	☐
presidente	☐	☐	☐
segretaria	☐	☐	☐
cassiere	☐	☐	☐
dipendente	☐	☐	☐
operaia	☐	☐	☐
designer	☐	☐	☐
caporeparto	☐	☐	☐
revisore	☐	☐	☐

either, female, either, either, female, either, either, female, male, either, female, either, either, either.

Unit 4

Forms of address and titles
Come rivolgersi e titoli

In this unit you will learn the various forms of personal address used in Italy. We also review formal and informal modes of addressing people, as well as the future tense. The unit begins with the opening address at a convention.

Signore e Signori, benvenuti al 2º Convegno Regionale per la Promozione dell'Industria Locale, sponsorizzato dalla regione Emilia-Romagna, rappresentata qui oggi dall'Onorevole Carlo Panzeri, Presidente della Giunta. L'Onorevole Panzeri darà inizio al Convegno con una presentazione delle attività svolte dalla Regione per agevolare la creazione di nuove aziende. Alle 11 seguirà il discorso del Dottor Pierfranco Bannolo, vice presidente della AIPMA, l'Associazione Italiana delle Piccole e Medie Aziende. Alle 12 il Professor Attilio Mazzocchi, titolare della cattedra di economia politica presso la nostra Università, esaminerà la situazione economica italiana attuale. Nel pomeriggio i convenuti sono invitati a partecipare alle discussioni che seguiranno in tre gruppi di studio presieduti rispettivamente dalla Dottoressa Angela Lauri, direttore dell'Ufficio ricerca di mercato della F. lli Grandi, dall'Avvocato Gino Paroli, Amministratore Delegato della Tessil & Becon S.r.l. e da Alfredo Vadi, Titolare e Amministratore Unico della Vadi Macchine.

Ladies and Gentlemen, welcome to the 2nd Regional Convention for the Promotion of Local Industry, sponsored by the regional government of Emilia-Romagna, represented here today by Carlo Panzeri, President of the Region. Signor Panzeri will open the convention with a presentation on the activities carried out by the regional government to help the creation of new companies. At 11 there follows a talk by Dr Pierfranco Bannolo, vice-president of AIPMA, the Italian Association of Small and Medium-sized Companies. At 12 Professor Attilio Mazzocchi, professor of political economy at our University, will examine the current situation of the

Italian economy. In the afternoon participants are invited to take part in the discussions which will be in three study groups, led respectively by Dr Angela Lauri, director of the market research division of F. lli Grandi, by Gino Paroli, solicitor, managing director of Tessil & Becon S.r.l. and by Alfredo Vadi, owner and director of Vadi Macchine.

Read the following sentences and underline the correct verbs

1 Il convegno è sponsorizzato/organizzato/iniziato dalla Regione.
2 Il prof. Mazzocchi svolgerà/seguirà/esaminerà la situazione economica italiana.
3 I gruppi di studio saranno seguiti/presieduti/rappresentati da tre esperti.
4 La Regione svolge/agevola/partecipa la creazione di nuove aziende.
5 I convenuti sono esaminati/invitati/promossi a partecipare ai gruppi di studio.

sponsorizzato, esaminerà, presieduti, agevola, invitati.

Put the verbs in these sentences into the future tense

1 Il deputato *dà* inizio alla discussione sulla vendita della società.
2 Il governo *agevola* le piccole aziende.
3 *Esamino* la situazione dell'acquisto e ti *telefono*.
4 *Seguite* i gruppi di studio che *cominciano* in primavera?
5 Lei r*appresenta* la Cosmi alla conferenza dell'anno prossimo che si *tiene* in Puglia?
6 *Partecipiamo* ai gruppi di studio sul management.
7 Chi *presiede* l'assemblea azionisti domani pomeriggio?

darà, agevolerà, esaminerò/telefonerò, seguirete/cominceranno, rappresenterà/terrà, parteciperemo, presiederà.

Titles commonly used in Italy

	abbreviation followed by surname	
Architetto	Arch.	Architect
Avvocato	Avv.	Solicitor, lawyer
Cavaliere al merito del lavoro	Cav.	Honorary title conferred on 25 citizens on 2nd June every year

		(anniversary of the Republic) for special services to the Italian economy.
Commendatore	Comm.	Title conferred by the President of the Republic.
Dottore	Dott. Dr.	Male medical doctor or university graduate.
Dottoressa	Dott. ssa	Female medical doctor or university graduate.

A person can be a *Dottore in Scienze Politiche* (with a degree in Political Science), a *Dottore in Filosofia* (with a degree in Philosophy), or a *Dottoressa in Lingue Straniere* (with a degree in Foreign Languages), etc.

Dottore Commercialista		University Graduate in Economics and Commerce
Dottore Ingegnere/ Ingegnere	Dott. Ing.	University graduate in engineering
Funzionario		Official, civil servant, company executive
Geometra	Geom.	Type of surveyor with 'A' level diploma who plans, organises and supervises civil construction
Onorevole	On.	Member of National, Regional or Provincial Assembly
Perito Industriale		Non-graduate engineer (with a diploma from a technical school)
Presidente	Pres.	President, Chairperson
Professore	Prof.	University professor or middle and high school teacher (male)
Professoressa	Prof. ssa	As *professore*, but female.
Ragioniere	Rag.	Accountant with 'A' level

		diploma in accountancy and general commercial subjects from technical high school
Signor	Sig.	Mr
Signora	Sig.ra	Mrs
Signori	Sigg.	Messrs
Signorina	Sig.na	Miss

Insert the correct title abbreviations

1 Stasera arrivano il ... Geri, direttore generale della Geri S.r.l. e il legale della società, l' ... Panti.
2 La ... Marino è docente di marketing all'università.
3 Questo pomeriggio esamineremo la situazione con l' ... Ambile, deputato in Parlamento.
4 L' ... Nottoni è il responsabile dell'ufficio vendite estere della nostra azienda.
5 Il ... Ravi ha ricevuto il titolo onorifico dal ... Cossiga della Repubblica.
6 Il ... Ameri è un funzionario della D & T.

Dott., Avv., Dott.ssa, On., Ing., Cav., Pres., Dott.

Vocabolario

agevolare [agevolato]	to promote
l'avvocato, il legale	lawyer, solicitor
il collega/la collega	colleague
il convenuto	participant (e.g. at a conference)
la conferenza	conference
dare il benvenuto a qualcuno [dato]	to welcome someone
dare inizio, iniziare	to begin
il deputato, l'onorevole	member of Parliament
il direttore marketing	marketing director
il direttore ufficio ricerca di mercato	market research director
esaminare [esaminato]	to examine
l'impiegato/l'impiegata	clerk
partecipare [partecipato]	to take part
presiedere [presieduto]	to chair

promuovere [promosso]	to promote
rappresentare [rappresentato]	to represent
seguire [seguito]	to follow
sponsorizzare, patrocinare [sponsorizzato, patrocinato]	to sponsor
sviluppare [sviluppato]	to develop
lo sviluppo	development
svolgere [svolto]	to carry out

TU and LEI, VOI and LORO

'*Tu*', the second person singular form is only used among friends and members of a family. *Voi* is the plural form of '*tu*'.

'*Lei*', the third person singular, is used when addressing a person with whom one is not acquainted. In a business relationship only *Lei* is used, whether one knows the person one is dealing with or not. Example: *Lei parte domani, Signor Amilcari?*

Loro is the plural of *Lei*; less common than Lei and very formal. Example: *Loro arrivano alle 17? Voi* is very often used instead.

In Italy, very frequently in a business situation or in a company, people will address one another only by surname, using the *Lei* form. Example: *Scusi Rossi, Lei può darmi quel libro?*

Make the following sentences plural

1 Tu sei impiegato alla Meste?
2 Lei rappresenta la Tessil in Toscana?
3 È invitato all'incontro Lei?

... and the following singular

4 Loro hanno seguito il mio discorso?
5 Per quale società lavorate voi?
6 Che cosa desiderano Loro?

1 Voi siete impiegati alla Meste?
2 Loro rappresentano la Tessil in Toscana?
3 Sono invitati all'incontro Loro?
4 Lei ha seguito il mio discorso?
5 Per quale società lavora Lei?
6 Che cosa desidera Lei?

How would you say in Italian?

1 Excuse me, are you the lawyer from the Scottish company?
2 When does the sports convention start?
3 My company is the sponsor of this conference.
4 Dott. Alberti is the managing director of Angeli & Co.
5 Where is your company based, sir?
6 Welcome, ladies and gentlemen!

1 Mi scusi, Lei è l'avvocato della società scozzese?
2 Quando comincia il convegno sullo sport?
3 La mia società è lo sponsor di questa conferenza.
4 Il Dottor Alberti è l'amministratore delegato della Angeli & Co.
5 Dove si trova la sua ditta, signore?
6 Benvenuti, signore e signori!

Transform each pair of phrases into one sentence

Example: Il signor Marchi incontra la signora Paoli e la signora Paola incontra il signor Marchi.
= Il signor Marchi e la signora Paoli si incontrano.

1 Il rag. Filippetti saluta il Cav. Riva e il Cav. Riva saluta il rag. Filippetti.
2 Il direttore cerca gli impiegati e gli impiegati cercano il direttore.
3 Luigi Russo incontrò Paolo Perani e Paolo Perani incontrò Luigi Russo.
4 L'anno prossimo l'azienda madre si separerà dalla consociata e la consociata si separerà dall'azienda madre.
5 Stamattina il geometra Peretti ha visto l'ingegner Gelsi e l'ingegner Gelsi ha visto il geometra Peretti.

1 Il rag. Filippetti e il Cav. Riva si salutano.
2 Il direttore e gli impiegati si cercano.
3 Luigi Russo e Paolo Perani si incontrarono.
4 L'anno prossimo l'azienda madre e la consociata si separeranno.
5 Stamattina il geometra Peretti e l'ingegner Gelsi si sono visti.

Unit 5

Business communication I (telephone)
Comunicazione commerciale I (telefono)

In this unit you will learn words and expressions for using the telephone. We also review the forms and usage of the present perfect. The unit begins with a telephone conversation between Ingegner Giusti and Dottor Sarasino.

Il telefono squilla nell'ufficio dell'ing. Giusti della Fabbrimetal, un'impresa torinese che progetta e realizza impianti siderurgici in Italia e all'estero:

– Pronto! Parlo con l'Ingegner Giusti della Fabbrimetal?
– Sì, sono Carlo Giusti.
– Buongiorno, Ingegner Giusti. Sono Sarasino della SIDER di Asti.
– Ah, buongiorno Dottor Sarasino. Mi dica!

– L'ho chiamata a proposito del nuovo stabilimento per la costruzione del quale la nostra società sta prendendo accordi in Russia. Il nostro direttore tecnico è rientrato l'altro ieri da Mosca con le proposte che sono state accettate dai nostri partner russi.

– Mi dà buone notizie allora! Il progetto è stato autorizzato interamente o dobbiamo cambiare qualcosa?

– Ai nostri partner la proposta è piaciuta, ma hanno suggerito delle modificazioni minori. Forse Lei e io potremmo incontrarci la settimana prossima per discutere questi cambiamenti.

– Certamente! Io non ho impegni mercoledì e giovedì e potrei essere libero.

– Diciamo giovedì mattina allora! Vengo io verso le nove? E nel frattempo per fax le mando una copia del contratto con tutti i cambiamenti.

– Benissimo. Ci vediamo a Torino giovedì prossimo.
– D'accordo! Arrivederci e buongiorno!

The telephone rings in the office of Ing. Giusti of Fabbrimetal, a Turin company which designs and constructs steel plants in Italy and abroad.

– Hello? Is that Ing. Giusti of Fabbrimetal?
– Carlo Giusti speaking.
– Good morning, Ing. Giusti. It's Sarasino of SIDER of Asti.
– Ah, good morning, Dr Sarasino. How can I help you?
– I'm phoning about the new factory our company is negotiating to build in Russia. Our technical director came back from Moscow the day before yesterday with the proposals which our Russian partners have accepted.
– Good news, then. Has our project been authorised in full, or do we have to change anything?
– Our partners liked the proposal, but have suggested some minor modifications. Could we meet next week to discuss these changes?
– Certainly. I've no commitments on Wednesday and Thursday and could be free.
– Let's say Thursday morning then. Shall I come around nine? And in the meantime I'll fax you a copy of the contract with all the changes.
– Fine. See you next Thursday in Turin.
– Agreed. Goodbye.

Vocabolario

l'abbonato al telefono	telephone subscriber
all'estero	abroad
la bolletta del telefono	telephone bill
il cambiamento	change, modification
il contratto di abbonamento	rental contract
la carta telefonica	phonecard
il centralino	telephone exchange
il centralino dell'hotel, azienda	hotel, company switchboard
il centralinista, l'operatore	telephone operator
chiamare in teleselezione	to dial direct
la chiamata d'emergenza	emergency call
Chiamate Numero Verde ...	Call Freephone ...
contrattare	to negotiate
dare un colpo di telefono	to ring up

l'elenco telefonico	telephone directory
fare il numero	to dial
fare una telefonata	to make a phone call
l'impegno	commitment, appointment
l'impianto	plant
l'impianto intercomunicante	intercom system
l'impianto siderurgico	iron and steel works
incontrare	to meet
la linea duplex	party-line
la linea telefonica	telephone line
le Pagine Gialle	Yellow Pages
progettare	to plan, carry out
la proposta	proposal
il radiomobile, il radiotelefono	cellular telephone
realizzare	to carry out, to execute
riattaccare il telefono	to replace the receiver
ricevere una telefonata	to receive a phone call
rispondere al telefono	to answer the phone
russo	Russian
sbagliare numero	to dial the wrong number
la segreteria automatica, il risponditore automatico	answerphone
il servizio tramite operatore	operator service
siderurgico	iron and steel (adjective)
il sistema cercapersone	paging system
squillare, trillare	to ring
le telecomunicazioni	telecommunications
la telematica (telecomunicazioni + informatica)	telematics
suggerire	to suggest, to recommend
l'utente	telephone user

Answer the questions

1 La Fabbrimetal è una ditta:
   a milanese
   b napoletana
   c torinese
   d romana
2 Il nuovo impianto siderurgico si trova in:

a Polonia
b Russia
c Ungheria
d Iugoslavia

3 Il direttore tecnico della SIDER è rientrato da:
a Belgrado
b Pietroburgo
c Varsavia
d Mosca

4 Perché ha telefonato il dottor Sarasino?
5 Cosa pensano i partner russi del progetto?
6 Quando e dove si incontreranno l'ing. Giusti e il dott. Sarasino?
7 Che cosa farà nel frattempo Sarasino?

1 È una ditta torinese.
2 L'impianto si trova in Russia.
3 È rientrato da Mosca.
4 Ha telefonato a proposito del nuovo stabilimento.
5 Pensano che il progetto sia buono.
6 Si incontreranno giovedì prossimo verso le nove a Torino.
7 Manderà per fax una copia del contratto con tutti i cambiamenti all'ingegner Giusti.

The Present Perfect

This tense is used to refer to the recent past. It is formed by using either *avere* or *essere* with the past participle:

e.g.	*Ha telefonato*	He has telephoned,
	È stata …	She has been …

Note that with verbs taking *essere* the past participle must agree in gender and number with the subject.

The regular forms of the past participle are:

– *are* verbs	*telefonare/telefonato*
– *ere* verbs	*vendere/venduto*
– *ire* verbs	*suggerire/suggerito*

There are also many irregular forms; these tend to be commonly used forms.

Most verbs form the present perfect with *avere* although many common ones – *essere* itself and many verbs of movement – take *essere*.

Translate into Italian

1 He has just telephoned from France.
2 They have returned from Russia.
3 Our American partners have not accepted our proposals.
4 Have you finished, Mr Carli?
5 He has sold his car.
6 Where have you been, Peter?

1 Ha appena telefonato dalla Francia.
2 Sono tornato dalla Russia.
3 I nostri partner americani non hanno accettato le nostre proposte.
4 Ha finito, signor Carli?
5 Ha venduto la macchina.
6 Dove sei stato, Peter?

TELEPHONING IN ITALY

STET – Società Finanziaria Telefonica is a state controlled company and majority shareholder of SIP, Italcable and Telespazio.

SIP – Società Italiana per l'Esercizio delle Telecomunicazioni (with a share capital of 3,400 billion lire in 1989) is the company appointed by the State to manage the national telephone network and other telecommunication services in Italy. SIP deal exclusively with billing and all contacts with users. Telephone users are billed every two months.

There are specific services offered by other companies: the **Azienda di Stato per i Servizi Telefonici**, part of the Ministry of Postal Services and Telecommunications, responsible for Italian long-distance calls through the operator and for calls to EC countries; **Italcable,** responsible for intercontinental calls; **Telespazio,** which controls telephone and television transmissions by satellite.

Italy has witnessed an almost fourfold expansion in telephone use in the last 20 years. Traditional public payphones requiring tokens – *gettoni* – are quickly giving way to coin and phonecard operated systems. With the Single European Market the Italian telecommunications market will be subject to increased competition.

Using a phone in Italy is little different from the UK. Just follow the instructions:

Telefono Pubblico SIP

Coin operated

1 Inserire le monete e sganciare
2 Selezionare il numero
3 * Monete in esaurimento (luce lampeggiante)
4 Riagganciare per la restituzione delle monete
5 Per una nuova comunicazione premere il tasto senza riagganciare

L'apparecchio non dà resto per le monete parzialmente utilizzate. Il credito residuo è utilizzabile per conversazioni successive.

Card operated

1 Sganciare, inserire la carta e selezionare il numero
2 Riagganciare e ritirare la carta
3 * Carta in esaurimento (luce lampeggiante)
4 Inserire la nuova carta

Here are the **prefissi telefonici** – STD codes – for some major cities:

Rome	06	Naples	081	Bologna	051
Milan	02	Venice	041	Palermo	091
Turin	011	Florence	055	Cagliari	070
Genoa	010	Bari	080	Trieste	040

Omit the initial '0', when dialling from the UK. For example, to dial Rome from the UK dial 010 39 6, then the number.

When dialling the UK from Italy dial 00 44, then the STD code for the town you wish to contact, *omitting* the initial '0'. For example, for

London dial 00 44 71/81, then the number; for Glasgow dial 00 44 41, then the number.

Translate into Italian

VIDEOTEL is a public telematic service provided by SIP; users access the service through a normal telephone line, using an ordinary TV set, a home computer, a PC or a special SIP terminal. To access the system users dial 165, enter their password (*codice di ingresso*) and ask for the service they require. Services include an electronic postal box, to send and receive messages from other users and suppliers; electronic directories and Yellow Pages; mail order catalogues; '*gateway*' for companies who want to be linked directly to the VIDEOTEL computer to contact their clients and agents; '*homebanking*', to undertake banking operations.

Il VIDEOTEL è un servizio telematico pubblico fornito dalla SIP; gli utenti accedono al servizio attraverso una linea telefonica normale, utilizzando un comune televisore, un home o personal computer o un terminale speciale SIP. Per accedere al sistema gli utenti fanno il numero 165, inseriscono il proprio codice di ingresso e richiedono il servizio richiesto. I servizi comprendono: casella postale elettronica, per spedire e ricevere messaggi da altri utenti e fornitori; elenchi e Pagine Gialle elettroniche; cataloghi di vendita per corrispondenza; 'gateway' per società che vogliono collegarsi direttamente al computer VIDEOTEL per mettersi in contatto con i loro clienti e agenti; 'home-banking', per compiere operazioni bancarie.

What are these numbers for?

116 ACI Soccorso Stradale
112 Pronto Intervento Carabinieri
115 Vigili del Fuoco
12 Informazioni Elenco Abbonati
161 Ora Esatta
114 Sveglia Automatica
193 Borsa Valori di Milano
190 Ultime notizie RAI
182 SIP Segnalazione Guasti – Apparecchi normali e pubblici
189 SIP Segnalazione Guasti – Trasmissione dati

116 Automobile Club d'Italia, Breakdown recovery, 112 Carabinieri flying squad, 115 Fire brigade, 12 Directory enquiries, 161 Speaking clock, 114 Alarm calls, 193 Milan Stock Exchange, 190 RAI (Italian

Broadcasting Corporation) latest news, 182 Faults on private and public lines, 189 Faults on data transmission equipment.

Ecco il mio ufficio

Unit 6

Business communication II
Comunicazione commerciale II
(telex, teletext, fax)

In this unit you will learn words and expressions related to other forms of business communication such as the fax machine. We also review the forms of the present subjunctive and its use after *volere che*. The unit begins with a conversation between ing. Giusti and his secretary.

Nell'ufficio dell'ing. Giusti a Torino. Entra le segretaria.

Seg. Ingegnere, ecco le piante del progetto SIDER. Sono appena arrivate per fax. Vuole che confermi al dottor Sarasino che le abbiamo ricevute?

G. Non è necessario; la SIDER avrà già la conferma dell'avvenuta trasmissione dei documenti.

Questo apparecchio fax è davvero un'invenzione straordinaria. Da quando l'abbiamo acquistato, non saprei proprio dire quanto tempo e denaro ci abbia fatto risparmiare. Ha quasi sostituito completamente il telex e a mio parere è molto più utile della segreteria telefonica. È un dispositivo specializzato, ma allo stesso tempo amichevole e facile da usare. Sto pensando di farmene installare uno in macchina. Il fax ormai è destinato all'uso personale, non solamente professionale.

Seg. Da quando il marito di una mia vicina ha il fax in casa non ha più bisogno di andare in ufficio tutti i giorni. Per il futuro c'è chi prevede un forte aumento degli home fax. Pensano addirittura che una casalinga potrà spedire per fax la lista della spesa quotidiana ai fornitori.

G. Ho letto poco tempo fa che questa possibilità – cioè fare la spesa da casa – continuerà a svilupparsi, per esempio con il teleshopping. Via cavo, o satellite, o perfino tramite canali nazionali, sarà possibile al consumatore consultare dei cataloghi, spedire un'ordinazione e, tramite un telefono a tastiera, selezionare determinati tipi di prodotti che desidera ricevere.

Seg. Fra poco non sarà più necessario uscire di casa o recarsi in ufficio per svolgere il proprio lavoro o per fare la spesa.

In ing. Giusti's office in Turin. His secretary comes in.

Sec. Ing. Giusti, here are the plans for the SIDER project. They've just arrived by fax. Do you want me to confirm to Dr Sarasino that we have received them?

G. It's not necessary; SIDER will already have confirmation of the transmission of the documents.

This fax machine is really an extraordinary invention. Since we've had it I couldn't say how much time and money it's saved us. It's virtually replaced the telex and in my opinion it's much more useful than an answerphone. It's a specialized device, but at the same time it's user friendly. I'm thinking of having one installed in my car. The fax machine is going to be common in a personal context, not just at work.

Sec. Since the husband of one of my neighbours has had a fax at home, he doesn't need to go to the office every day. For the future some people think there will be a heavy increase in home faxes. They even think that a housewife will be able to send her daily shopping list by fax to the shops.

G. I read recently that this possibility – of shopping from home – will continue to develop, for example with TV shopping. It will be possible for consumers to consult catalogues and place an order and by means of a pushbutton telephone to select particular kinds of products that they want to receive.

Sec. Soon it won't be at all necessary to leave the house or go to the office to carry out one's work or do the shopping.

Vocabolario

amichevole	friendly
a mio parere, secondo me	in my opinion
l'apparecchio	machine, instrument
l'automazione del lavoro d'ufficio	office automation
la casalinga	housewife
il canale	channel
il cavo	cable
la conferma	confirmation

confermare [confermato]	to confirm
consultare [consultare]	to consult
il dispositivo	device, apparatus
l'incremento	increase
l'ordinazione	order
la pianta	plan
la possibilità	possibility
il progetto	project
quotidiano	daily
ricevere un fax [ricevuto]	to receive a fax
risparmiare [risparmiato]	to save
il satellite	satellite
selezionare [selezionato]	to select
sostituire [sostituito]	to replace
spedire un fax [spedito]	to send a fax
la spesa	shopping
svilupparsi [sviluppato]	to develop
la tastiera	keyboard
il telefono a tastiera	pushbutton telephone
il teleshopping	TV shopping
trasmissione effettuata	document transmitted
utile	useful
la vicina, il vicino	neighbour

Answer the questions

1 Cosa è stato trasmesso all'ufficio dell'ingegner Giusti?
2 Come sono state spedite?
3 È necessario confermarne la ricevuta?
4 Quali apparecchi l'ingegner Giusti considera inferiori al fax?
5 Dove si possono usare i fax?
6 In che modo una casalinga potrebbe usare un fax?
7 Lei usa un fax?

1 Sono state trasmesse le piante del progetto SIDER.
2 Per fax.
3 No. La SIDER avrà già la propria conferma.
4 Il telex e la segreteria automatica.
5 In ufficio, in macchina, a casa.
6 Potrebbe mandare la lista della spesa quotidiana ai fornitori.
7 Sì, lo uso./No, non lo uso.

Indovina

Quali dei seguenti possono essere trasmessi per fax (F) e/o per telex (T)?

piante, fotografie, inviti, lettere, documenti, ordinazioni, contratti, conferme, dépliants, schizzi.

F, F, F/T, F/T, F/T ,F/T ,F/T ,F/T, F, F.

Translate into Italian

1 Here are the plans of the Polish project.
2 Dr Giusti's secretary has just arrived.
3 Do you want me to send the list to your neighbour (female)?
4 He no longer goes to the office every day.
5 Soon it will not be necessary to have a telex.
6 In my opinion it's much more useful than a car.
7 I'm thinking of buying one.

1 Ecco le piante del progetto polacco.
2 La segretaria dell'ing. Giusti è appena arrivata.
3 Vuole che mandi la lista alla sua vicina?
4 Non va più in ufficio tutti i giorni.
5 Fra poco non sarà necessario avere un telex.
6 A mio parere è molto più utile di una macchina.
7 Sto pensando di comprarne uno.

Vuole che

Volere che requires the use of the subjunctive form of the verb. In the singular this is the same as the polite form of the imperative.

e.g.	Lo compri!	Buy it!
	Me lo venda!	Sell it to me.
	Vuole che lo compri?	Do you want me to buy it?
	Vuole che lo spedisca?	Do you want me to send it?

Note common expressions such as *'Scusi'* (Excuse me) and *'S'accomodi'* (Take a seat! Help yourself!) are actually in the present subjunctive form.

Translate into Italian

1 He wants me to come as well.
2 The sales director wants you to sell the products straight away.
3 Do you want me to buy it?
4 They want you to accept the proposals.
5 She wants you to finish tomorrow.
6 At what time does he want him to arrive?

1 Vuole che venga anch'io.
2 Il direttore delle vendite vuole che lei venda i prodotti immediatamente.
3 Vuole che lo compri?
4 Vogliono che lei accetti le proposte.
5 Vuole che lei finisca domani.
6 A che ora vuole che arrivi?

What message has Dott. Sarasino faxed to Ing. Giusti?

DALLA SIDER IMPIANTI 30.6.1991 16:50

SIDER IMPIANTI S.r.l.
via Pascoli 89-94
ASTI

Tel. 0141 2233440 [7 linee con ricerca automatica] Fax 0141 6676868

M e s s a g g i o T e l e f a x

data: 30 giugno 1991 OF 3214 CG
da citare in ogni comunicazione

A: FABBRIMETAL S.p.A. Fax: (011) 8437956
C.A. Ing. Giusti, direttore ufficio tecnico

Totale pagine inclusa la presente: 4

Rif. ns comunicazione telefonica lunedi inviamo copie piante progetto Sider con modificazioni. Porterò documenti originali con me la settimana prossima.

Distintamente
Giulio Sarasino

Nel caso di mancata trasmissione o di trasmissione incompleta pregasi richiamare al No. 0141 2233440 int. 129

Dott. Sarasino is sending ing. Giusti the SIDER project plans with modifications. He will take the original documents with him next week.

DATA TRANSMISSION IN ITALY

As in other European countries there has been a substantial expansion in the use of modern means of data transmission, boosted by the inefficiency of traditional methods such as the postal system. The diffusion of the new systems reflects the uneven spread of economic activity in Italy. For example, in 1989 around 40% of fax machines were to be found in and around Milan.

Fax use is clearly dependent on the efficiency of the Italian telephone system, part of the state owned industries. These are being opened up to competition. The Italian telephone system is managed by SIP, part of the STET group of the state holding company IRI. STET co-ordinates the activities of SIP and other companies involved in equipment manufacture and plant.

Unit 7

Business communication III (computers)
Comunicazione commerciale III (computer)

In this unit you will learn words and expressions from the field of computers. We also review the various forms of the verb. The unit begins with an advertisement for the Olivetti M300 personal computer.

Olivetti vince la sfida

Tutto quello che vi serve.
Anche domani.
Olivetti M300

Olivetti M 300 è già oggi il protagonista di domani. In un mercato in cui la capacità di elaborazione a 32 bit è la strada maestra di ogni futuro sviluppo software, diventa fondamentale poterne utilizzare la potenza adesso con un PC di fascia media. Olivetti M 300 può.
Il suo cuore è il microprocessore Intel 386 SX, che consente di utilizzare tutto il software a 32 bit concepito per il 386: sia quello disponibile oggi, sia quello sviluppato domani.

Totalmente flessibile grazie all'architettura CPU, Olivetti M 300 può arricchire le sue prestazioni e crescere seguendo l'evoluzione tecnologica con la semplice sostituzione o aggiunta di schede.
Con la performance del 386 SX e la sua capacità di espansione modulare, con la sua compatibilità, il suo ingombro ridotto e il suo design ergonomico, Olivetti M 300 vi offre la possibilità di entrare nel mondo dei 32 bit ad un prezzo estremamente competitivo.

Olivetti wins the challenge
Everything you need.
Tomorrow too.

The Olivetti M300

The Olivetti M300 is tomorrow's computer today. In a market in which 32bit processing capacity is the norm and will be followed by all future software developments, it is vital to be able to use its capacity now with a medium-range P.C. The Olivetti M300 can do this.

Its core is the Intel 386 SX micro-processor which allows full use of the 32bit software conceived for the 386, of both the software available today and the software which will be developed in the future.

Totally flexible thanks to the CPU architecture, the Olivetti M300 can enrich its performance and grow in step with technological change by the simple substitution or addition of cards.

With the performance of the 386 SX and its capacity for modular expansion, with its compatibility, its reduced floor space and its ergonomic design, the Olivetti M300 gives you the chance to enter the 32bit world at an extremely competitive price.

Vocabolario

l'accesso	access
le banche dati	data banks
il computer, il calcolatore	computer
i canali di comunicazione	communication channels
la capacità di memoria	memory capacity
caricare un programma [caricato]	to load a programme
la cibernetica	cybernetics
compatibile	compatible
il computer, l'elaboratore	computer
computerizzato	computerised
il dischetto	diskette
il disco rigido, l'hard disk	hard disk
il disk drive	disc drive
il display a cristalli liquidi	LCD display
l'elaboratore elettronico	processor
l'elaborazione	processing
l'elaborazione dei dati	data processing
il floppy	floppy disc

la grafica	graphics
l'hardware	hardware
l'informatica	information technology
l'informatica gestionale	business information technology
informatizzare [informatizzato]	to computerise
l'ingombro	floor space
l'interfaccia	interface
il lettore	reader
il linguaggio di programmazione	programming language
meccanizzare [meccanizzato]	to computerise
la memoria	memory, storage
la memorizzazione del programma	programme storage
il micro-processore	micro-processor
il modem	modem
il nastro magnetico	magnetic tape
la periferica	peripheral
il personal computer	PC
il personal portatile	portable PC
il processore	processor
il programma applicativo	application programme
programmare [programmato]	to programme
il programmatore	computer programmer
la raccolta dei dati	data collection
la rete dati, il network	network
il sistema operativo	operating system
la software house	software house
il software	software
la stampante	printer
la stampante a getto, d'inchiostro	ink jet printer
la stampante a laser	laser printer
la stampante a margherita	daisy wheel printer
la stampante a matrice di punti	dot matrix printer
la tastiera	keyboard
la telematica	telematics
il terminale	terminal
la trasmissione dati	data transmission
l'unità centrale di elaborazione CPU	Central Processing Unit

l'utente	user
il visualizzatore a cristalli liquidi	liquid crystal display
la visualizzazione	display

COMPUTER LAW

In the last ten years several parliamentary bills have been drafted in Italy to establish legislation to control the computer sector (sale, installation, applications and use of computers). But as yet no legislation has been finalised and the laws which regulate sale and purchase contracts apply also to the computer market.

DATA PROTECTION

No specific data protection legislation exists in Italy. The protection of privacy is covered at present by several articles of the Italian Civil Code (2, 3, 8 and 21). The 1980 convention of the Council of Europe relative to the protection of privacy – *la tutela della privacy* – also applies.

Translate into English

1 Sul mercato internazionale ci sono molti elaboratori elettronici costosi.
2 La capacità di memoria di questo personal è molto alta.
3 Che tipo di software è disponibile per il mio portatile?
4 Avete un'interfaccia da collegare alla mia stampante a margherita?
5 Qual'è la capacità di elaborazione di questo microprocessore?
6 Qual'è l'ingombro del computer che avete appena acquistato?
7 Questo computer è compatibile con il nostro sistema?

1 On the international market there are many expensive processors.
2 The memory capacity of this personal computer is very high.
3 What kind of software is available for my portable computer?
4 Do you have an interface to connect to my daisy wheel printer?
5 What is the processing capacity of this micro?
6 How much floor space does the computer you have just pur-

chased take up?
7 Is this computer compatible with our system?

Confirm your interest by converting the adjective into a noun

Example: Questo manuale di istruzioni del computer è *breve*.
Mi interessa la *brevità* del manuale di istruzioni.

1 Quel computer è *capace* di elaborare a 32 bit.
2 I nostri sistemi sono *compatibili* con quelli della vostra società.
3 Questo programma è *disponibile* nei migliori centri di informatica.
4 L'architettura CPU è totalmente *flessibile*.
5 Con questo processore è *possibile* entrare nel mondo dei computer più avanzati.
6 La produzione è *veloce* grazie all'applicazione di questi sistemi.

1 Mi interessa la capacità di elaborazione del computer.
2 Mi interessa la compatibilità dei nostri sistemi.
3 Mi interessa la disponibilità di questo programma.
4 Mi interessa la flessibilità dell'architettura CPU.
5 Mi interessa la possibilità di entrare nel mondo dei computer più avanzati.
6 Mi interessa la velocità della produzione.

Choose and insert the correct verb

consentire,essere, comunicare, utilizzare, sostituire, diventare, sviluppare, aumentare, crescere

1 Questi computer ... tra di loro.
2 Questo processore ... l'utilizzo di tutto quel software.
3 Abbiamo ... dei nuovi programmi.
4 Questo prodotto è ... molto popolare.
5 Che dischi ... ?
6 La vostra produzione può ... grazie all'uso di questo sistema.
7 Con questo sistema potrete ... il vecchio sistema.
8 Negli ultimi mesi la nostra produzione è ... enormemente.
9 L'ingombro di questa macchina ... ridotto.

comunicano, consente, sviluppato, diventato, utilizzate, crescere, sostituire, aumentata, è.

Unit 8

Business communication IV (information technology) Comunicazione commerciale IV (informatica)

In this unit you will learn words and expressions connected with the general area of information technology. We also review punctuation and spelling. The unit begins with an example of the application of information technology to business activity.

L'informatica sta trasformando drasticamente il modo in cui le aziende trasmettono e ricevono i dati. Oggigiorno è in continua crescita la gamma di prodotti e di sistemi, dal telefax al radiotelefono cellulare, ai robot.

Con queste innovazioni è possibile l'immediata trasmissione di dati complessi, di documenti a colori, di ordini che controllano lo svolgimento di attività che hanno sostituito il lavoro fisico dell'uomo, per esempio nelle catene di montaggio dell'industria automobilistica. Quello che segue è un esempio del modo in cui l'informatica viene impiegata al servizio dell'impresa – in questo caso della rinomata Benetton.

La società utilizza due mainframe – vale a dire due elaboratori centrali – e una rete di PC per svolgere attività amministrative, quali il ruolo paga, il controllo del livello delle scorte e la fatturazione. Inoltre le unità presso le quali viene sviluppato il design o viene effettuata la produzione, e i vari punti di vendita dell'azienda sono direttamente collegati alla sede centrale tramite PC.

Le fabbriche sono distribuite non solo in Italia, ma anche in Scozia, Spagna e nell'America del Nord. Gli agenti Benetton sparsi in tutto il mondo, dopo aver ricevuto le ordinazioni dai clienti, le trasmettono tramite PC alla sede centrale che, a sua volta, trasmette i quantitativi da produrre ai vari stabilimenti dell'azienda. In questo modo si instaura uno stretto legame di collaborazione e efficienza fra i diversi mercati e l'azienda. E con l'introduzione dell'EPOS – il punto di vendita elettronico – attualmente in fase di realizzazione in parecchi negozi in Italia, questo legame verrà ulteriormente rafforzato.

Information technology is dramatically transforming the way in which companies transmit and receive data. Nowadays the range of products and systems is continually increasing, from faxes to cellular telephones and robots.

With these innovations instant transmission of complex data such as colour documents, orders that control the execution of activities which have replaced human labour, for example on production lines in the car industry, is possible. What follows is an example of the way in which IT is used in the service of a company, in this case the famous Benetton.

The firm uses two mainframes and a network of PCs to carry out administrative activities such as payroll, stock control and invoicing. Furthermore, the locations where design is developed or production is carried out and the various points of sale of the company are connected directly to HQ by means of PCs.

The factories are located not only in Italy but also in Scotland, Spain and North America. The Benetton agents who are scattered throughout the world, receive orders from their clients and transmit them via their PCs to headquarters which in turn transmits the quantities to be produced to the company's various factories. In this way close collaboration and efficiency are established between the various markets and the company. And with the introduction of EPOS (electronic point of sale), currently being implemented in several shops in Italy, this relationship will be further strengthened.

Vocabolario

la catena di montaggio	assembly line
collegare	to connect
il controllo del livello delle scorte	stock control
la fatturazione	invoicing
fisico	physical
l'informatica	information technology
l'innovazione	innovation
instaurare	to establish
il legame	relationship, bond
oggigiorno	nowadays
la produzione	manufacture, production, output
il punto di vendita	point of sale

il quantitativo	quantity, amount
rafforzare	to strengthen, reinforce
la rete	network
rinomato	well-known
il ruolo paga	payroll
spargere [sparso]	to scatter
stretto	close, tight
lo svolgimento	execution, implementation
la trasmissione di dati	data transmission

Answer the questions

1 Che cosa è stato trasformato dall'informatica?
2 Quali sono alcuni esempi di applicazione dell'informatica?
3 Che cosa è reso possibile dall'informatica?
4 Che sistema usa la Benetton?
5 Per che cosa usa questo sistema la Benetton?
6 Come viene impiegato il sistema dagli agenti?
7 Qual'è il vantaggio per la Benetton?

1 Il metodo in cui le aziende trasmettono e ricevono i dati.
2 Il telefax, il radiotelefono cellulare, i robot.
3 L'immediata trasmissione di dati complessi.
4 Due grandi elaboratori e una rete di PC.
5 Per attività amministrative e per comunicare con gli stabilimenti e con gli agenti sparsi in tutto il mondo.
6 Per inviare ordinazioni alla sede centrale dell'azienda.
7 Il sistema rafforza il legame con i diversi mercati.

Put the verb in the correct form

Molte aziende (usare) i computer per (effettuare) attività amministrative. Inoltre (trasmettere) dati ai propri stabilimenti che (trovarsi) a considerevole distanza dalla sede. Altre (scegliere) l'informatica per (sostituire) la manodopera tramite l'automazione. Noi (avere) tutti visto la pubblicità della FIAT in cui le automobili (venire) costruite esclusivamente dai robot. In questo modo (aumentare) sia la produzione che la qualità.

usano, effettuare, trasmettono, si trovano, scelgono, sostituire, abbiamo, vengono, aumentano.

ITALY AND THE LANGUAGE OF IT

Internationally the language of IT is strongly influenced by American English. Italian is no exception.

Italian has taken over main computer terms directly into the language: e.g. *il computer, il PC, il mainframe, l'hardware, il software.*

In other cases Italian 'translations' are available: e.g. *la stampante* (printer), *la periferica* (peripheral), *l'editoria da tavolo* (desk-top publishing), *la banca dati* (data bank), *il sistema esperto* (expert system), *l'intelligenza artificiale* (artificial intelligence).

Occasionally more than one version is available: e.g. *il terminal(e); il mainframe/l'elaboratore centrale/il calcolatore principale/il calcolatore della stazione centrale.* In general the more computer–expert your Italian counterpart, the more likely that the American word or phrase will be used.

One Italian word which is becoming widespread is ***la telematica.*** This refers to the interrelationship and interaction between information technology and telecommunications, e.g. telephones used to transmit data in digital form.

In Olivetti, Italy has a leading manufacturer of computing and office equipment. Over half a million PCs were sold in Italy in 1989. Extensive use is made of IT, automation and robotics in Italian industry. A major area of production for these products is northwest Italy, with Turin and Ivrea of particular significance.

The Italian IT industry is, however, fragmented. At the end of the 1980s it employed around 300,000 people and had a turnover in the region of 13,000 billion lire, of which exports, predominantly to other European countries, accounted for 9%. The industry's turnover as a percentage of GDP was 1.5%. This was below the European average of 2.5% and the USA's 4%.

Furthermore, five-sixths of the industry's turnover was generated by companies located in Northern and Central Italy.

Punctuation and spelling

Use of punctuation is similar to English, although you should note the difference in use of the comma and full stop with numbers. In Italian the comma is used as the decimal point (e.g. 2,5) while the full stop is used to denote thousands (e.g. 1.000.000).

Spelling is usually straight-forward and is connected to pronunciation. Accents and the letter *h* may be used to denote words of the same sound but different meanings, e.g. *da* (from) and *dà* (gives), *o* (or) and *ho* (I have).

Correct the spelling and punctuation of the following text

dà 50 anni guardiamo al futuro continuiamo ha farlo insieme Per la divizione medica sede di Milano ricerchiamo tecnici di assistenza che dopo un diploma in elettronica abbiano maturato un esperienza di almeno2/3 anni nellassistenza tecnica presso il cliente su elaboratori elettronici

costituiscono in oltre requisiti essenziali conoscenza del elettronica digitale disponibilità a viggiare nel Nord Italia disponibilita ad operare in ambiente ospedaliero

se siete interessati a la sopracitata posizione inviate un dettagliato curriculum a

Milanselezione Via Vicenzo Monti 257 20155 Milano

Da 50 anni guardiamo al futuro. Continuiamo a farlo insieme.

Per la divisione medica, sede di Milano, ricerchiamo tecnici di assistenza, che, dopo un diploma in elettronica, abbiano maturato un'esperienza di almeno 2/3 anni nell'assistenza tecnica presso il cliente su elaboratori elettronici.

Costituiscono inoltre requisiti essenziali: conoscenza dell'elettronica digitale, disponibilità a viaggiare nel Nord Italia, disponibilità ad operare in ambiente ospedaliero.

Se siete interessati alla sopraccitata posizione, inviate un dettagliato curriculum a:

Milanselezione
Via Vincenzo Monti 257
20155 MILANO

Another important aspect of Italian is the **syllabic division** of words, used at the end of lines for example. Words are divided as follows:

I–ta–lia, lau–rea, scuo–la – each consonant followed by one or two vowels
ob–bli–go, svi–lup–po, gior–no – division after the first of two consonants.

There are exceptions of course: groups of consonants like *gn* (*so–gno*), *sc* (*pe–sca*), *st* (*in–stau–ra–re*), *sp* (*e–sper–to*), *str* (*am–mi–ni–stra–zio–ne*), *ch* (*ca–rat–te–ri–sti–che*) cannot be divided.

Divide the following words into syllables

Europa, sistema, esami, scuola, elementare, organizzazione, differenza, università, tecnologia, secolo, polemica, computer, sempre, affrontare, contemporaneo, efficienza, negozio, cliente, quantità, produrre, centrale.

Eu–ro–pa, si–ste–ma, e–sa–mi, scuo–la, e–le–men–ta–re, or–ga–niz–za–zio–ne, dif–fe–ren–za, te–cno–lo–gia, se–co–lo, po–le–mi–ca, com–pu–ter, sem–pre, af–fron–ta–re, con–tem–po–ra–neo, ef–fi–cien–za, ne–go–zio, clien–te, quan–ti–tà, pro–dur–re, cen–tra–le.

Unit 9

Business letters I
Corrispondenza commerciale I

In this unit you will learn words and expressions from the field of commercial correspondence. We also review possessive adjectives. The unit begins with a letter from an English to an Italian company.

INTDEC Ltd
Newbury Industrial Estate
Bracknell Oxon

Your Ref: Our Ref: PM/AP	Vs/Rif: Ns/Rif: PM/AP
Messrs S & T via Benvenuto Cellini 32–36 21052 Busto Arsizio (VA) Italy F.A.O. Mr A Carta	Spett. Ditta S & T [1] via Benvenuto Cellini 32–36 21052 Busto Arsizio (VA) Italia Per la cortese attenzione del Sig A Carta
13th February 199–	13 febbraio 199–
Dear Sirs	[2]
RE: SELLING YOUR PRODUCTS IN ENGLAND	OGGETTO: VENDITA VOSTRI PRODOTTI IN INGHILTERRA [3]
For a number of years our company has been involved in the retailing of textiles for interior decoration.	Da molti anni la nostra società è impegnata nella vendita al dettaglio di tessuti per interni.

We have seen your range of products on your stand at the recent Florence exhibition and we have been most impressed by the quality and the originality of your fabrics.	Abbiamo visto la gamma dei Vostri prodotti sul Vostro stand alla recente mostra di Firenze e siamo stati colpiti dalla qualità e dall'originalità dei Vostri tessuti.
We would be very interested in importing your products into England. To enable us to market your products effectively in our country we feel it would be in both our interests for us to represent you on an exclusive basis.	La nostra società vorrebbe importare i Vostri [4] prodotti in Inghilterra. Per consentirci di mettere in commercio i Vs prodotti in modo efficiente nel nostro paese riteniamo che sarebbe proficuo per entrambe le nostre aziende affidarci la rappresentanza in esclusiva dei Vostri prodotti.
We would like you to come and visit us at our head office in Bracknell to present your range to us in greater detail and to see the facilities we have to offer you and to allow us to talk to you about our distribution network.	Vorremmo perciò porgerVi l'invito a visitare la nostra sede principale a Bracknell per presentarci la Vs gamma particolareggiatamente e per mostrare a Voi ciò che la ns società può offrire alla Vs e anche per poter parlare con Voi della nostra rete di distribuzione.
Yours faithfully	Cogliamo l'occasione per porgerVi i nostri più distinti saluti. [5]
Peter Mason Sales Director INTDEC	INTDEC [6] Peter Mason Direttore Commerciale
Encs	All. 3 [7]

[1] *Spettabile* (abbreviated as Spett.) *ditta* means 'distinguished company' and is always used before the name and address of a company both in a letter and on the envelope.

[2] Italian business letters do not begin with expressions like 'Dear Sirs' or 'Dear Mr Jameson'; *caro* is only used between friends and relatives. Business letters may begin with *Egregio Signor Alfonsi, Egregia Signora Matti* or *Gentile Signor Caselli, Gentile Signorina Pasquini*, if the addressee is personally known to the sender.

[3] The *OGGETTO* of a business letter gives a short summary of the contents.

[4] The use of the capital V at the beginning of words like *Vostro/Vostri/Voi* etc. and inside words like *porgerVi,/offrirVi* indicates respect and politeness. Very frequently in business letters words like *Vostro/Vostra/Vostri/Vostre* are abbreviated as *Vs*, keeping the capital V in this case as well; *nostro/nostra/nostri/nostre* can be abbreviated as *ns*.

[5] *Distinti saluti* is the equivalent of 'Yours faithfully'. *Cordiali saluti* is the equivalent of 'Yours sincerely'. *Cogliamo l'occasione per porgerVi i nostri più cordiali saluti* literally means 'We take this opportunity to send you our most cordial greetings'.

[6] In an Italian business letter the name of a company is more important than the name of the individual who is writing it. In most cases the name of the individual is not typed in and the signature is generally illegible.

[7] If the letter contains enclosures the abbreviation *All.* (*allegato*) should be added, with the number of the items enclosed, e.g. All. 3

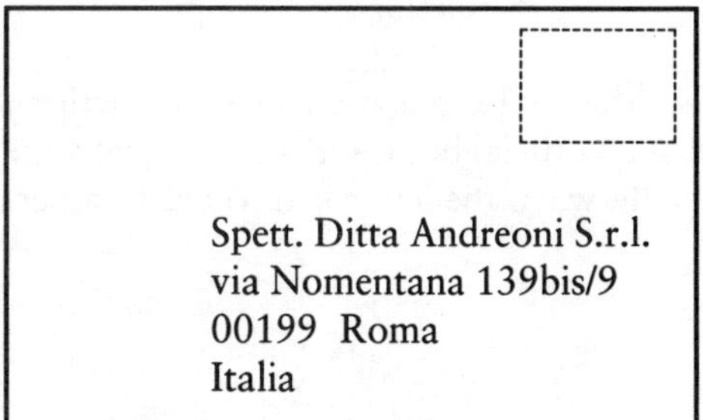

il francobollo

Spett. Ditta Andreoni S.r.l.
via Nomentana 139bis/9
00199 Roma
Italia

il destinatario
l'indirizzo/il recapito
il C.A.P. – codice di avviamento postale

Vocabolario

affidare [affidato]	to entrust someone with something
l'affrancatura	postage, franking
la casella postale	P.O. box
cogliere l'occasione [colto]	to take the opportunity
il commercio	commerce, sale
comunicare [comunicato]	to communicate
la consegna	dispatch
consentire [consentito]	to allow
la corrispondenza	correspondence
cortese	kind, polite
distribuire [distribuito]	to distribute
essere noto	to be known
impegnarsi [impegnato]	to engage oneself/be involved
importare [importato]	to import
in plico a parte	under separate cover
mettere in commercio [messo]	to market, sell
il mittente	sender
ordinare [ordinato]	to order
l'ordine, l'ordinazione	order
porgere [porto]	to give, offer
la rappresentanza	agency
ricevere una lettera [ricevuto]	to receive a letter
ringraziare [ringraziato]	to thank
ritenere [ritenuto]	to believe, think
salutare qualcuno [salutato]	to greet someone
scrivere una lettera [scritto]	to write a letter
spedire una lettera [spedito]	to send a letter
la vendita al dettaglio	retail sale
la vendita all'ingrosso	wholesale

In all business correspondence the *voi* form is used whenever writing to a company, a department or an official body. Only occasionally the *Lei/Loro* form is used, normally when the letter is directed to a personal contact.

Exercise

The following business letter to a company has been written wrongly using the *Lei* form. Rewrite it using *voi*.

Spett. Ditta Rossi & Rossi
via Roma 189
07100 Sassari

Con riferimento alla Sua lettera del 31 ottobre scorso Le comunichiamo che il ns rappresentante visiterà la Sua fabbrica il 10 novembre prossimo. Contiamo di telefonarLe in settimana per confermarLe l'orario di arrivo al Suo stabilimento.

Cogliamo l'occasione per porgerLe i ns migliori saluti.

Con riferimento alla Vs lettera del 31 ottobre scorso Vi comunichiamo che il ns rappresentante visiterà la Vs fabbrica il 10 novembre prossimo. Contiamo di telefonarVi in settimana per confermarVi l'orario di arrivo al Vs stabilimento.

Cogliamo l'occasione per porgerVi i ns migliori saluti.

Exercise

Karen Mill's secretary has drafted a translation of the letter to Mr Castagni. She is not sure, however, of some of the details. How would you complete the Italian letter?

VIDEODISTRIBUTORS
139–143 Bridgewater Lane
Banbury
Oxon

Your Ref: AC/MR	....: AC/MR
Our Ref: RM/PM	....: RM/PM
Studio Videorecord	.... Studio Videorecord
Statale 36	Statale 36
27100 Pisa	27100 Pisa

Italy	Italia
<u>F.A.O. Mr Castagni</u>	....
31st March 199–	....
Dear Mr Castagni	....
<u>RE: Your letter dated 3rd March</u>	
We thank you for your order for 30 VHS video recorders Model Number 30X Digital.	Vi ringraziamo per il ...... ordine per 30 Videoregistratori VHS Modello Numero 30X Digital.
They will be dispatched in approximately 2 weeks' time. We will advise you by fax of the exact shipping details when they are known to us.	Verranno spediti fra 2 settimane circa. Vi comunicheremo per fax i termini precisi della consegna quando ci saranno noti.
Yours sincerely Karen Mills Export Manager	.... Karen Mills ....

Italian Possessives

mio	mia	miei	mie	my, mine
tuo	tua	tuoi	tue	your, yours
suo	sua	suoi	sue	his her, his hers
Suo	Sua	Suoi	Sue	your, yours – singular polite form
nostro	nostra	nostri	nostre	our, ours
vostro	vostra	vostri	vostre	your, yours
loro	loro	loro	loro	their, theirs
Loro	Loro	Loro	Loro	your, yours – plural polite form
proprio	propria	propri	proprie	one's own
altrui	(invariable)			someone else's, other people's

Insert the correct possessive

Carlo e Piero lavorano per la Stelli; la ... ditta si trova a Pescia.
Vorremmo importare i ... prodotti per venderli nel ... paese.
La ... azienda mette le ... attrezzature a disposizione dei ... tecnici.
In qualità di direttore generale vorrei darvi il ... benvenuto in Italia.
Antonio, qual'è il ... mestiere? Signora Ducati, qual'è il ... numero di telefono?
Potete affidarci la rappresentanza dei ... prodotti? Noi vogliamo venderli nei ... negozi.
Tutte le società conoscono i prodotti ...

loro, vostri, nostro, nostra, proprie, vostri, nostro, tuo, Suo, vostri, nostri, altrui.

Translate into Italian

Dear Sirs

With reference to your letter of 13th February 1991 we wish to inform you that under separate cover we have sent you the brochures and samples as requested.

Thanking you for your interest in our products, we look forward to receiving orders from you in the not too distant future.

Yours faithfully

Spett. ...

OGGETTO: DÉPLIANTS E CAMPIONI NS PRODOTTI

Con riferimento alla Vs lettera del 13 febbraio 1991 Vi informiamo che abbiamo provveduto alla spedizione in plico a parte dei dépliants e dei campioni da Voi richiesti.

Vi ringraziamo per l'interesse nei confronti dei ns prodotti e ci auguriamo di ricevere presto le Vs ordinazioni.

Vi porgiamo distinti saluti.

Unit 10

Business letters II
Corrispondenza commerciale II

In this unit you will learn words and expressions used in writing business letters. We also review prepositions and pronouns. The unit begins with examples of Italian business letters.

Normally Italian business letters are very brief and to the point. They are also extremely formal and concise and may at times seem almost abrupt. Writing letters to Italian companies is not the most successful way of communication and Italian companies do not always reply. Taking also into account the appalling delays of the Italian postal service, for a response it is best to communicate by telephone or by fax. The following are just some examples of typical letters; the address, date and greetings, dealt with in the previous chapter, have been omitted.

OGGETTO: RICHIESTA DI DÉPLIANTS E INFORMAZIONI	RE: REQUEST FOR BROCHURES AND INFORMATION
Gradiremmo ricevere il più presto possibile informazioni, dépliants e prezzi delle Vs scrivanie, modello Antico 89c.	We would like to receive as soon as possible information, brochures and prices of your desks, model Antico 89c.
OGGETTO: INVIO CATALOGO E CAMPIONI	RE: DISPATCH OF CATALOGUE AND SAMPLES
Con riferimento alla Vs richiesta del 5 marzo u.s. Vi inviamo in plico a parte il ns ultimo catalogo e campioni dei modelli di penne biro e stilografiche.	With reference to your request of 5th March we are sending under separate cover latest catalogue and samples of the models of ball-point and fountain pens.
Ci anguriamo siano diVs interesse e attendiamo il Vs riscontro in proposito.	We trust you will find them interesting and await your reply.

OGGETTO: RICHIESTA DI OFFERTA	RE: REQUEST FOR QUOTATION
La Vs ditta ci è stata raccomandata dalla Camera di Commercio di Roma come una delle società maggiori produttrici di macchine tessili.	Your company has been recommended to us by the Rome Chamber of Commerce as one of the major producers of textile machines.
Stiamo esaminando la possibilità di installare 50 delle Vs macchine VELTES nel ns nuovo stabilimento.	We are examining the possibility of installing 50 of your VELTES machines in our new factory.
Vogliate inviarci a giro di posta un'offerta per le suddette macchine e vogliate comunicarci i tempi di consegna e lo sconto che siete disposti a concederci.	Please send by return of post a quotation for the above giving us the terms of delivery and letting us know the discount you are prepared to give us.
OGGETTO: OFFERTA	RE: QUOTATION
Come da Vs richiesta Vi alleghiamo la ns offerta valida per 60 gg per 500 orologi da muro. Saremo in grado di consegnarVi la merce 3 settimane dopo ricevimento dell'ordine.	As per your request we enclose our quotation – valid for 60 days – for 500 wall-clocks. We will be able to despatch the goods 3 weeks after receipt of the order.
Riteniamo il ns prezzo vantaggioso e ci auguriamo di ricevere il Vs ordine il più presto possibile.	We believe our price is advantageous and look forward to receiving your order as soon as possible.
OGGETTO: ORDINAZIONE	RE: ORDER
Unitamente alla presente Vi rimettiamo il ns ordine per 50 stampanti ITA31.	Please find enclosed an order for 50 ITA31 printers.
Vogliate confermare l'accettazione del ns ordine a giro di posta e di effettuare la spedizione attenendoVi alle ns istruzioni.	Please confirm receipt of our order by return of post and despatch the goods as per our instructions.
OGGETTO: RECLAMO	RE: COMPLAINT
Siamo spiacenti di doverVi	We regret to inform you that the

informare che la merce da noi ricevuta oggi non è conforme alla ns ordinazione del 21 febbraio. Manca infatti la metà dei telefoni ordinati e Vi preghiamo di inviarci il resto della partita immediatamente.

goods we have received today are not as per our order of 21 February. Half of the telephones ordered are missing and we would be grateful if you could send us the rest of the consignment immediately.

<u>OGGETTO: SCUSE</u>
Vi preghiamo di accettare le ns scuse per l'errore commesso nell'esecuzione del Vs ordine No.3841b. Provvederemo oggi stesso a inviarVi gli articoli mancanti e Vi assicuriamo che faremo tutto il possibile perché un errore di questo genere non si ripeta.

<u>RE: APOLOGY</u>
Please accept our apologies for the mistake in the despatch of your order No.3841b. We will send you the missing items today and we wish to assure you that we will do the utmost to avoid making mistakes of this kind in the future.

Vocabolario

a giro di posta	by return of post
accludere [accluso]	to enclose
allegare [allegato]	to enclose
il campione	sample
il catalogo	catalogue
commettere un errore [commesso]	to make a mistake
come da vostra richiesta	as requested by you
con riferimento a ...	with reference to ...
il contrassegno	cash on delivery
evitare [evitato]	to avoid
il dépliant, l'opuscolo	brochure, leaflet
essere conforme	to conform to, to tally with
essere disposti	to be prepared to
l'espresso	express letter
installare [installato]	to install, to set up
il listino prezzi	price list
mancare [mancato]	to be missing
il pacco postale	parcel post
la posta aerea	air mail

provvedere [provveduto]	to see to
la raccomandata	registered letter
il ricevimento dell'ordine	receipt of order
rimettere [rimesso]	to send, remit
il servizio postale	postal service
la tariffa postale	postage, postal fee
vogliate confermare	please confirm
vogliate inviarci	please send us

Insert the missing sections

1 Vogliate (send us) la merce (a.s.a.p.).
2 (we trust) troviate i ns (brochures) interessanti e i ns (prices) competitivi.
3 Vogliate (let us know) i tempi di (despatch) del ns (order).
4 Vorremmo (to receive) il Vs (price list) e i Vs dépliants.
5 Riteniamo (our price) vantaggioso e (we look forward) di ricevere il (your order) (by return of post).

1 Vogliate spedirci la merce il più presto possibile.
2 Siamo certi troviate i ns dépliants interessanti e i ns prezzi competitivi.
3 Vogliate comunicarci i tempi di consegna del ns ordine.
4 Vorremmo ricevere il Vs listino prezzi e i Vs dépliants.
5 Riteniamo il ns prezzo vantaggioso e ci auguriamo di ricevere il Vs ordine a giro di posta.

Insert the correct prepositions

1 Spediteci dépliants e prezzi ... Vs prodotti.
2 ... riferimento ... Vs telefonata Vi inviamo i campioni ... merce.
3 La Vs società è la maggiore produttrice ... computer ... mondo.
4 Vogliate comunicarci ... giro ... posta i tempi ... consegna.
5 Come ... Vs richiesta Vi consegnamo la merce.
6 La ns offerta è valida ... 90 giorni.
7 La merce non è conforme ... ns ordinazione ... 3 gennaio.

dei, con/alla/della, di/nel, a/di/della, da, per, alla/del.

Choose the correct verb

1 Gradiremmo vendere/ricevere/attendere/inviare la merce al più presto.
2 Vogliate inviare/concedere/esaminare/comunicare i dépliants alla ns società.
3 Vi preghiamo di installare/spedire/informare/gradire l'ordinazione per fax.
4 Siamo spiacenti di doverVi informare/ricevere/consegnare/richiedere la merce in ritardo.
5 Ci auguriamo di raccomandare/produrre/confermare/effettuare il ns ordine entro la fine della settimana.

ricevere, inviare, spedire, consegnare, confermare.

Pronouns

assicurare ***a me*** = assicurar***mi***	scrivono ***a me*** = ***mi*** scrivono
comunicare ***a te*** = comunicar***ti***	augurano ***a te*** = ***ti*** augurano
augurare ***a lui*** = augurar***gli***	porgono ***a lui*** = ***gli*** porgono
porgere ***a lei/Lei*** = porger*le le*/porger*Le*	dicono ***a lei*** = ***le*** dicono
inviare ***a noi*** = inviar*ci*	danno ***a noi*** = ***ci*** danno
portare ***a voi*** = portar*vi*	chiedono ***a voi*** = ***vi*** chiedono

Rewrite the sentences putting *mi, ti*, etc. instead of *a me, a te*, etc.

Example: *Potete offrire il lavoro **a me**?*
*Potete offrir**mi** il lavoro?*

1 Sapete dire ***a lui*** dove si trova la fabbrica di macchine?
2 Assicuriamo ***a Voi*** che la merce sarà spedita senza ritardi.
3 Quanti pacchi potete inviare **a noi** domani?
4 Auguriamo ***a Voi*** tanto successo nella Vostra attività.
5 Quando invierete ***a lei*** la merce?
6 Siamo spiacenti di dover informare ***Voi*** del ritardo nella consegna.
7 Hanno chiesto ***a noi*** di telefonare ***a voi***.

1 Sapete dir***gli*** dove si trova la fabbrica di macchine?
2 ***Vi*** assicuriamo che la merce sarà spedita senza ritardi.

3 Quanti pacchi potete inviar*ci* domani?
4 *Vi* auguriamo tanto successo nella Vostra attività.
5 Quando *le* invierete la merce?
6 Siamo spiacenti di dover*Vi* informare del ritardo nella consegna.
7 *Ci* hanno chiesto di telefonar*vi*.

Write a letter presenting your company

a Say your company manufactures quality stationery (articoli di cancelleria).
b You are planning to export your products to Italy and are looking for distributors and exclusive agents.
c You'll be in Italy for an exhibition next week and would like to see them to discuss this possibility.
d You are enclosing some brochures.
e Remember to include greetings etc.

La nostra società produce articoli di cancelleria d'alta qualità. Vorremmo esportare i nostri prodotti in Italia e cerchiamo attualmente distributori e agenti esclusivi che ci rappresentino in Italia.
La settimana prossima sarò in Italia per visitare la mostra X e vorrei cogliere l'occasione per incontrarVi e discutere con Voi questa possibilità.
Unitamente alla presente Vi rimettiamo dépliants dei nostri prodotti.
Cogliamo l'occasione per porgerVi i ns più cordiali saluti.

Insert the correct tense of *dovere, potere* or *volere*

1 Prima di inviarvi un ordine definitivo ... sapere la data di consegna della merce.
2 Per ... spedire quel pacco noi ... prima ricevere il vostro pagamento.
3 A giro di posta ... comunicarci il prezzo di quei macchinari.
4 Signor Aosti, ... darmi il suo indirizzo?
5 Dato che questo non mi piace, non ... comprarlo.
6 I nostri fondi sono limitati e per questo non ... acquistare i vostri prodotti.
7 Se fosse possibile, il signor Canesi ... venire il 24.
8 Carlo è impegnato e non ... rispondere al telefono.

vorrei, poter, dovremmo, vogliate, potrebbe, voglio, possiamo, vorrebbe, può.

Unit 11

Business letters III
Corrispondenza commerciale III

In this unit you will complete the coverage of words and expressions used in commercial correspondence. We also review adjectives, in particular their variable endings. The unit begins with examples of circulars.

A B C MAILING	Centro Commerciale Milanofiori 20090 Assago (MI) Tel. (02) 25666038/9 Telefax (02) 25373881 Cf/P NA 06817281089
Gentile Lettore	Dear Reader
Ecco i grandi vantaggi che le sono riservati con l'abbonamento all'Enciclopedia dell'Economia e del Commercio, composta da 84 fascicoli e 7 copertine.	These are the big advantages in store for you when you subscribe to the Encyclopaedia of Business and Economics, which consists of 84 issues and 7 binders.
Con il primo fascicolo riceverà gratis una calcolatrice solare.	With the first issue you will receive free of charge a solar-powered calculator.
Spedisca subito il suo Certificato di Abbonamento accluso e potrà usufruire del prezzo bloccato se sceglierà il pagamento rateale, versando L.514.800 in 26 comode rate mensili di L.19.800 ciascuna.	Send the enclosed Subscription Certificate now and you will be able to take advantage of our frozen price if you choose to pay in instalments, paying 514,800 lire in 26 easy monthly payments of 19,800 lire each.

Se sceglierà il pagamento in contanti potrà godere dello sconto del 20% versando soltanto L.411.840.	Should you choose to pay in cash you will receive a 20% discount, paying only 411.840 lire.
Spedisca subito il certificato	*Send your certificate now*
Grazie per la sua tempestiva risposta.	Thank you for your prompt response.
Distinti saluti	Yours faithfully
Il direttore commerciale	Sales Director
C.A. RAPPRESENTANTI F.lli Memmo	F.A.O. F.lli MEMMO REPRESENTATIVES
Siamo lieti di informarVi della fusione della nostra società e della ditta Span S.r.l. Il Dr Serenelli, da molti anni consigliere delegato della Span, è stato nominato amministratore delegato della nuova società.	We are delighted to inform you of the merger of our firm with the company Span S.r.l. Dr Serenelli, a member of the board of directors of Span for many years, has been appointed managing director of the new company.
Ci auguriamo che vorrete accordare alla nuova società la collaborazione di cui la Memmo ha goduto in passato.	We hope that you will give the new company the co-operation which Memmo has received from you in the past.
La direzione	The Management
AD AGENTI POTENZIALI	TO POTENTIAL AGENTS
Da molti anni la Parmani S.r.l. produce macchinari per la rilegatura di libri. Le ns macchine si trovano in impianti in Olanda e in Germania. La Parmani cerca	Parmani S.r.l. has been producing book binding machinery for many years. Our machines are installed in factories in Holland and Germany. Parmani are at present

attualmente un agente che la rappresenti nella Vs regione e vorrebbe discutere la possibilità di conferimento della rappresentanza in esclusiva alla Vs società.

looking for an agent to represent us in your area and would like to discuss the possibility of appointing your company as sole agents.

Unitamente alla presente Vi inviamo dépliants dei nostri prodotti e listino prezzi aggiornato.

We are enclosing brochures of our products and up-to-date price-list.

Vi preghiamo di contattarci il più presto possibile, ringraziamo dell'attenzione che verrà riservata alla presente e porgiamo i migliori saluti.

Please contact us as soon as possible. We thank you for your kind attention.

Yours sincerely

Il direttore commerciale

Sales Director

ALLE AGENZIE E FILIALI PANZI

TO PANZI AGENCIES AND SUBSIDIARIES

Comunichiamo che dal 2 agosto al 31 agosto prossimi la sede centrale della Panzi sarà chiusa per ferie. L'attività commerciale verrà ripresa lunedì 2 settembre.

This is to inform you that from 2nd to 31st August Panzi central office will be closed because of annual holidays. Business will start again on Monday 2nd September.

La direzione amministrativa

The Management

A CLIENTI POTENZIALI

TO POTENTIAL CUSTOMERS

Abbiamo il piacere di trasmettere, allegato alla presente, il ns catalogo più recente. I ns prodotti sono a disposizione presso i rivenditori autorizzati Monti. Se volete ulteriori informazioni sui ns punti di vendita e i centri di assistenza, telefonate a Servizio Pronto Monti 02/26373881.

We are pleased to enclose our most recent catalogue. Our products are available from authorised Monti dealers. If you need further information on our points of sale and service centres, phone Servizio Pronto Monti on 02/26373881.

La direzione commerciale

Sales Department

Vocabolario

l'abbonamento	subscription
abbonarsi a un giornale [abbonato]	to subscribe to a newspaper
accordare a qualcuno [accordato]	to give, confer to someone
autorizzare [autorizzato]	to authorise
il centro assistenza	service centre
chiuso per ferie	closed for holidays
la circolare	circular letter
comunicare [comunicato]	to communicate
concordare [concordato]	to agree, stipulate
contattare, mettersi in contatto con [contattato, messo]	to contact someone
essere composto da	to consist of
ferie/essere in ferie	holidays, to be on vacation
il giorno feriale, lavorativo	weekday
il giorno festivo	Bank holiday, religious holiday
la fusione di imprese	company merger, amalgamation
godere dello sconto [goduto]	to take advantage of the discount
gratis	free of charge
l'indirizzario commerciale	mailing list
il mass mailing	mass mailing
nominare [nominato]	to appoint
pagare a rate [pagato]	to pay in instalments
pagare in contanti	to pay cash
il prezzo al dettaglio	retail price
il prezzo all'ingrosso	wholesale price
il prezzo al rivenditore	trade price
il prezzo bloccato	frozen price
il prezzo fisso	fixed price
il punto di vendita	point of sale, sales outlet
la rappresentanza in esclusiva	exclusive agency
rivendere [rivenduto]	to resell
riservare [riservato]	to reserve
scegliere [scelto]	to choose
trasmettere [trasmesso]	to enclose, remit
usufruire di qualcosa [usufruito]	to take advantage of something

Rewrite the present tense forms in the future

1 Acquistando questo prodotto ***ricevete*** uno sconto del 12% se ***pagate*** in contanti.
2 Grazie ai nostri sconti ***potete*** usufruire del prezzo bloccato se ***scegliete*** il pagamento rateale.
3 Per la nostra società non ***è*** possibile effettuare l'acquisto di queste calcolatrici se non ***ottiene*** un prezzo migliore.
4 ***Accordiamo*** alla nuova società la nostra più completa collaborazione.
5 ***Spedisco*** il mio certificato di abbonamento appena lo ***ricevo***.
6 ***Possiamo*** discutere sul conferimento della rappresentanza appena ***arriviamo***?
7 I nostri rivenditori ***sono*** a vostra disposizione.

riceverete/pagherete, potrete/sceglierete, sarà/otterrà, accorderemo, spedirò/riceverò, potremo/arriveremo, saranno.

Adjectives

Italian adjectives are variable: they can be masculine or feminine, singular or plural. They can be used before or after a noun, but they always agree with the noun.

	Masculine			*Feminine*		
Singular	caro	lieto	felice	cara	lieta	felice
Plural	cari	lieti	felici	care	liete	felici
Singular	bianco	autentico	interessante	bianca	autentica	interessante
Plural	bianchi	autentici	interessanti	bianche	autentiche	interessanti

Link each adjective on the left to its opposite on the right

piccolo	utili
ultima	grande
triste	piacevoli
inutili	lieto
vecchie	tempestivo
pochi	simpatici
peggiori	possibile
antipatici	migliori

lento	nuove
impossibile	prima
spiacevoli	molti

piccolo/grande, ultima/prima, triste/lieto, inutili/utili, vecchie/nuove, pochi/molti, peggiori/migliori, antipatici/simpatici, lento/tempestivo, impossibile/possibile, spiacevoli/piacevoli.

Substitute the expressions with an adjective of the same meaning

1 Una calcolatrice *che usa la luce del sole.*
2 Il pagamento *a rate.*
3 La risposta *spedita senza ritardo.*
4 Il listino prezzi *con i prezzi più recenti.*
5 L'attività *di vendita e affari.*
6 La fabbrica *non aperta.*
7 Il prezzo *che non cambia.*

Solare, rateale, tempestive, aggiornato, commerciale, chiusa, fisso.

Give each adjective the correct form

1 Questo abbonamento è troppo car–.
2 Il prezzo da pagare è molto alt– e le rate mensil– sono tropp–.
3 La nuov– fabbrica sarà chius– per ferie nei mesi estiv–.
4 Abbiamo la rappresentanza esclusiv– dei vostr– prodotti.
5 Quest– vostr– proposta è interessant–.
6 I nostr– rivenditori autorizzat– sono a vostr– disposizione.
7 Quel signore è simpatic–.
8 Quest– prodotti sono caratteristic–?

caro, alto/mensili/troppe, nuova/chiusa/estivi, esclusiva/vostri, questa/vostra/interessante, nostri/autorizzati/vostra, simpatico, questi/caratteristici.

Translate into English

D'accordo con il Vs rappresentante Vi confermiamo ordine di No.1 Macchina Modello ACA.M. Come da Vs offerta del 1° marzo – Vs Rif.

E000554, al costo di L. sterline 63.959, sconto del 5 per cento.
L'ordine sarà perfezionato dopo l'incontro dei ns rispettivi tecnici che definiranno alcuni particolari.

In agreement with your representative we confirm the order of 1 of machine Model ACA.M. As per your offer of 1st March – Your Ref. E000554—at the cost of £63,959 with 5 per cent discount.
The order will be finalised after our technicians meet to make some specifications.

Reply to the following letter

Vogliate inviarci a giro di posta dépliants e listino prezzi Vs strumenti di iniezione a penna HINS34/HINS36, indirizzo Vs rappresentanti e distributori in Italia e Vs numero di telefax.

- a enclose brochures.
- b explain that the price list is available from your agents.
- c give the name and address of your agent and distributor and your fax number.
- d say that you will be glad to answer any further enquiries they might have.

Con riferimento alla Vs richiesta datata ... Vi alleghiamo informazioni e dépliants sui ns prodotti. Il listino prezzi è disponibile presso i nostri agenti e distributori in Italia: MEDICAL Srl. Casella Postale 178, 20135 Milano.

Il ns numero di telefax è il seguente: 0044 494 4092774.

Siamo a Vs completa disposizione per ulteriori informazioni.

Unit 12

Money, figures, prices
Denaro, cifre, prezzi

In this unit you will learn words and expressions connected with figures, money and prices. We also review the use of 'più' and 'meno', both as adjectives and as adverbs. The unit begins with an article outlining the recent growth and prosperity of the Italian population.

Secondo il COMPENDIO STATISTICO ITALIANO pubblicato nel 1989 dall'Istituto Centrale di Statistica (ISTAT) il primo gennaio 1988 la popolazione italiana era di 57.399.108. Nel corso degli anni '80 il tasso medio annuo di crescita della popolazione ha registrato un rallentamento e alla fine del decennio l'incremento naturale era pari soltanto allo 0,5 per mille. Risulta perciò che l'età media degli italiani sta aumentando.

La nazione diventa sempre più ricca e aumenta il benessere. Nell'88 il prodotto interno lordo (Pil) è aumentato in termini reali del 3,9% rispetto all'87. Il valore del Pil nel 1988 ha raggiunto 1.078.863 miliardi di lire.

Quasi la metà del valore aggiunto deriva dai servizi destinati alla vendita (48,6%). Seguono i beni prodotti dall'industria (34,3%), i servizi non destinabili alla vendita (13,4%) e all'ultimo posto i beni prodotti dall'agricoltura (3,7%).

Un altro studio condotto dall'Istituto di studi politici, economici e sociali rivela come gli italiani spendono i loro guadagni. Oggigiorno le spese alimentari coprono il 23% del reddito nazionale: vent'anni fa coprivano più del 40%. In genere gli italiani spendono 687 mila lire al mese pro capite, di cui 175 mila lire per il consumo di beni alimentari. Sorprendentemente risulta dalle statistiche che la famiglia media appartenente alla classe operaia spende più per mangiare della famiglia media appartenente alla classe dirigente e a quella impiegatizia. Gli operai spendono 549 mila lire al mese, mentre i dirigenti e gli impiegati spendono soltanto 544 mila lire. Il fatto è sorprendente, dato il divario esistente tra le retribuzioni ed i redditi degli operai e dei dirigenti.

According to the ITALIAN STATISTICAL COMPENDIUM published in 1989 by the Central Institute of Statistics (ISTAT), the Italian population numbered 57,399,108 on 1st January 1988. During the Eighties the average annual growth rate of the population slowed down and at the end of the decade was only 0.5 per thousand. The average age of Italians is therefore rising.

The nation is becoming more and more wealthy and prosperity is increasing. In 1988 gross domestic product (GDP) increased in real terms by 3.9% compared to 1987. GDP was worth 1,078,863 billion lire at current prices.

Almost half of added value derives from services for sale (48.6%), followed by goods produced by industry (34.3%), by service industries (13.4%) and, in last place, goods produced by agriculture (3.7%).

Another study from the Institute of political, economic and social studies reveals how Italians spend their earnings. Today expenditure on food accounts for 23% of national income; 20 years ago it was more than 40%. In general, Italians spend 687,000 lire a month per capita, of which 175,000 is on the consumption of food. Surprisingly, it appears from the statistics that the average working-class family spends more on food than the average family of managers and office workers. Manual workers spend 549,000 lire a month, while managers and office workers spend only 544,000 lire. This fact is surprising in view of the gap which exists between the salaries and incomes of manual workers and managers.

Vocabolario

alimentare	relating to food
la banconota, il biglietto di banca	banknote
una banconota da 100 mila lire	a 100,000 lire note
un banconota di grosso taglio	a large bank note
i beni	goods
il cambio	change
il censimento	census
il cibo	food
la cifra	figure
la cifra tonda	round figure

il compendio	compendium, handbook
i contanti, il prezzo in contanti	cash, cash price
coprire [coperto]	to cover, account for
corrente	current
il corso legale	legal tender
il costo	cost, charge
la crescita	growth
il decennio	decade
demografico	demographic
il denaro, i soldi	money
derivare [derivato]	to derive
destinare [destinato]	to destine, intend
i guadagni	earnings
l'incremento	increase
in termini reali	in real terms
l'impiegato	office, whitecollar worker
l'imposta sul valore aggiunto (IVA)	value-added tax (VAT)
l'istituto	institute
medio	average
la media	average
il miliardo	billion, thousand million
il milionario, il miliardario	millionaire, billionaire
la moneta metallica	coin
l'operaio	manual, bluecollar worker
pro capite	per capita, per head
il prodotto interno lordo	gross domestic product
il rallentamento	slowing down
rallentare [rallentato]	to slow down
il reddito	income
il secolo	century
il sistema monetario	monetary system
spendere [speso]	to spend
le spese	expenditure, expenses
gli spiccioli	small change
la statistica	statistics
statistico	statistical
lo studio	study
il tasso di cambio	exchange rate
il valore	value

il valore aggiunto	added value
la valuta, la divisa	currency
la valuta, la divisa estera	foreign currency

ISTAT

Istituto Centrale di Statistica – was founded in 1926 as the government statistical agency. It is concerned with population censuses (full censuses are conducted every 10 years), with social, economic and environmental studies and with statistical methodology.

Its headquarters are in Rome, in via Cesare Balbo 16. ISTAT is directly responsible to the Council of Ministers (Cabinet). A large number of public bodies cooperate with ISTAT in its data-gathering work. Statistics on Italy, however, are generally less comprehensive than those of the United Kingdom.

Underline the appropriate alternative

1 Rispetto a 10 anni fa
  - a la popolazione dell'Italia è salita/scesa più lentamente/velocemente che nel decennio precedente;
  - b l'età media degli italiani è ora più alta/bassa;
  - c l'Italia è diventata più ricca/povera;
  - d gli Italiani spendono adesso più/meno del loro reddito per mangiare.

2 Oggi la maggior parte del valore aggiunto viene dai servizi destinati/non destinabili alla vendita.

3 I beni prodotti dall'agricoltura sonno al primo/all'ultimo posto.

4 Gli operai spendono una cifra inferiore/superiore per il cibo rispetto ai dirigenti.

salita, lentamente, alta, ricca, meno, destinati, all'ultimo, superiore.

NUMBERS AND MONEY

You will come across many more high numbers in Italy than in the United Kingdom because of the currency. When talking of lire it is normally in terms of thousands, millions and billions: *mille, milione, miliardo*. Note that the plural of *mille* is *mila*, e.g. 10 *mila*. *Un miliardo* is equivalent to 1,000 million, i.e. 1,000,000,000.

To say around, about, a certain number you can say *una decina, ventina, cinquantina di* ... When you get to around 100 you say *un centinaio* (plural *centinaia*) *di* ..., to around 1000 *un migliaio* (plural *migliaia*) *di* ...

Ordinals (1st, 2nd, etc.) take adjective endings. 1st to 10th are *primo, secondo, terzo, quarto, quinto, sesto, settimo, ottavo, nono, decimo*. From 11th – *esimo* is added to the number, omitting the final vowel, e.g. *undicesimo, trentesimo*. You may see *primo* written as 1º, *prima* as 1ª, *secondo* as 2º, *decimo* as 10º, etc.

When referring to centuries (*il secolo*) Italians use *il Novecento* (900) to refer to the 20th century (i.e. the (1)900s). The 14th century is thus *il Trecento*.

Fractions are written as in English. Note that $^1/_2$ is *la metà* but half a kilo is *mezzo chilo*. $^1/_3$ is *un terzo*, $^1/_4$ *un quarto* etc. (refer to ordinals).

Take care with the different uses of the comma (,) and full stop (.). In Italy 2,5 means 2.5 (2 point 5) and is said as 2 *virgola* 5. Full stops are used to separate thousands, e.g. 1.000.000 (*un milione*).

Remember that Italians weigh things in grammes (*grammi*), kilos (*chili, chilogrammi*), quintals (*quintali*) and tons (*tonnellate*); measure distance in centimetres (*centimetri*), metres (*metri*) and kilometres (*chilometri*); and area in square metres (*metri quadri*) and hectares (*ettari*).

In everyday speech Italians will often abbreviate expressions such as 1.200 lire (*milleduecento lire*) to *mille due*. When the lira was originally introduced in 1862 it was divided into 100 *centesimi*. Inflation put paid to *centesimi* after the Second World War and in 1986 the government proposed a new lira, equivalent to 1,000 current lire. This plan has been shelved for the moment.

The lira has been a part of the *Sistema Monetario Europeo* – SME (European Monetary System – EMS) since 1978. The value of the lira has been set by the Bank of Italy – *la Banca d'Italia* – since 1981, when it became independent of the Treasury – *il Tesoro*. For a number of years the exchange rate has been in the region of £1 = L.2000.

Note that in Italian *lira sterlina* means pound sterling and the pound sign (£) is used for Italian lire, as well as Lit. or L.

Match the figures to the words

ottantotto	850
ventisette miliardi	2/3
nove virgola sette	7º
ottocentocinquanta	88
milleduecento	9,7
ventisette milioni trecentomila dodici	27.000.000.000
settimo	27.312
due terzi	27.300.012
ventisette mila trecento dodici	1.200

88; 27.000.000.000; 9,7; 850; 1.200; 27.300.012; 7º; 2/3; 27.312.

Più and *meno*

1 with nouns e.g. more money, less work: *più soldi, meno lavoro*

2 with adjectives e.g. more/less expensive: *più/meno caro*

3 more/less than

Example:

My car is faster than yours.

La mia macchina è più veloce della tua.

She is older than you.

È più vecchia di te.

But note:

He sold more/fewer domestic appliances this year than last year.

Ha venduto più/meno elettrodomestici quest'anno che l'anno scorso.

4 to form relative superlatives, e.g.

Questo mercato è il più competitivo del mondo.

Quel prodotto è il meno popolare della nostra gamma.

Normal superlatives are formed by adding *–issimo* etc., to the adjective without the final vowel.
Example: *La sua relazione è complicatissima.*

Note the following irregular forms of the comparative and superlative:

buono	migliore	ottimo
cattivo	peggiore	pessimo
grande	maggiore	massimo, grandissimo
piccolo	minore	minimo, piccolissimo

Translate into Italian

1 Managers spend less on food than manual workers.
2 The Italian population is growing more slowly than others.
3 GDP is increasing by more than 3%.
4 Services are worth more than products.
5 The average age of Italians is higher now than in the 1970s.
6 Fewer people are working in agriculture nowadays.
7 The prosperity of the country has increased in the last 10 years.

1 I dirigenti spendono meno degli operai per il cibo.
2 La popolazione italiana cresce più lentamente di altre.
3 Il Pil aumenta di più del 3%.
4 I servizi valgono più dei prodotti.
5 L'età media degli italiani è più alta adesso che negli anni Settanta.
6 Meno gente lavora nell'agricoltura oggigiorno.
7 Il benessere del paese è aumentato negli ultimi dieci anni.

Insert the correct form of the comparative or superlative choosing the adjective from the ones given

piccol, difficile, esigente, buono, realistico, efficiente, cattivo determinante, potente.

1 I nostri clienti sono ... adesso di quanto lo fossero anni fa.
2 La vostra concorrenza è ... sul mercato italiano.
3 I consumatori esigono prodotti sempre ...
4 La confezione del prodotto è uno degli elementi ... ai fini delle vendite.

5 Il preventivo delle vendite di quest'anno è ... di quello dell'anno scorso.
6 I nostri agenti sono ... del settore.
7 Non penso che il mio compito sia ... in senso assoluto.
8 Queste notizie sono ... di quanto pensassi.
9 Le nostre possiblità di successo sono ...

più esigenti, la più potente, migliori, più determinanti, più realistico, i più efficienti, il più difficile, peggiori, ottime.

Unit 13

Job description
Descrizione delle mansioni

In this unit you will learn words and expressions used in job descriptions. We also review relative pronouns. The unit begins with a job description for the post of sales director in an industrial company.

Nota azienda industriale operante nella produzione su commessa ed in serie limitata di veicoli industriali, leader nel settore sul mercato nazionale, cerca il

DIRETTORE COMMERCIALE Rif. DUC–103FIR

cui affidare la responsabilità della gestione dell'attività di vendita e della successiva assistenza alla clientela.

L'incarico riporta direttamente al Amministratore Delegato, ha come contenuto globale la responsabilità del budget delle vendite, comprendendo quindi l'elaborazione, la proposizione e la realizzazione dei piani commerciali; il mantenimento e l'approfondimento del rapporto con i vari enti pubblici; la motivazione ed il coordinamento delle forze di vendita; la partecipazione alla definizione delle strategie di prodotto e di immagine. Il Manager che cerchiamo proviene da un'azienda industriale modernamente organizzata, presso la quale ha maturato alcuni anni di esperienza specifica e dove ha avuto modo di acquisire buona conoscenza del mercato-clienti costituito dagli enti pubblici; ha un'età indicativamente non superiore ai 45 anni ed un titolo di studio a livello universitario, con conoscenza almeno della lingua inglese; possiede uno stile operativo di tipo imprenditoriale.

Sono previsti l'inquadramento nella qualifica dirigenziale e condizioni economiche aperte a managers molto qualificati. La sede di lavoro è Firenze.

Gli interessati sono pregati di inviare un dettagliato curriculum corredato di recapito telefonico, citando il riferimento, a

LITROVO
Selezione del Personale
Casella Postale 8
50100 FIRENZE

Well-known industrial company operating in the production to order and in limited series of industrial vehicles, leader in its sector on the national market seeks

SALES DIRECTOR Ref. DUC–103FIR

to take responsibility for managing sales activity and subsequent customer support.

The position reports directly to the Managing Director and includes in its overall specification responsibility for the sales budget: drafting, submission and implementation of sales plans; maintenance and development of relationships with various public bodies; motivation and co-ordination of the sales force; participation in defining product and image strategies. The Manager we are looking for will be currently working for an industrial company with up-to-date organization, where he/she will have some years of in-depth experience and where he/she has been able to acquire a good knowledge of the market clients which consist of public bodies; he/she will ideally be under 45 years of age with an honours degree and knowledge of at least English; he/she will have an entrepreneurial operating style.

Director status and financial rewards for suitably highly qualified managers are foreseen. Work location is Florence.

Interested parties are invited to send a detailed curriculum vitae with telephone number, quoting reference no., to:

LITROVO
Selezione del Personale
Casella Postale 8
50100 FIRENZE

Cercasi Giovane Esecutivo Desideroso
Di Raggiungere La Vetta...

Vocabolario

acquisire [acquisito]	to acquire
affidare [affidato]	to entrust
l'approfondimento	deepening, development
avere modo di	to be able, be in a position to
il candidato	candidate
la casella postale	P.O. Box
la categoria professionale	the professions, professional class
citare [citato]	to quote
la commessa	order, job order
conferire un incarico, incaricare [conferito, incaricato]	to appoint
corredare di [corredato]	to include
l'elaborazione	drafting, drawing up
l'immagine	image
imprenditoriale	entrepreneurial
l'incarico	position
l'inquadramento nella qualifica dirigenziale	director status

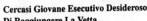

la mansione	responsibility, duty, job
maturare [maturato]	to ripen, experience, acquire
noto	well known
l'offerta di lavoro	job offer
il piano	plan
prevedere [previsto]	to foresee
la proposizione	proposal, submission
provenire da [provenuto]	to come from
la realizzazione	implementation, achievement
il recapito telefonico	telephone number
retribuire [retribuito]	to remunerate, pay (wages/salary)
la retribuzione	remuneration
riportare [riportato]	to report
successivo	subsequent
il titolo di studio	educational qualification
il trattamento economico	salary

Answer the questions

1 Chi cerca un direttore commerciale?
2 In che tipo di produzione opera l'azienda?
3 Quale responsabilità avrà il direttore commerciale?
4 A chi riporterà?
5 Da dove dovrebbe provenire questo direttore commerciale potenziale?
6 Quali caratteristiche dovrà possedere?
7 Cosa gli viene offerto e dove svolgerà il suo lavoro?
8 Cosa devono fare gli interessati?

1 Una nota azienda industriale.
2 Opera nella produzione su commessa ed in serie limitata di veicoli industriali.
3 Avrà la responsabilità della gestione dell'attività di vendita e della successiva assistenza alla clientela.
4 Riporterà direttamente al consigliere delegato.
5 Da un'azienda industriale modernamente organizzata.
6 Alcuni anni di esperienza specifica, buona conoscenza del mercato-clienti, un'età non superiore ai 45 anni, un titolo di studio a livello universitario, conoscenza della lingua inglese e uno stile operativo di tipo imprenditoriale.

7 L'inquadramento nella qualifica dirigenziale e condizioni economiche aperte a managers molto qualificati. Svolgerà il suo lavoro a Firenze.
8 Devono inviare un dettagliato curriculum corredato di recapito telefonico alla LITROVO.

Relative pronouns

Che is the subject and object pronoun (i.e. who/whom). *Cui* means 'to whom', and has two further specific uses:

1 after prepositions e.g. *con cui, da cui, a cui*
2 to mean 'whose' e.g. *Ecco l'azienda il cui proprietario è diventato molto ricco.*

Complete these sentences by adding either *che* or *cui*

1 L'Alfa Romeo finì nelle mani della Fiat ... già nel 1969 aveva rilevato la Lancia.
2 Giuliani non era d'accordo con Borsi ... voleva robotizzare la produzione.
3 Dai dati ... si fa riferimento sono escluse le operazioni di importo inferiori ai due miliardi.
4 I messaggi fax camminano lungo le linee della SIP, il ... intasamento [overloading] è già elevato.
5 Le imprese ... sono entrate in Italia negli anni scorsi ne costituiscono la base di sviluppo ed espansione.
6 La sua risposta di ... diamo i passi salienti è un documento di straordinario interesse.
7 L'acquisizione della Paderi ha costretto l'azienda, i ... bilanci non erano più floridi, a vivere momenti di preoccupazione.

che, che, cui, cui, che, cui, cui

Rewrite the above sentences using *il quale, del quale, al quale* etc. instead of *che* and *cui*

la quale, il quale, ai quali, l'intasamento delle quali, le quali, della quale, i bilanci della quale

JOB DESCRIPTIONS AND ADVERTISEMENTS

Descriptions of managerial positions are included in advertisements for such posts, though the degree of detail given varies. Such advertisements appear in the Italian press which tends to consist largely of 'quality' publications and have a regional basis. Milan is the major centre of publication, with important daily publications, including ***Il Corriere della Sera*** and ***Il Sole 24 Ore***. The latter is often considered to be Italy's version of the ***Financial Times***.

Other newspapers worthy of mention are ***La Stampa*** (Turin), ***Il Messaggero*** (Rome), ***La Repubblica*** (Rome) and ***Il Resto del Carlino*** (Bologna). There are also numerous papers of largely regional and local interest. In general circulation figures for Italian newspapers are relatively low by British standards.

Weekly publications of relevance to business practitioners include ***Espansione, Mondo Economico*** and ***Il Mondo***.

However, the very top management jobs are never advertised; these positions are filled through personal contact or headhunting agencies. Applicants for middle and upper middle management jobs advertised in the press are normally interviewed and selected, at least initially, by the agencies placing the ads. Small ads are used to advertise non-managerial posts and by managers in senior positions offering their services to prospective employers.

The following are examples of situation wanted (*autocandidatura*) advertisements, in which people announce their availability for new positions.

Translate these advertisements into English

OFFERTA DI COLLABORAZIONE

Segretaria/traduttrice/interprete, dinamica, esperienza quinquennale, azienda commerciale, offresi part-time o full-time, disposta spostamenti, ottime referenze.

DIRIGENTE INDUSTRIALE

Quarantacinquenne dirigente, dinamico, con esperienza pluriennale conseguita nel settore del marketing, con la funzione di direttore generale in una piccola azienda, nel campo dei macchinari per la lavorazione del metallo, con conoscenza dell'inglese e del tedesco, vaglierebbe proposte come consulente. Scrivere citando il riferimento C20/5DIR.

APPOINTMENT WANTED

Dynamic secretary/translator/interpreter, with five years' experience in commercial firm, available part-time or full-time, prepared to relocate, excellent references.

INDUSTRIAL DIRECTOR

Dynamic 45-year-old director, many years' experience in marketing sector, managing director in small firm dealing with metal working machines, knowledge of English and German, would consider offers as consultant. Write quoting ref. C20/5DIR.

CONCORSI

Public sector positions are subject to a predetermined process of publication and open competition (*il bando di concorso*). This is intended to prevent unethical practices, e.g. personal recommendation (*la raccomandazione*) which persists as a feature of business life. The following is an example of an open competition.

AVVISO DI SELEZIONE PUBBLICA
Consorzio Trasporti Municipali
Ricerca per il proprio settore informatica

A il responsabile della posizione Sistemi Esperti (Area Metodologie e Standard);

B un addetto ad attività di programmazione nell'ambito dello sviluppo Software.

Per la posizione A l'inquadramento previsto è nella qualifica di Capo Ufficio liv. 3; per la posizione B nella qualifica di Programmatore Junior liv. 4. I requisiti per la partecipazione sono:

- cittadinanza italiana;
- diritti civili e politici;
- immunità da condanne penali;
- avere già compiuto i 18 anni di età e non ancora compiuto i 35 anni alla data di scadenza del termine per la presentazione delle domande.

La selezione dei candidati, per titoli e colloqui, sarà effettuata da apposita Commissione Esaminatrice, costituita da dirigenti e funzionari del Consorzio Trasporti Municipali.

Costituiranno titoli preferenziali:

per la posizione A il possesso di una laurea e l'aver acquisito conoscenze nel campo della logica matematica;

per la posizione B il diploma di Perito Informatico o Ragioniere ad indirizzo informatico ed un'esperienza lavorativa almeno biennale nel settore dei sistemi informativi di medio-grandi dimensioni.

Le domande, redatte in carta semplice ed indicanti la/le posizione/i per cui si intende concorrere, dovranno pervenire alla Segreteria generale del Consorzio Trasporti Municipali, c.so Antonio Gramsci 153, entro e non oltre le ore 11 del 9 febbraio 199–.

Le domande dovranno essere corredate di:

- certificato di cittadinanza italiana;
- per i laureati, certificato di laurea con attestazione del voto di laurea, degli esami sostenuti e della relativa votazione;
- per i diplomati: copia del diploma;
- per la posizione B: curriculum dell'esperienza lavorativa richiesta.

I candidati prescelti dovranno presentare tutta la documentazione che verrà loro richiesta per l'assunzione in servizio e possedere i requisiti psicofisici previsti dalle vigenti disposizioni ministeriali.

Answer the following questions in English

1 Can British citizens apply for the above jobs?
2 What age range is specified?
3 Which job is better paid?
4 Which job requires work experience?
5 Which job requires a degree?
6 How will applicants be assessed?

1 No
2 18–35
3 A
4 B
5 A
6 By qualification and interview, conducted by an Assessment Panel (*Commissione Esaminatrice*)

Unit 14

Job application
Domanda d'impiego

In this unit you will learn words and expressions to be used in job applications. We also review the conditional tense. The unit begins with examples of letters of application.

Replies to Advertisements

Spett. Ditta LITROVO	LITROVO ...
Voghera, il 21 febbraio 199- Vs Rif: DUC – 103 FIR	Voghera, 21st February 199- Your Ref: DUC – 103 FIR
Gentili Signori Con riferimento all'inserzione da Voi pubblicata sul 'Corriere della Sera' di venerdì 17 febbraio c.m. desidero proporre la mia candidatura alla posizione di *direttore commerciale.*	Dear Sirs With reference to your advertisement published in the 'Corriere della Sera' of Friday 17th February, I would like to apply for the post of *commerical director.*
Ritengo di possedere i requisiti corrispondenti alle Vs richieste. Ricopro attualmente la carica di direttore del settore commerciale e marketing presso la ditta STAMPERI S.p.A. di Milano e mi piacerebbe proseguire la mia carriera in un'azienda in continua espansione.	I believe I have the right qualities to match your requirements. I am at present the sales and marketing director of STAMPERI S.p.A. in Milan and I would like to further my career in a continuously expanding company.
Accludo il mio dettagliato curriculum.	I enclose my detailed curriculum vitae.

Sarei lieto di presentarmi per un eventuale colloquio.	I am available to attend an interview.
Colgo l'occasione per porgere distinti saluti.	Yours faithfully
allegato: Curriculum vitae	Enc: CV

Spett. Ditta LITROVO	LITROVO ...
OGGETTO: VOSTRA INSERZIONE SUL 'CORRIERE DELLA SERA' DEL 17 FEBBRAIO – DIRETTORE COMMERCIALE	RE: YOUR ADVERTISEMENT IN 'CORRIERE DELLA SERA' OF 17TH FERUARY – COMMERCIAL DIRECTOR
In risposta alla Vs inserzione unisco i miei dati personali e il curriculum degli studi da me compiuti e delle attività a cui mi sono dedicata.	In reply to your advertisement I enclose my personal details and my CV with information on my education and activities.
Nella speranza che vogliate prendere in considerazione la mia domanda, resto in attesa di una Vostra risposta.	Hoping that you will take my application into consideration, I await your reply.
Distintamente	Yours faithfully

Spett. Ditta LITROVO	LITROVO ...
In referimento al Vostro annuncio pubblicato sul 'Corriere della Sera' del 17 feb. desidero fare domanda di impiego in qualità di DIRETTORE COMMERCIALE.	With reference to your advertisement published in 'Corriere della Sera' of 17th Feb. I wish to apply for the post of COMMERCIAL DIRECTOR.
Vi accludo il mio dettagliato curriculum.	I enclose a detailed CV.
Grato della VS cortese attenzione, invio distinti saluti.	Thank you for your attention Yours faithfully

Speculative letter.

Spett. Azienda Ranieri S.r.l.	Ranieri S.r.l.
C.A. Direttore Ufficio Personale	F.A.O. Personnel Director
OGGETTO: Candidatura ad Assistente Marketing	RE: Post as Marketing Assistant
Da sette anni sono impiegato in qualità di venditore presso la società Balli di Perugia: sono responsabile della vendita di articoli di biancheria intima e di abbigliamento nelle regioni del Meridione.	For the past seven years I have been working as a salesman for the company Balli of Perugia. I am responsible for sales of underwear and clothes in the South.
Possiedo un'ottima conoscenza del mercato e sono abituato a lavorare di mia iniziativa. Mi piacerebbe proseguire la mia carriera in un'azienda maggiore come la Vostra e mi auguro vogliate prendere in considerazione la mia proposta.	I have a thorough knowledge of the market and I am used to working on my own initiative. I would like to further my career in a major company like yours and I hope you will take my proposal into consideration.
Allego il mio dettagliato curriculum. In attesa del Vostro cortese riscontro porgo distinti saluti.	Please find enclosed a detailed CV. Looking forward to hearing from you, yours faithfully

Vocabolario

l'annuncio	advertisement, announcement
l'aspirante a un impiego	job applicant
assumere [assunto]	to engage, sign on
gli attestati	references, certificates, testimonials
la carica	post
la carriera	career

i dati personali	personal details
dedicarsi ad un'attività [dedicato]	to devote oneself to an activity
dettagliare [dettagliato]	to detail
la domanda d'impiego, la domanda d'assunzione	job application
"Domande d'impiego"	"Situations Wanted"
espandere [espanso]	to expand
l'espansione aziendale	company expansion
essere grato/grata	to be grateful
essere lieto/lieta di	to be delighted to
fare domanda per un impiego [fatto]	to apply for a job
l'impiego	position, post, job, occupation
l'impiego a orario ridotto	part-time job
l'impiego a tempo pieno	full-time job
l'impiego vacante	vacancy
incaricare [incaricato]	to appoint
l'incarico	appointment
l'inserzione	advertisement, announcement
il Meridione	south of Italy
piacere [piaciuto]	to like
il posto di lavoro	job
prendere in considerazione [preso]	to take in consideration
la professione	profession
il requisito	requirement
il Settentrione	north of Italy

Present conditional of regular verbs and of essere and avere

	presentare	prendere	riferire	essere	avere
io	presenterei	prenderei	riferirei	sarei	avrei
tu	presenteresti	prenderesti	riferiresti	saresti	avresti
lui	presenterebbe	prenderebbe	riferirebbe	sarebbe	avrebbe
noi	presenteremmo	prenderemmo	riferiremmo	saremmo	avremmo
voi	presentereste	prendereste	riferireste	sareste	avreste
loro	presenterebbero	prenderebbero	riferirebbero	sarebbero	avrebbero

Put the verbs into the present conditional

1 Mi *piace* proporre la mia candidatura.
2 *Sono* lieto di lavorare per la Vostra ditta.
3 *Possiamo* fare domanda di impiego con i nostri requisiti?
4 Vi *piace* prendere in considerazione la mia proposta?
5 Scusi, lei *prosegue* il mio lavoro?
6 È molto grato per la vostra tempestiva risposta.
7 Voi *presentate* il progetto al direttore?

piacerebbe, sarei, potremmo, piacerebbe, proseguirebbe, sarebbe, presentereste.

Piacere

Piacere is an impersonal verb: *mi piace* or *piace a me* (I like) literally means '*it pleases me*', *Mi piacerebbe* (I would like) means '*it would please me*'. *Io piaccio a Carlo*, on the other hand, means *Carlo likes me!*

Translate into Italian

1 I would like to propose his candidacy for that post.
2 Our new manager likes to take their request into account personally.
3 Would you [singular polite form] like to apply for this interesting position?
4 We do not like to meet the foreign candidates when they arrive.
5 Does she like her new appointment as export manager?
6 We would not like to work part-time.

1 Mi piacerebbe proporre la sua candidatura per quell'impiego.
2 Al nostro nuovo manager piace prendere in considerazione la loro richiesta personalmente.
3 Le piacerebbe fare domanda d'impiego per questa posizione interessante?
4 Non ci piace incontrare i candidati stranieri quando arrivano.
5 Le piace il suo nuovo incarico come manager dell'esportazione?
6 Non ci piacerebbe lavorare ad orario ridotto.

Choose and insert the correct verb

piacere, ritenere, proporre, presentare, possedere, proseguire, lavorare

Il candidato ... la sua candidatura perché ... di ... i requisiti giusti. Per ora ... in una ditta piccola, ma forse presto ... la sua carriera in un'azienda maggiore. Fra qualche giorno si ... per un colloquio. Gli ... lavorare nel nostro reparto.

propone, ritiene, possedere, lavora, proseguirà, presenterà, piacerebbe.

Substitute the words in italic with a word or a phrase

1 Allego il mio curriculum *pieno di dati e particolari.*
2 Vi ringrazio per la Vostra attenzione *ricca di gentilezza* nei miei confronti.
3 Ho senza dubbio i requisiti *giusti e conformi* alla vostra richiesta.
4 Lavoro come direttore *addetto alle vendite* della ditta Barni.
5 Ha incluso i dati *relativi alla sua età, al suio indirizzo ecc.*
6 Quell'impiegata ha un impiego *al quale lavora solo quattro ore al giorno.*

dettagliato, cortese, corrispondenti, commerciale, personali, a orario ridotto.

Write a letter applying for the job advertised

VENDITORE referenziato cercasi per inserimento in società leader nel settore componenti elettronici/elettromeccanica per Milano e Lombardia. Conoscenza prodotti. Inquadramento, incentivi, auto. Garantiamo alto compenso provvigionale. Rif. 18/12/ELEC

a. say you want to apply for the post
b enclose your CV
c say you will suppy details for reference at a possible interview.

OGGETTO: Vs ricerca di VENDITORE referenziato, Rif. 18/12/ELEC
Spettabile ...
Desidero inoltrare domanda di assunzione per il lavoro in oggetto. Vi

allego il mio curriculum.
Rimandando ad un futuro colloquio l'indicazione delle referenze sulla mia persona, ringrazio e saluto distintamente.

Unit 15

CV and application forms
Curriculum vitae e moduli di selezione

In this unit you will learn words and expressions of curriculum vitae. We also review the forms and usages of '*conoscere*' and '*sapere*' as well as personal pronouns. The unit begins with an example of a CV.

Curriculum Vitae

NOME	Flavio	NAME	Flavio
COGNOME	Cuselli	SURNAME	Cuselli
NATO A	Vigevano (Pavia)	PLACE OF BIRTH	Vigevano (Pavia)
DATA DI NASCITA	13 settembre 1950	DATE OF BIRTH	13th September 1950
STATO CIVILE	Coniugato – con due figli	MARITAL STATUS	Married – two children
RESIDENZA	15100 Voghera AL via Antonio Gramsci 108	ADDRESS	via Antonio Gramsci 108 15100 Voghera AL
TELEFONO	abitazione 0131 656771 (dopo le 20), ufficio 0131 239324–9 int. 55	TELEPHONE	home 0131 656711 (after 8 p.m.), (office) 0131 239324–9 ext. 55

TITOLI DI STUDIO	***EDUCATIONAL QUALIFICATIONS***
Diploma istituto tecnico ragionieri	'A' level diploma in accountancy
Laurea in Economia e Commercio Università di Pavia, novembre 1975 S.D.A. Bocconi Corso biennale di marketing	Degree in Economics and Commerce, Pavia University, November 1975. S.D.A. Bocconi, Post-graduate two-year marketing course

Corso biennale di specializzazione in European Marketing Management presso la Chiltern Marketing School di Londra	Two-year post-graduate European Marketing Management course at Chiltern Marketing School in London
Stage aziendale di due settimane negli USA con visite a stabilimenti	Two-week residential course in USA with visits to factories
LINGUE STRANIERE Inglese: padronanza sia della lingua scritta che di quella parlata. Conoscenza discreta del francese	*FOREIGN LANGUAGES* English: perfect knowledge of written and spoken English. Good knowledge of French
Servizio militare: 1972 Sottotenente	*Military service*: 1972 Lieutenant
ESPERIENZA PROFESSIONALE 1987/oggi Responsabile settore commerciale e marketing presso la STAMPERI S.p.A.	*PROFESSIONAL EXPERIENCE* Since 1987 Head of sales and marketing department with STAMPERI S.p.A.
1981/87 Responsabile sviluppo prodotti presso la suddetta società	1981–87 Head of product development department with above company
1978/81 Responsabile vendite estere presso Massini S.r.l.	1978–81 Export sales manager with Massini S.r.l.
Inquadramento attuale: Dirigente con retribuzione annua lorda di L.89.000.000, indicizzata su base ISTAT.	Present status: Executive with gross annual salary of 89 million lire, ISTAT index-linked.
Benefits: macchina, assicurazione vita	Benefits: company car, life insurance

Vocabolario

abitare [abitato]	to live
avere padronanza di una lingua	to know a language well
celibe (man), nubile (woman)	unmarried, single
il corso biennale, triennale	two-year, three-year course
conoscere [conosciuto]	to know a person, a place
il curriculum, il curricolo	curriculum vitae
il diploma	diploma
diplomarsi [diplomato]	to get a diploma
l'elenco dei titoli da presentare	list of qualifications needed
frequentare un corso di studi [frequentato]	to attend a course
i fringe benefits, i benefici accessori	fringe benefits
l'Indice Nazionale sul Costo della Vita ISTAT	ISTAT cost-of-living index
l'indicizzazione	index-linking
l'inquadramento	status
la laurea	university degree
laurearsi a pieni voti [laureato]	to graduate with full marks
nascere [nato]	to be born
parlare [parlato]	to speak, to talk
parlare una lingua correntemente	to speak a language fluently
produrre i titoli necessari [prodotto]	to supply the necessary qualifications
la residenza	domicile, address
risiedere [risieduto]	to reside, live
sapere [saputo]	to know a fact, to be able
scrivere [scritto]	to write
specializzarsi [specializzato]	to specialise
i titoli accademici	academic qualifications
il titolo di studio	educational qualification

Answer the following questions

1 Quando si è laureato Flavio Cuselli e in che campo?
2 Quali lingue straniere sa parlare? Quante lingue sa parlare in tutto?

3 Per quanto tempo ha lavorato alla Massini?
4 Presso quale università si è laureato?
5 Dove e quando è nato?
6 Quando ha fatto il servizio militare?
7 Qual'è il suo inquadramento attuale?

1 Si è laureato in Economia e Commercio a novembre del 1975.
2 Sa parlare l'inglese e il francese. In tutto, con l'italiano, sa parlare tre lingue.
3 Ha lavorato alla Massini per tre anni.
4 Si è laureato presso l'università di Pavia.
5 È nato a Vigevano il 13 settembre 1950.
6 Nel 1972.
7 Flavio è un dirigente con una retribuzione annua lorda di 89 milioni di Lire.

Present tense of ***sapere*** *and* ***conoscere***

io	so	conosco	*sapere* means to know a fact,
tu	sai	conosci	to be able, to know how to do
lui	sa	conosce	something
noi	sappiamo	conosciamo	*conoscere* means to know a
voi	sapete	conoscete	person, a place
loro	sanno	conoscono	

Insert either *sapere* or *conoscere*

1 Io … quella società da oltre due anni.
2 Flavio … parlare due lingue straniere.
3 Tu … che alla ditta Pacini lavorano 300 dipendenti?
4 Gli impiegati … molto bene il loro capufficio.
5 Quanti di voi … parlare il tedesco correntemente?
6 Scusi, … dirmi dove si trova il ragionier Filippi?
7 Mi dispiace, ma non lo … proprio.
8 Voi … in quale città abita il direttore?
9 Noi … i vostri prodotti da molto tempo.

conosco, sa, sai, conoscono, sanno, sa, so, sapete, conosciamo

Insert the missing pronouns *mi, ti, ci, vi, si*

1 ... sono laureato all'età di 23 anni.
2 Io ... chiamo Giorgio Pastore.
3 Quel ragioniere ... è diplomato a pieni voti.
4 Scusi, Lei come ... chiama?
5 Presso quale scuola ... sei specializzato in marketing?
6 Voi ... conoscete già?
7 Il Signor Michelis ed io ... siamo incontrati ieri alla mostra.
8 I rivenditori della Pani ... sono presentati al nuovo rappresentante.
9 Scusino, Loro ... sono già incontrati?

mi, mi, si, si, ti, vi, ci, si si

Ce, ci, c'è

Ce and *ci* mean '*to us*', '*us*'. *Ce lo dimostra? Ci dimostra questo?* ***c'è*** = *ci* *è* means *there is, C'è una fabbrica fuori città?*

Insert the missing pronouns *ce, ci, c'è*

1 ... un candidato per questo lavoro.
2 Sappiamo che avete deciso di trasferirvi e ... ne dispiace molto.
3 Ho saputo che ... un nuovo direttore in quella azienda.
4 Non ... credo proprio.
5 Scusi, Lei sa se ... un treno per Pavia alle 3?
6 Ci piace quel dépliant: ... lo può dare?
7 ... può dire quanto costa quel prodotto?
8 Domani ... porti allo stabilimento?
9 Domani ... lo comunicherà.
10 Purtroppo non ... più tempo per presentare la domanda di assunzione.
11 I dirigenti ... hanno detto che non potranno dar... un aumento.

c'è, ce, c'è, ci, c'è, ce, ci, ci, ce, c'è, ci, ci

Complete the application forms

ESPERIENZA DI LAVORO					
Azienda – impiego	Mansioni	Qualifica	Retribuzione mensile netta	Dal al	Motivo risoluzione contratto
Attuale					
Precedenti					
Libero il					

REFERENZE		
Ditta	Recapito	Telefono

ALTRE INFORMAZIONI SUL CANDIDATO

Data FIRMA DEL CANDIDATO

MODULO INFORMAZIONI

DATI PERSONALI

Cognome ____________ Nome_________ nato a _________ il _________

Nazionalità ______________________ Stato civile ______________________

Indirizzo ____________________________________ Telefono__________

FAMIGLIA

Grado di parentela	Cognome e Nome	Data Nascita	Professione
Coniuge			
Figli			
Genitori			
Fratelli e sorelle			

ISTRUZIONE

Scuola	Città	dal al	Diploma conseguito	Voto
medie inf.				
medie sup.				
università				

Altri corsi di studio, specializzazione ________________________________

Lingue straniere e grado di conoscenza ______________________________

Patente di guida _________________ Posizione militare_________________

Unit 16

Interview
Colloquio

In this unit you will learn words and expressions connected with interviews. We also review additional uses of the present subjunctive. The unit begins with an employment interview.

C = Candidato S = Selezionatore

S - Prego, si accomodi! Vedo dal suo curriculum che lei è di Pavia. Ha studiato lì?

C - Sì, ho frequentato sia le superiori che l'università a Pavia.

S - Quando si è laureato?

C - Nel 1972.

S - E poi ha frequentato il corso di specializzazione in marketing alla Bocconi?

C - Sì, e dopo ho seguito il corso in Inghilterra per due anni.

S - Conosce bene l'inglese allora?

C - Direi di sì. Uso l'inglese tutti i giorni nel mio lavoro attuale, particolarmente al telefono. La società per cui lavoro attualmente esporta principalmente negli Stati Uniti e non potrei coordinare l'attività dei vari agenti senza la padronanza della lingua.

S - Mi parli dell'attività professionale che lei svolge attualmente.

C - Sono direttore dell'ufficio vendite e marketing della CINOTTI, una delle maggiori produttrici di detergenti disinfettanti. Il nostro settore è uno dei più competitivi e i prodotti disponibili sul mercato sono moltissimi. Il mio reparto ha il compito di evidenziare e allo stesso tempo differenziare i nostri prodotti agli occhi dei consumatori. Deve perciò prendere in considerazione il formato, la confezione, la funzionalità e la riconoscibilità dei prodotti e le esigenze dei consumatori stessi.

S - Lei coordina l'attività del personale addetto alle vendite?

C - Sì, sono responsabile della supervisione dell'ufficio vendite e del personale esterno, cioè dei venditori e dei distributori. Rientra anche fra i compiti del mio reparto la preparazione del preventivo delle vendite. I nostri agenti, che lavorano in esclusiva per noi, e i distributori trasmettono a me i dati sul volume di vendita che prevedono di realizzare nei loro rispettivi territori. Le loro previsioni di vendita vengono poi elaborate, ai fini della preparazione del preventivo, tenendo conto anche delle vendite relative a periodi precedenti, delle condizioni del mercato, della concorrenza ecc.

S - Perchè le piacerebbe cambiare il suo lavoro attuale?

C - Vorrei lavorare per una società maggiore, dove le mie qualità e la mia esperienza possano essere impiegate meglio. Vorrei insomma un lavoro dove possa realizzare in pieno le mie aspirazioni e dove mi senta motivato al cento per cento.

S - Sarebbe disposto a trasferirsi?

C - Sì, ma preferirei stare sempre nel nord per motivi familiari.

C = Candidate I = Interviewer

I - Please take a seat! I see from your CV that you come from Pavia. Did you study there?

C - Yes, I attended both high school and university in Pavia.

I - When did you get your degree?

C - In 1972.

I - And then you did the post-graduate marketing course at Bocconi?

C - Yes, and after that I attended the course in England for two years.

I - You know English very well then.

C - Yes. I use English every day in my present job, particularly on the phone. The company I work for now exports mainly to the States and I couldn't coordinate the work of the various agents without knowing the language very well.

I - Could you tell me about your present job?

C - I am the head of the sales and marketing department of CINOTTI, one of the major manufacturers of disinfectant detergents. Our sector is one of the most competitive and the number of similar products available on the market is very high. My department has the task of creating an awareness of our products and at the same time differentiating our products from the point of view of the consumer. It has therefore to take into account the shape, the packaging, the functionality and the image of our products and the needs of the consumers themselves.

I - Do you co-ordinate the sales force?

C - Yes, I supervise the sales department and the external staff, the salesmen and distributors. My department also has the task of preparing the sales budget. Our agents, who work on an exclusive basis for our company, and our distributors send me data on the sales volume which they think they will achieve in their respective territories. Their individual sales forecasts are then processed, in order to draft the departmental sales budget, taking into account the sales achieved in previous periods, the state of the market, the competition etc.

I - Why would you like to change your present job?

C - I would like to work for a major company, where my qualities and my experience can be better used. I would really like a job where my ambitions can be fully realized and where I can feel 100% motivated.

I - Would you be prepared to move?

C - Yes, but I would prefer to remain in the north for family reasons.

Vocabolario

l'aspirante	applicant, candidate
assumere [assunto]	to recruit
assumere una carica	to take office, take up position, post
l'assunzione	recruiting, hiring
i cacciatori di teste	head hunters
il primo, secondo colloquio	first, second interview
il colloquio di selezione	job interview
la commissione selezionatrice	selection panel
la confezione	packaging
confezionare [confezionato]	to package
la dotazione del personale	human resources
esigere [esatto]	to demand
l'intervista	interview
intervistare gli aspiranti ad un impiego [intervistato]	to interview job applicants
l'intervistatore	interviewer, personnel consultant
lavorare in esclusiva [lavorato]	to work on an exclusive basis

il personale addetto alle vendite	sales personnel
il preventivo delle vendite	sales budget
le previsioni di vendita	sales forecast
la procedura di selezione	selection procedure
selezionare [selezionato]	to select
il selezionatore	selection consultant
la selezione del personale	personnel selection
la selezione di quadri e dirigenti ad alto livello	executive search
la selezione preliminare	screening
la società di consulenza direzionale	top management consultancy
lo stato di servizio di un aspirante	applicant record
il test, la prova attitudinale	psychological test
l'ufficio assunzioni	personnel department
il volume di vendita	sales volume

Answer the questions

1 Dove ha frequentato i corsi post-universitari il candidato?
2 Perché il candidato usa l'inglese tutti i giorni nel suo lavoro?
3 Che cosa produce la CINOTTI?
4 Qual'è il compito dell'ufficio vendite e marketing?
5 Che cosa comporta la preparazione del preventivo delle vendite?
6 Perché il candidato vuole cambiare il proprio lavoro attuale?
7 Sarebbe disposto a trasferirsi altrove?

1 Ha frequentato un corso alla Bocconi e uno in Inghilterra.
2 Perché la sua società esporta principalmente negli USA.
3 La CINOTTI produce detergenti disinfettanti.
4 L'ufficio vendite e marketing ha il compito di evidenziare e differenziare i prodotti della società, di preparare il preventivo delle vendite, di coordinare e sviluppare la creazione di nuovi mercati, ecc.
5 Comporta la raccolta e l'elaborazione dei dati trasmessi dai venditori e distributori della società.
6 Perché vorrebbe lavorare per una società maggiore, per realizzare le proprie aspirazioni e per avere una maggiore motivazione.
7 Sì, purché sempre nel Nord.

MANAGERS IN ITALY

There are approximately 140,000 managers in Italy of whom only a very small minority (around 3,500) are women. Women are still grossly under-represented in all the professions and in technical and managerial positions. You can find women with the same qualifications as their male counterparts employed within the same organizations at different levels, e.g. male managers and female secretaries. Attitudes to women in management still tend to be conservative and traditional, and although a few Italian women have become well known as managers, and knowledge of the experience and practice of other countries is becoming more widespread, it is unlikely that traditional male attitudes will change quickly.

Educational qualifications also play a significant role in job selection and it is unusual to find non-graduates in managerial positions in Italy, except in family businesses.

There is a union for top managers, *La Confederazione Italiana dei Dirigenti d'Azienda*, and several unions for middle managers, *Conferquadri, Unionquadri, Anqui, Italquadri, Federquadri*, which negotiate contracts and salaries with employers' organizations such as *Confindustria*.

Present subjunctive

	avere	essere	andare	parlare	svolgere	contribuire
che io, tu, lui	abbia	sia	vada	parli	svolga	contribuisca
che noi	abbiamo	siamo	andiamo	parliamo	svolgiamo	contribuiamo
che voi	abbiate	siate	andiate	parliate	svolgiate	contribuiate
che loro	abbiano	siano	vadano	parlino	svolgano	contribuiscano

The subjunctive is used after

1 certain conjunctions, e.g. benché, cosicché, perché, affinché.
2 certain verbs, e.g. volere che, pensare che, supporre che.

Insert the correct form of the verbs in brackets

1 Il direttore vuole che io ... (parlare) con i rivenditori, così che loro ... (svolgere) meglio il loro lavoro.
2 Vuole che anch'io ... (gestire) la nuova campagna promozionale, che ... (esaminare) i preventivi e li ... (trasmettere) alla centrale.
3 Voglio incoraggiarVi perché ... (lavorare) con maggior entu-

siasmo e ... (contribuire) al successo aziendale.

4 Vuoi davvero che noi ... (valutare) la tua prestazione?

5 Penso che la situazione ... (essere) interessante e che la nostra azienda ... (avere) le risorse necessarie.

parli/svolgano, gestisca/esamini/trasmetta, lavoriate/contribuiate, valutiamo, sia/abbia.

Rewrite the text placing *vuole che* at the beginning. Remember to use the subjunctive.

Example: Vado in ufficio alle 10 ogni giovedì.
Vuole che vada in ufficio alle 10 ogni giovedì?

Uso l'inglese al telefono tutti i giorni e ricevo le ordinazioni. Gli agenti mi comunicano i risultati delle loro vendite e io inserisco i dati nel computer. Gli impiegati aggiornano i dati ogni settimana. Il ragioniere esamina tutti gli aspetti finanziari e propone vari miglioramenti. La giornata di lavoro comincia alle 8,30 e finisce alle 19,30. Tengo conto delle condizioni del mercato prima di presentare il rapporto.

Vuole che usi l'inglese al telefono tutti i giorni e riceva le ordinazioni; che gli agenti mi comunichino i risultati delle loro vendite e che io inserisca i dati nel computer; che gli impiegati aggiornino i dati ogni settimana; che il ragioniere esamini tutti gli aspetti finanziari e proponga vari miglioramenti; che la giornata di lavoro cominci alle 8,30 e finisca alle 19,30; che io tenga conto delle condizioni del mercato prima di presentare il rapporto?

Complete the second sentence so that it means the same as the first.

Example: Devo lavorare per espandere il mercato.
Devo lavorare cosicché ... il mercato si espanda.

1 Attendiamo l'arrivo del candidato.
Attendiamo che ...

2 Consideriamo importante la convocazione degli agenti.
Consideriamo importante che ...

3 Voglio cambiare lavoro per realizzare le mie aspirazioni.
Voglio cambiare lavoro cosicché ...

4 La TV ha annunciato l'aumento del tasso di interesse da

domani.
La TV ha annunciato che …

5 È inopportuno il suo arrivo giovedì (Lei form).
È inopportuno che …

6 Sembra necessario il rinvio del nostro incontro.
Sembra necessario che …

1 Attendiamo che arrivi il candidato.
2 Consideriamo importante che gli agenti vengano convocati.
3 Voglio cambiare lavoro cosicché realizzi le mie aspirazioni.
4 La TV ha annunciato che il tasso di interesse aumenterà da domani.
5 È inopportuno che Lei arrivi giovedì.
6 Sembra necessario che rinviamo il nostro incontro.

Unit 17

Contract of employment
Contratto di lavoro

In this unit you will learn words and expressions used in contracts of employment, with its distinctive legal terminology. We also review verbal synonyms. The unit begins with extracts from relevant legislation.

Estratto dalla LEGGE 28 febbraio 1987, No. 56

L'apposizione di un termine alla durata del contratto di lavoro è consentita nelle ipotesi individuate nei contratti collettivi di lavoro stipulati con i sindacati nazionali o locali aderenti alle confederazioni maggiormente rappresentative sul piano nazionale. I contratti collettivi stabiliscono il numero in percentuale dei lavoratori che possono essere assunti con contratto di lavoro a termine rispetto al numero dei lavoratori impegnati a tempo indeterminato ...

Nei settori del turismo e dei pubblici servizi è ammessa l'assunzione diretta di manodopera per l'esecuzione di speciali servizi di durata non superiore ad un giorno, determinata dai contratti collettivi stipulati con i sindacati locali o nazionali aderenti alle confederazioni maggiormente rappresentative sul piano nazionale. Dell'avvenuta assunzione deve essere data comunicazione all'ufficio di collocamento entro il primo giorno non festivo successivo.

Estratto dalla LEGGE 5 gennaio 1953, No. 4

È fatto obbligo ai datori di lavoro di consegnare all'atto della corresponsione della retribuzione, ai lavoratori dipendenti, con esclusione dei dirigenti, un prospetto di paga in cui devono essere indicati il nome, cognome e qualifica professionale del lavoratore, il periodo cui la retribuzione si riferisce, gli assegni familiari e tutti gli altri elementi che, comunque, compongono detta retribuzione, nonché, distintamente, le singole trattenute ...

Estratto dalla LEGGE 19 gennaio 1955, No 25
L'apprendistato è uno speciale rapporto di lavoro, in forza del quale l'imprenditore è obbligato ad impartire o far impartire, nella sua impresa, all'apprendista assunto alle sue dipendenze, l'insegnamento necessario perché possa conseguire la capacità tecnica per diventare un lavoratore qualificato, utilizzandone l'opera nell'impresa medesima.

Estratto dalla LEGGE 15 luglio 1966, No, 604
L'imprenditore deve comunicare per iscritto il licenziamento al prestatore di lavoro. Il prestatore di lavoro può chiedere, entro otto giorni dalla comunicazione, i motivi che hanno determinato il recesso ... Il licenziamento intimato senza l'osservanza delle disposizioni di cui ai precedenti commi è inefficace.
Il licenziamento per giustificato motivo con preavviso è determinato da un notevole inadempimento degli obblighi contrattuali del prestatore di lavoro ovvero da ragioni inerenti all'attività produttiva, all'organizzazione del lavoro e al regolare funzionamento di essa.
Il licenziamento determinato da ragioni di credo politico o fede religiosa, dall'appartenenza ad un sindacato e dalla partecipazione ad attività sindacali è nullo, indipendentemente dalla motivazione.

Extract from LAW No. 56 of 28th February, 1987
The stipulation of a fixed term of employment is allowed in the cases specified in the collective labour agreements reached with the national or local trade unions belonging to the trade union confederations with the largest membership at national level. Collective agreements state the percentage of workers employable with fixed term contracts of employment compared with the number of workers employed on permanent contracts ...
In the tourist and public service sectors it is permitted to employ workers directly for the execution of special services for a day or less, as determined by the collective agreements with local and national trade unions belonging to trade union confederations with the largest membership at national level. Notification of such employment must be given to the Job Centre by the next working day.

Extract from LAW No. 4 of 5th January, 1953
Employers must, when giving employees their pay, except in the case of managers, issue employees with a pay slip containing the following:

name, surname, professional status of the worker, period to which the pay refers, child and dependant benefit and all other elements of payment, as well as, separately, all deductions ...

Extract from LAW No. 25 of 19th January 1955
Apprenticeship is a special employment relationship, in conformity with which the employer must give the apprentice, directly or indirectly, the necessary training, in the company itself, so that he/she can acquire the technical skills to become a qualified worker, using his/her work in the company itself.

Extract from LAW No. 604 of 15th July, 1966
The employer must notify the employee of his/her dismissal in writing. The employee can request, within eight days of the notification, the reasons for the termination of the contract .... Dismissal without observance of the above rules is void.
Dismissal is justified, with advanced notification, in cases of serious non-fulfilment of contractual obligations by the employee, i.e. reasons connected with productivity, work organisation and performance.
Dismissal because of political beliefs or religious faith, trade-union membership and involvement in trade-union activities is void, irrespective of the reasons for it.

Answer the questions

1 Che cosa stabiliscono i contratti collettivi di lavoro a proposito dei contratti a tempo determinato?
2 In quali settori è possibile assumere dipendenti con contratti a termine?
3 Quali elementi deve contenere il prospetto di paga?
4 Dove deve essere impartito l'insegnamento all'apprendista?
5 Quando è giustificato il licenziamento?
6 In quali casi è nullo il licenziamento?
7 Entro quanti giorni il dipendente può chiedere i motivi che hanno determinato il proprio licenziamento?

1 Stabiliscono la percentuale dei lavoratori che possono essere assunti con contratto di lavoro a termine e con contratto a tempo indeterminato.
2 In quello del turismo e dei servizi pubblici.
3 Deve contenere nome, cognome, qualifica, periodo di retribuzione, assegni familiari e le trattenute.
4 Durante la sua prestazione lavorativa presso l'impresa.
5 Nei casi di grave inadempimento degli obblighi contrattuali da parte del dipendente.
6 Nei casi in cui il licenziamento sia motivato da ragioni di credo politico, di fede religiosa, di appartenenza ad un sindacato e di partecipazione alle attività di questo.
7 Entro otto giorni dalla comunicazione di licenziamento.

Vocabolario

l'aspettativa, il congedo temporaneo	temporary leave because of sickness, family reasons or military service
l'assunzione	appointment
la busta paga	pay-packet
il congedo, essere in congedo	leave, to be on leave
il congedo per gravidanza e puerperio	maternity leave
il congedo per malattia	sick leave
il congedo per matrimonio	marriage leave
il congedo retribuito	leave with pay

la contingenza	cost-of-living allowance
il contratto collettivo di lavoro	collective labour agreement
il contratto collettivo nazionale di categoria	national collective labour agreement (for particular industries or groups of employees)
il contratto di lavoro a tempo determinato	fixed-term contract of employment
il contratto di lavoro a tempo indeterminato	permanent contract of employment
il contratto individuale	individual contract
dimettersi [dimesso]	to resign, step down
le dimissioni	resignation
il diritto allo studio	right to education and training
l'età pensionabile	pensionable age
le ferie annuali	annual leave
il flexi-time, l'orario flessibile	flexi-time
la gratifica	bonus
il job-sharing, l'orario condiviso	job-sharing
il lavoro stagionale	seasonal work
la licenza matrimoniale	marriage leave
il licenziamento	dismissal
la liquidazione, il trattamento di fine rapporto	severence pay (when dismissed) retirement bonus (when retiring)
la malattia, essere in malattia	illness, to be on sick leave
le norme contrattuali	contractual rules, norms
la notifica di licenziamento	notice of dismissal
l'orario di lavoro	working hours
l'orario d'ufficio	office hours
l'orario ridotto	reduced working hours, short-time
la paga base	basic pay, basic wage
il pensionamento	retirement
il pensionamento anticipato	early retirement
la pensione	pension
la pensione di guerra	war pension
la pensione d'invalidità	disability pension
la pensione di vecchiaia	old-age pension
la prestazione	service

il prestatore e il datore di lavoro	employee and employer
la retribuzione	remuneration, pay
il riposo settimanale	weekly day off
il salario	wages
la scala mobile	automatic inflation-linked pay adjustment
la settimana corta	five-day working week
lo stipendio	salary
le trattenute	deductions

EQUALITY BETWEEN MEN AND WOMEN

The 1977 law punishes those employers who discriminate against women by denying them access to a job, who do not employ women because they are pregnant or because of family reasons, or, in the selection process or advertising, clearly indicate that belonging to either sex is a prerequisite for a specific job. The same law states that women must not work at night, except in the medical field or because of special trade union agreements. Since 1987 a father can stop work for a year to look after a baby (receiving 80% of his salary) if the mother is unable to do so for health reasons. If a child up to the age of 3 is sick, either the father or the mother can take unpaid leave, during the illness. Similar provisions are made for people who adopt children.

SPECIAL CONTRACT OF EMPLOYMENT – Contratto di formazione e lavoro – for young people between the ages of 15 and 29. Employers undertake to give professional training as well as a salary. This contract is for 24 months and cannot be renewed.

POSITIVE DISCRIMINATION IN EMPLOYMENT – ***assunzione obbligatoria***. In order to ensure that people with physical handicaps, disabled ex-servicemen, war widows, orphans, refugees (i.e. people belonging to the so called *categorie protette*) are in employment and not discriminated against, all companies and public bodies with over 35 employees must include these people in their workforce at a ratio of 15% of the total number. Clearly the type of handicap must be of a kind which does not endanger the life of the person and of the entire workforce. Special provisions exist for blind telephone operators who are registered in regional associations; all companies with a switchboard with at least five lines must employ at least one registered blind person.

The **SCALA MOBILE** is an automatic inflation-linked pay adjustment, taking into account the increase of prices of the *paniere* (basket) of retail goods and services: food, clothes, rent, electricity and fuel. The variation in price is then checked by a national commission of employers and trade unions. The *scala mobile* was first introduced in Italy in 1946 to protect salaries from post-war inflation. The current system triggers off pay adjustments every six months and was guaranteed to continue until the end of 1990. Numerous attempts to dismantle the *scala mobile,* regarded by many as fueling inflation, have failed as a result of the resistance of employees' representative bodies.

WORKING HOURS. A 1923 law is still valid, according to which the working day consists of 8 hours and the working week of 48 hours. All collective agreements throughout Europe and in Italy put the maximum number of hours per week at 40 with a further reduction to 35 forecast in the next few years.

ANNUAL LEAVE AND HOLIDAYS. Each category of employees has a certain annual leave, depending on the collective agreement. In recent years the number of religious and bank holidays in Italy has been reduced to the following: January 1st and 6th, April 25, Easter Monday, May 1st, August 15th, November 1st, December 8th, 25th, 26th, and the day of the local patron saint.

Paid leave is given to employees who take advantage of the so called *diritto allo studio* to further their education in recognised or state institutions, with a maximum of 150 hours in three years and to employees who get married (an average of 14 days).

PENSIONABLE AGE. At present Italian men and women retire at 60 (except in the agricultural sector where men retire at 65), but this age is likely to be raised to 65 in line with most other European countries.

Answer the questions

1 Che cos'è la scala mobile?
2 A quante ore verrà probabilmente ridotto l'orario di lavoro settimanale?
3 In che cosa consiste il diritto allo studio?

4 Chi appartiene alle categorie protette?
5 Per legge si può discriminare fra donne e uomini?
6 A che età si va in pensione in Italia?
7 Che età hanno i dipendenti con contratti di formazione e lavoro?

1 È il meccanismo di adeguamento automatico della retribuzione al costo della vita.
2 A 35 ore settimanali.
3 È la facilitazione concessa dai datori ai lavoratori studenti che desiderano elevare la propria educazione scolastica e professionale.
4 Gli handicappati fisici, i ciechi, i sordomuti, i mutilati di guerra, le vedove, gli orfani e i profughi.
5 No, lo vieta la legge del 1977.
6 Per il momento si va in pensione a 60 anni, ma probabilmente l'età pensionabile verrà elevata a 65 anni sia per gli uomini che per le donne.
7 Hanno un'età compresa fra i 15 e i 29 anni.

Replace *fare* with one of the following verbs in the correct tense

commettere, costruire, presentare, costringere, provocare, appartenere, produrre, stipulare, eleggere, frequentare.

Example: *Questo progetto deve essere* ***fatto*** *con precisione.*
Questo progetto deve essere ***realizzato*** *con precisione.*

1 Questo contratto è nullo perché è stato *fatto* fra i dipendenti e il datore senza l'approvazione del sindacato.
2 I lavoratori studenti *fanno* dei corsi serali al liceo scientifico.
3 Il licenziamento ingiustificato di quel dipendente ha *fatto* dei danni ai rapporti con il sindacato.
4 In questa impresa *facciamo* macchine tessili.
5 *Fate parte di* un sindacato confederato?
6 Lei ha f*atto* un errore nel licenziare quel giovane.
7 Ho *fatto* domanda d'assunzione presso quell'azienda.
8 Ha visto la nuova fabbrica che hanno *fatto* in periferia?
9 Ho letto che l'hanno *fatto* presidente del sindacato.

10 Perché mi *fa* fare questo?

stipulato, frequentano, provocato, produciamo, appartenete a, commesso, presentato, costruito, eletto, costringe a.

Insert the correct adverb

semplicemente, onestamente, severamente, bene, localmente, specialmente, oralmente, attualmentte, indipendentemente

1 Per ottenere gli assegni familiari devi ... compilare questo modulo.
2 I dipendenti disonesti verranno ... puniti.
3 Questo contratto può essere implementato solo ... e non a livello nazionale.
4 La mia prestazione deve essere considerata ... dal fatto che io appartengo ad un sindacato.
5 Sia i dipendenti che i datori devono comportarsi ...
6 Questo contratto è stato studiato ... per gli apprendisti.
7 Il licenziamento non può essere notificato ... , ma per iscritto.
8 Questo contratto deve essere preso ... in esame.
9 Nell'azienda ci sono ... cinque apprendisti.

semplicemente, severamente, localmente, indipendentemente, onestamente, specialmente, oralmente, bene, attualmente.

Unit 18

Job centre
Ufficio di collocamento

In this unit you will learn words and expressions connected with employment. You will also review the use of '*avere*' or '*essere*' with the perfect tense. The unit begins with a description of the function and operation of job centres.

L'ufficio di collocamento, organo dipendente dal Ministero del Lavoro e della Sicurezza Sociale, assiste i lavoratori nel trovare un'occupazione adeguata. I lavoratori disoccupati si iscrivono alle liste di collocamento della sezione circoscrizionale di residenza. Possono iscriversi alle liste i lavoratori disoccupati o i lavoratori che cercano la prima occupazione, oppure i lavoratori occupati a tempo parziale, per un totale che non superi le venti ore settimanali, e i lavoratori occupati a tempo pieno che aspirano ad occupazione diversa e infine i pensionati in cerca di occupazione.

I lavoratori vengono classificati a seconda dei settori di produzione, delle categorie professionali a cui appartengono e delle loro qualifiche e vengono quindi inseriti in una graduatoria ordinata secondo la loro anzianità di iscrizione, le persone a loro carico e la loro situazione economica e patrimoniale.

Quando i datori di lavoro intendono assumere dei lavoratori ne fanno richiesta all'ufficio di collocamento provinciale della circoscrizione dove verrà svolto il lavoro. La richiesta dei datori di lavoro può essere nominativa, contenente cioè i nomi dei lavoratori richiesti, nel caso dei lavoratori di concetto – laureati, diplomati – o di lavoratori altamente specializzati, oppure numerica, indicando il numero di lavoratori richiesti, distinti per categoria e a seconda della qualifica professionale. In seguito alla richiesta del datore di lavoro l'ufficio provinciale del lavoro provvede all'avviamento al lavoro dei lavoratori.

Possono invece essere assunti direttamente i seguenti lavoratori, inviandone semplice comunicazione all'ufficio di collocamento: i lavoratori retribuiti soltanto con partecipazione agli utili di una società, i lavoratori domestici, colf, governanti, cuochi, ecc., i lavoratori di aziende con un massimo di tre dipendenti, gli addetti a studi professionali, ingegneri, avvocati, notai, ecc., i dirigenti d'azienda e alcune categorie di apprendisti.

The job centre, an institution under the control of the Ministry of Employment and Social Security, assists workers in finding adequate employment. The unemployed register on the job centre lists for the area where they live. The following can register: the unemployed or workers looking for their first job, part-time workers who do not work for more than twenty hours a week, full-time workers who wish to change their job and, finally, pensioners seeking employment.

Workers are then classified according to production sectors, professional categories and qualification and are then listed according to the time which has elapsed since their first registration, their dependants and their economic and financial status.

When employers want to take on workers they apply to the job centre of the district where the work will be done. The employers' request can be by name, supplying the names of the workers wanted, in the case of professional staff (graduates and diploma holders) or highly skilled workers, or numerical, giving the numbers of workers wanted, listed in this case according to their professional category and qualification. Following the employer's request the local job centre recruits the workers for the job.

The following workers can be recruited directly, simply notifying the job centre of this: workers who are paid only through profit-sharing schemes; domestic workers, dailies and housekeepers, nannies, cooks, etc.; workers employed by companies with a maximum of three employees; employees in professional offices; graduate engineers, lawyers, notaries, etc.; company executives and certain classes of apprentices.

Vocabolario

l'agenzia di collocamento, l'agenzia per l'impiego	employment agency
l'anzianità di lavoro maturata	length of service
l'aspettativa	leave
avviare al lavoro	to recruit for work
la cassa integrazione	state-subsidised lay off

la cassa integrazione guadagni	unemployment fund
il cassintegrato	worker on state-subsidised lay off
la colf - collaboratrice familiare	daily, housekeeper
il collocamento	placement of labour
compilare un modulo [compilato]	to fill in a form
la decadenza da un diritto	forfeiture of a right
dimettersi [dimesso]	to resign
le dimissioni	resignation
il disoccupato	unemployed
essere disoccupato	to be out of a job
la disoccupazione ciclica	cyclical unemployment
la disoccupazione di massa	mass unemployment
la disoccupazione forzata, involontaria	involuntary unemployment
la disoccupazione stagionale	seasonal unemployment
essere in cassa integrazione	to receive state-subsidised lay-off pay
esuberante	redundant
l'esuberanza di personale	redundancy
il fondo di previdenza contro la disoccupazione	unemployment fund
l'impiegato di concetto	staff employee
incrementare l'occupazione	to increase employment
l'indennità (il sussidio) di disoccupazione	unemployment benefit
iscriversi alle liste di disoccupazione [iscritto]	to enter one's name in the unemployment register, sign on
il lavoratore altamente specializzato	highly skilled worker
il lavoro a cottimo	piece-work
il lavoro straordinario	overtime
il libretto di lavoro	employment card
il licenziamento	dismissal
licenziare [licenziato]	to dismiss, fire
la manodopera	manpower
le persone a carico	dependants
la previdenza sociale	social security
la qualifica professionale	professional qualification

rassegnare le proprie dimissioni	to hand in one's resignation
la riqualificazione	retraining
riscuotere/percepire lo stipendio [riscosso/percepito]	to receive a salary
il salario	wages
il tasso di disoccupazione	unemployment rate
il trattamento economico	salary
l'ufficio di collocamento	job centre

Answer the questions

1 Quali lavoratori hanno il diritto di iscriversi alle liste di collocamento?
2 Da quale ministero italiano dipendono gli uffici di collocamento?
3 Come vengono classificati i lavoratori disoccupati?
4 Quale procedimento seguono i datori di lavoro quando vogliono assumere dei lavoratori?
5 Di quali tipi può essere la richiesta dei datori di lavoro?
6 In quali casi si può presentare una richiesta nominativa?
7 Quali lavoratori possono essere assunti direttamente dal datore di lavoro?

1 I lavoratori disoccupati, quelli che cercano il primo lavoro, i lavoratori a tempo parziale e a tempo pieno che desiderano cambiare lavoro e i pensionati in cerca di lavoro.
2 Dipendono dal Ministero del Lavoro e della Sicurezza Sociale.
3 Vengono classificati secondo i settori di produzione, le categorie e le qualifiche professionali.
4 Ne fanno richiesta all'ufficio di collocamento provinciale della circoscrizione dove si svolgerà il lavoro.
5 Può essere nominativa o numerica.
6 Nei casi dei lavoratori di concetto e di quelli altamente specializzati.
7 I lavoratori retribuiti soltanto con partecipazione agli utili, i lavoratori domestici, i lavoratori in aziende con un massimo di tre dipendenti, gli addetti a studi professionali, i dirigenti e alcuni apprendisti.

Translate into Italian

1 I do not like the present unemployment rate.
2 As the employer I would like to recruit 100 workers for my factory.
3 How many unemployed graduates are there in Italy?
4 Those workers have been classified according to their job category and qualification.
5 He works part-time in this shop and would like to find another job.
6 I have had this job for ten years and would like to change it.
7 The employees of Rossi S.p.A. will be paid by the state redundancy fund for the next three months.
8 We must take our employment cards to the job centre.

1 Non mi piace il tasso di disoccupazione attuale.
2 Come datore di lavoro vorrei assumere 100 lavoratori per la mia fabbrica.
3 Quanti laureati disoccupati ci sono in Italia?
4 Quei lavoratori sono stati classificati secondo la loro categoria e qualifica professionale.
5 Lavora a tempo parziale in questo negozio e vorrebbe trovare un altro lavoro.
6 Ho questo lavoro da dieci anni e vorrei cambiarlo.
7 I dipendenti della Rossi S.p.A. saranno pagati dalla cassa integrazione per i prossimi tre mesi.
8 Dobbiamo portare i nostri libretti di lavoro all'ufficio di collocamento.

UNEMPLOYMENT

Unemployment benefit in Italy is paid to unemployed workers only in cases of involuntary unemployment and is not particularly high in order to discourage abuses. The maximum amount of benefit payable is equivalent to 7.5% of the wages received in the three months prior to becoming unemployed and is paid for up to a maximum of 180 days. The actual benefit received is calculated on a daily basis.

Removal from the register. After a worker, on two consecutive occasions and without justification, has rejected a job offer which corresponds to his/her qualifications, he/she forfeits the right to receive unemployment benefit and his/her name is removed from the register.

Fines against the employer. If an employer recruits workers without following the legal procedure through the job centre, apart from the cases in which direct recruitment is allowed, the workers concerned are entitled to keep their jobs but the employer is fined from 500,000 to 3 million lire for each worker involved.

Employment card. All Italian workers have an employment card – *libretto di lavoro* – a compulsory document which they receive free of charge from the local authority. The card contains data concerning each individual worker, from their military service to their educational qualifications and professional status. While the worker is employed the employer has the card, but the worker is entitled to see his/her card at any time. When workers become unemployed they receive their cards which they then pass to the job centre prior to their inclusion in the unemployment register.

Employment agencies. These have already been established in some regions on a trial basis. They promote initiatives to increase employment and are involved in the planning and creation of new jobs.

CIG – CASSA INTEGRAZIONE GUADAGNI – similar to a Redundancy Fund, administered by **I.N.P.S. – Istituto Nazionale della Previdenza Sociale** – pays the workers' salaries, or part of them, in cases of closure, short time or bankruptcy of a company, when these are not due to a decision of either the workers or the employer. All companies contribute to the CIG fund: 5% of the gross salary of building workers, 1.9% of the gross salary of workers in companies with fewer than 50 employees and 2.2% of the gross salary of workers in companies with more that 50 employees. CIG intervention can be short term, with payment of up to 80% of the salary, or long term, with payment for up to 40 hours per week.

Choose and insert the correct adjective

adeguato, disoccupato, esuberante, stagionale, diverso, professionale, economico, nominativo, specializzato, domestico

1 Quegli impiegati del reparto marketing hanno perso il lavoro: sono ...
2 D'estate il tasso di disoccupazione ... è minore.
3 Siamo operai altamente ...
4 Questo lavoro non è ... alle mie qualifiche.
5 Le colf sono incluse fra i lavoratori ...
6 Quella ditta ha ridotto il numero dei propri dipendenti da 300 a 200: 100 sono perciò ...
7 Siamo disoccupati e la nostra situazione ... è precaria.
8 Si deve presentare una richiesta ... all'ufficio di collocamento per gli impiegati di concetto.
9 Vorrei cambiare il mio lavoro per un'occupazione ...
10 La classifica include le qualifiche ...

disoccupati, stagionale, specializzati, adeguato, domestici, esuberanti, economica, nominativa, diversa, professionali

Complete with the correct form of *essere* or *avere*

1 ... perso il mio lavoro: ... licenziato.
2 Tu ti ... iscritto alle liste di collocamento?
3 Carlo e Piero ... andati all'ufficio e ... compilato un modulo che gli ... dato l'impiegato.
4 Per lavorare in quell'ufficio bisogna ... la qualifica giusta.
5 L'operaio ... depositato il suo libretto di lavoro.
6 L'impiegato ... chiesto al giovane quanti ... i membri della sua famiglia e quali ... i suoi titoli di studio.
7 Chissà se presto io ... un nuovo lavoro?
8 Se lo trovassi domani ... felicissimo.
9 Le governanti possono ... assunte direttamente.

ho/sono stato, sei, sono/hanno/ha, avere, ha, ha/siano/siano, avrò, sarei, essere

Unit 19

Education and universities
Istruzione scolastica e universitaria

In this unit you will learn words and expressions from the world of education. You will also review verb forms, in particular the need to distinguish between the indicative and the subjunctive. The unit begins with a portrayal of current issues in Italian education, especially the condition of the university system.

Come in altri paesi europei in Italia si discute il ruolo del sistema scolastico nella società del ventunesimo secolo. In particolare, viene esaminata la funzione della scuola e dell'università in un mondo sempre più dominato dall'avanzamento della tecnologia e ci si chiede come potranno essere sviluppate quelle qualità necessarie all'individuo per renderlo capace di vivere e lavorare a seconda delle esigenze della società e del mondo del lavoro.

Benché la Costituzione italiana garantisca a tutti i cittadini il diritto di raggiungere i gradi più alti degli studi, stabilisca che la scuola è aperta a tutti e preveda il diritto di assolvere la scuola dell'obbligo, le polemiche sul sistema educativo italiano – dalla scuola elementare a quella superiore, e all'università – diventano sempre più accese. Il sistema viene accusato di non riuscire a formare individui in grado di affrontare il mondo contemporaneo.

Ponendo a confronto la scuola e l'università in Italia con istituzioni simili nella Gran Bretagna (e in altri paesi di simile sviluppo), emergono delle differenze sostanziali, quali il contenuto dei corsi, l'uso esteso degli esami orali, l'organizzazione dell'orario e dell'anno scolastico, il sovraffollamento delle aule e l'amministrazione del sistema stesso.

In Italia si discute da anni l'ordinamento scolastico, la cui struttura attuale risale alla riforma Gentile del 1923. Anche se l'analfabetismo non è più la piaga di una volta, troppi allievi terminano gli studi senza conseguire alcun titolo di studio.

Quanto alle università – forse le più frequentate d'Europa a causa delle porte aperte a chiunque possieda la maturità – il numero dei laureati è fra i più bassi dei maggiori paesi europei. Questo comporta un grande spreco di risorse sia umane che economiche. Moltissimi studenti seguono i corsi di laurea per uno o due anni, talvolta senza interesse, malvolentieri e senza sostenere gli esami previsti dai piani di studio. La selezione degli studenti non avviene perciò al livello della maturità, ma al livello del corso di laurea, con un'eliminazione graduale e severa degli elementi accademicamente meno abili e con limitata capacità di applicazione allo studio.

As in other European countries, in Italy there is a debate on the role of the educational system in the society of the next century. In particular, the role of school and university in a world increasingly dominated by the advance of technology is under examination and people wonder how those qualities necessary to enable the individual to live and work according to the demands of society and the world of work can be developed.

Although the Italian Constitution guarantees to all citizens the right to reach the highest levels of education, lays down that school is open to all and foresees the right to complete compulsory education, the debates on the Italian educational system – from primary school to upper secondary school, and to university – is becoming more and more heated. The system is accused of failing to produce individuals able to cope with the world as it is today.

In comparing school and university in Italy with similar institutions in Great Britain (and in other countries at a similar level of development), certain fundamental differences emerge such as the content of courses, the extensive use of oral examinations, the organization of the academic day and year, the overcrowding of classes and the management of the system itself.

In Italy discussions have been going on for years about the educational system, the current structure of which goes back to the Gentile reform of 1923. Even if illiteracy is no longer the scourge it once was, too many pupils end their studies without any qualifications.

As for universities – perhaps with the highest numbers in Europe because their doors are open to anyone with the 'maturità' – the number of graduates is amongst the lowest of the major European countries. This is high wastage of human and economic resources. Very many students follow degree courses for one or two years, sometimes without interest, unwillingly and without sitting the examinations prescribed by the syllabuses. Student selection does not occur therefore at the 'maturità' stage, but during the degree course, with a gradual and harsh elimination of those who are academically less able and whose ability to apply themselves to their studies is more limited.

Vocabolario

acceso	heated
l'allievo/l'allieva	pupil, apprentice, learner
l'alunno/l'alunna	pupil
l'analfabeta	illiterate
l'analfabetismo	illiteracy
l'andamento	state, situation
l'anno accademico, scolastico	academic, school year
assolvere [assolto]	to attend (school)
l'aula	classroom, lecture room
conseguire [conseguito]	to achieve, obtain
la costituzione	constitution
il diploma	diploma
il direttore didattico/ la direttrice didattica	primary school headmaster/ headmistress
il docente/la docente	lecturer, teacher
l'esame orale, scritto	oral, written examination
l'esigenza	demand, requirement
essere bocciato/bocciata	to fail, have to retake a year
essere promosso/promossa	to pass
essere rimandato/rimandata	to fail, have to retake an exam
la facoltà	faculty
formare [formato]	to develop, train
frequentare la scuola	to attend school
imparare [imparato]	to learn
l'indice di scolarizzazione	pupil participation rate
l'insegnamento	teaching
l'insegnante	teacher
insegnare [insegnato]	to teach
la laurea	university degree
la laurea a pieni voti	1st class honours degree
laurearsi [laureato]	to graduate
la lezione	lesson, lecture
la licenza media	school-leaving exam similar to 'O' levels

il liceale	student at a 'liceo'
il liceo	secondary school similar to grammar school
il liceo classico, scientifico	'liceo' specialising in classical, scientific studies
il maestro/la maestra	primary school teacher
la maturità	university entrance/'A' level equivalent
l'ordinamento	organization
la piaga	evil, calamity, scourge
il piano di studio	syllabus, curriculum
la polemica	argument, discussion
pordinario	university professor
il/la preside	middle/high school headmaster/ headmistress
il professore/la professoressa	middle/high school teacher; professor
il professore ordinario	university professor
il rettore	chancellor (university)
risalire a [risalito]	to go/date back to
la scuola dell'obbligo	compulsory education
la scuola elementare, primaria	primary school
la scuola media inferiore	middle school
la scuola media superiore	high school
il sovraffollamento	overcrowding
il tasso di natalità	birthrate
l'universitario	undergraduate

Answer the questions

1 A quando risale la struttura attuale della scuola italiana?
2 Che cosa garantisce la Costituzione?
3 Quali sono le differenze fra il sistema scolastico italiano e quello inglese?
4 Esiste ancora l'analfabetismo in Italia?
5 A che punto vengono selezionati gli studenti universitari?
6 Come viene descritto l'andamento delle università italiane?

1 Risale al 1923, alla riforma Gentile.
2 Garantisce a tutti i cittadini il diritto di raggiungere i gradi più alti degli studi.

3 Il contenuto dei corsi, l'uso degli esami orali, l'organizzazione dell'orario e dell'anno scolastico, il sovraffollamento delle aule e l'amministrazione del sistema stesso.
4 Sì, ma non è più la piaga di una volta.
5 Vengono selezionati al livello dei corsi di laurea.
6 Come un grande spreco di risorse sia umane che economiche.

THE ITALIAN EDUCATION SYSTEM

Responsibility for education, from primary school to university, lies with the Ministry of Education – **Ministero della Pubblica Istruzione** – although responsibility for professional education has been delegated to the Regions.

The system can be divided into four major areas:

1 nursery school — **scuola materna** with just over 1.5 million pupils in 1988/89.
2 compulsory education — **scuola dell'obbligo** — with 5.7 million pupils in 1988/89. This includes 5 years of primary school — **scuola elementare** — and three years of secondary school — **scuola media**. Compulsory education starts at the age of six.
3 post-compulsory education — **scuola secondaria superiore** — with nearly 2.8 million pupils in 1988/89 in a range of specialist schools and professional and technical institutes.
These include:
– *liceo classico/scientifico/linguistico/artistico* (these provide a more academically orientated education)
– *istituto tecnico commerciale/industriale/periti aziendali/agrario, etc.* (these institutes are attended by around half of the pupils following post-compulsory education)
– *istituto professionale industriale/per il commercio/scuola alberghiera, etc.* with just over $^{1}/_{2}$ million students.
– *istituto magistrale* (for training primary school teachers).
Courses in the *licei* and *istituti tecnici* last 5 years, in other institutions from 3 to 5 years. The final examination leads, for successful candidates to the *maturità*. If it is obtained after a 5 year course, students are free to choose any university course they wish. Shorter courses lead to a *maturità* offering more

restricted entry to university, in the specialism already pursued.

Students may also enter the world of work as *diplomati* (diploma holders).

4 Universities are organized into faculties (*facoltà*), with *Facoltà di Economia e Commercio* attracting large numbers of students. Degree courses last between four and six years and lead to a *laurea*. There are relatively few courses other than *lauree* on offer.

In 1987/88 1.1 million students were registered at Italian universities. In the same year there were just under 80,000 graduates, an indication of the gross disparity between registrations and successful completions. Most students study at the institution nearest to their home because of the nature of the grants system.

The educational system has many of the characteristics typical of other sections of the public sector in Italy, including an ongoing debate on reforming the system.

Put the verbs in brackets into the correct form

Remember that conjunctions like *benché, sebbene, prima che, affinché, purché, perché* (in order that) are always followed by the subjunctive.

Laura (seguire) il corso di economia aziendale benché (preferire) la musica. I suoi genitori l'(incoraggiare) affinché lei (studiare) con impegno. In questi giorni (mancare) i posti di lavoro sebbene il governo (fare) tutto il possibile per crearne di nuovi. I genitori di Laura le (avere) promesso un viaggio in Inghilterra purché lei (laurearsi) a pieni voti.

Lo zio le (avere) detto che anche lui (avere) voluto studiare, ma non gli (essere) possibile. Prima che Laura (partire), lui le (parlare) di quello che lui (avere) visto a Londra.

segue, preferisca, incoraggiano, studii, mancano, faccia, hanno, si laurei, ha, avrebbe, fu, partisse, parlò, aveva

Complete the text by inserting the appropriate word or phrase from the list below.

corso di studi, diploma di maturità, diplomati, elementari, facoltà universitaria, indice di scolarizzazione, insegnanti, iscriversi, laureati, materne, scuola, scuola dell'obbligo, scuola materna, scuole, sistema scolastico, superiori.

Lella, quattro anni, va ogni mattina alla ... I gemelli, Pietro e Maria, 14 anni, stanno per finire la ... e sono indecisi sulla scelta delle ... Gianni, 19 anni, è prossimo al ... e deve pensare a quale ... gli converrebbe ... Gianni dà molta importanza alle prospettive di occupazione che un determinato ... potrebbe offrirgli.

Nella ... si sono creati in media, negli ultimi trent'anni, ogni anno, oltre 20.000 nuovi posti di lavoro, mentre decine di migliaia di ... e ... hanno sostituito gli ... che si sono ritirati dall'insegnamento.

L'espansione del ... sembra però finita. Il declino del tasso di natalità, dopo aver vistosamente svuotato le ... a partire da quelle ... e ..., si ripercuoterà a lungo su tutto il sistema, e l'... appare ormai stabilizzato su valori alti, anche se inferiori alla media europea. Ma se si chiude la porta della ... , altre se ne aprono. Sono quelle dei servizi, dalla consulenza organizzativa all'informatica, dalla pubblicità ai sistemi di comunicazione.

scuola materna, scuola dell'obbligo, superiori, diploma di maturità, facoltà universitaria, iscriversi, corso di studi, scuola, diplomati, laureati, insegnanti, sistema scolastico, scuole, materne, elementari, indice di scolarizzazione, scuola.

Unit 20

Professional training
Formazione professionale

In this unit, you will learn words and expressions from professional training. You will also review the present participle forms of verbs; these are now generally used as nouns and adjectives. The unit begins with an overview of professional training in Italy.

Le attuali carenze quantitative e qualitative del sistema formativo hanno spinto molti italiani a riflettere sulla validità della formazione professionale. Il fatto che la forza lavoro sia scarsamente qualificata e che soltanto il 60% degli occupati abbia un titolo di studio è fonte di preoccupazione per i datori di lavoro. Mancano soprattutto specializzazioni di tipo tecnico-scientifico necessarie per gestire le moderne industrie 'hi-tec'.

Considerate le deficienze della formazione professionale sorgono dei dubbi sulla capacità dell'economia italiana a competere nel mercato unico europeo. Il dibattito sulla formazione professionale è stato incoraggiato dalla Confindustria, l'organizzazione sindacale degli imprenditore industriali, che si prefigge di:

a presentare la formazione come un problema politico e sociale a livello nazionale, che coinvolge il governo, le imprese, i lavoratori e i cittadini;

b determinare il ruolo delle imprese per cui la disponibilità di risorse umane adeguatamente qualificate è indispensabile;

c porre in atto la riforma della scuola superiore e universitaria per rendere più efficiente il sistema scolastico;

d promuovere la diffusione della cultura e della formazione fra i cittadini, anche tramite la concessione di incentivi fiscali.

Al di fuori del sistema statale cominciano ad emergere varie esperienze di formazione professionale potenzialmente molto valide, che sono prova tangibile della vitalità e attività del settore. La crescita sia in termini di quantità che di qualità delle agenzie formative continua e i due esempi che seguono sono solo rappresentativi di un fenomeno che va diffondendosi sempre di più su tutto il territorio nazionale.

Nel 1922 la FIAT fondò un centro di addestramento per i propri apprendisti, seguito più tardi da enti per gli operai, impiegati e dirigenti. Nel 1976 si costituì come società autonoma L'ISTITUTO PER LO SVILUPPO ORGANIZZATIVO, ISVOR FIAT S.p.A. — che, nel corso dei dieci anni successivi, riuscì a vendere oltre il 25% delle proprie attività formative a clienti esterni, offrendo una serie di azioni nei campi della formazione gestionale, dell'applicazione di tecniche industriali, dell'addestramento tecnologico, e del trasferimento di competenze tecnologiche e gestionali a persone di paesi in via di sviluppo.

La SCUOLA DI DIREZIONE AZIENDALE, SDA BOCCONI DI MILANO è la maggiore e la più famosa Business School italiana e offre una vastissima gamma di prodotti rappresentante un modello articolato di formazione manageriale permanente. Fra i programmi funzionali e multifunzionali della SDA è compreso il primo MBA – Master in Direzione Aziendale – italiano.

The current quantitative and qualitative deficiencies of the training system have driven many Italians to reflect on the validity of professional training. The fact that the workforce is poorly qualified and that only 60% of employees have an educational qualification is a source of worry for employers. It is above all the technical and scientific expertise necessary for the management of today's high-tech industries which are lacking.

In view of the inadequacies of professional training doubts arise as to the ability of the Italian economy to compete in the Single European Market. The debate on professional training has been encouraged by Confindustria, the umbrella organization of industrial employers, which has resolved to:

a present training as a political and social problem on a national scale, involving government, companies, employees and the public;

b establish the role of companies for which the availability of adequately trained human resources is indispensable;

c pursue the reform of secondary schools and universities in order to make the educational system more efficient;

d promote education and training among citizens, by tax relief if necessary.

Outside the state system various schemes of professional training which are potentially valuable, are emerging. These are proof of the vitality and activity of the sector. The growth both in terms of quantity and quality of training agencies is continuing and the two examples which follow are representative of a phenomenon which is spreading throughout Italy.

In 1922 Fiat founded a training centre for its apprentices, followed later by organizations for manual workers, whitecollar employees and managers. In 1976 the INSTITUTE FOR ORGANIZATIONAL DEVELOPMENT — ISVOR FIAT S.P.A. – was set up as an independent business. In the course of the following 10 years it sold more than 25% of its training courses to outside clients, offering a series of activities in management training, application of industrial techniques, technological training, and the transfer of technological and management skills to people from developing countries.

The SCHOOL OF BUSINESS ADMINISTRATION – SDA BOCCONI – in Milan is the major and best-known Italian Business School and offers a very wide range of courses targeted at all levels of management. Among its functional and multifunctional programmes is the first Italian MBA.

Vocabolario

l'addestramento	(skills) training
l'addestramento nell'ambito dell'industria	training within industry
l'agenzia formativa	training agency
l'aggiornamento	updating
allenare/allenarsi [allenato]	to train (sports)
l'allenatore	trainer (sports)
l'apprendista	trainee, apprentice
l'associazione industriali	employers' association
l'atteggiamento	attitude
l'attitudine	aptitude, ability
la carenza	deficiency, failing, lack
il comportamento	behaviour
il corso a tempo pieno	full-time course
il corso di addestramento	training course
il corso de perfezionamento per	

laureati	post-graduate course
il corso diurno	daytime course
il corso serale	evening class
la creatività	creativity
formare [formato]	to shape, train
formativo (adj)	training
il formatore	trainer (management, etc.)
la formazione	training, development, coaching
la formazione dei dirigenti	executive coaching, management development
il perfezionamento	development, specialization
perfezionare/perfezionarsi [perfezionato]	to develop, improve, specialize
porre in atto [posto]	to put into action
prefiggersi di [prefisso]	to be determined to
il programma di addestramento	training programme
la riconversione/riqualificazione	retraining
la scuola aziendale	business school
la seduta, la sessione d'addestramento	training session
sorgere [sorto]	to arise, rise
spingere [spinto]	to push, drive
lo stage aziendale	work placement
il tirocinio	training, apprenticeship

Answer in Italian

1 Perché sono preoccupati i datori di lavoro italiani?
2 Chi ha incoraggiato il dibattito sulla formazione professionale?
3 Chi è coinvolto nel problema della formazione?
4 In che modo si potrebbe promuovere la formazione?
5 Quando fu costituita l'ISVOR FIAT?
6 L'ISVOR FIAT lavora soltanto per la FIAT?
7 Che cos'è la SDA Bocconi di Milano?

1 Perché la forza lavoro è insufficientemente qualificata.
2 La Confindustria, l'organizzazione sindacale degli imprenditori industriali.
3 Il governo, le imprese, i lavoratori e i cittadini.

4 Tramite la concessione di incentivi fiscali.
5 Nel 1976.
6 No, lavora anche per clienti esterni, incluse persone di paesi in via di sviluppo.
7 È la maggiore e la più famosa scuola aziendale italiana.

TRAINING IN ITALY

The Italian experience of training has been very patchy. Leading firms such as Fiat, because of their importance nationally and internationally, have been exposed to competitors who use training as a competitive weapon. This exposure to international competition and the presence of foreign, especially US, multinationals in Italy has raised the profile of training within larger Italian companies. Medium and small companies still devote little time and few resources to training.

This general training deficiency, coupled with a feeling of the inadequacy of the school and university system in preparing young people for the world of work, has fostered a debate on training. This involves employers, government (central and regional), schools and universities and employees' representatives. There is a general concern that the workforce at all levels is being insufficiently trained in order to meet the challenge on the Single European Market.

Training (as distinct from education) is provided by a variety of private and public institutions. Unlike the UK, little training is provided by universities which see their roles as primarily academic. This, however, is changing as private and state universities begin offering MBAs and other types of management and technological courses, often through autonomous institutes.

In additon to ISVOR FIAT there are a large number of private training agencies such as **ELEA Spa** (part of the Olivetti group), **Istituto Piero Pirelli**, and **Ceccarelli & C Management Consultants Srl**, which is associated with the Strategic Planning Institute in the USA, Henley Business School in the UK and the ForeSight Group in Sweden.

Other agencies are sector specific such as the **Scuola Superiore della Pubblica Amministrazione**, a government body training public sector managers, or have been established by various consortia, e.g. **ENFAPI** (*Ente Nazionale per la Formazione e l'Addestramento Professionale nell'Industria*) set up by around 80 members including Confindustria, industrial associations and companies **FORMEZ** (*Centro di*

Formazione e Studi), set up by agencies charged with developing the Mezzogiorno and **IRI** (*Istituto per la Ricostruzione Industriale*). FORMEZ aims to provide training for the public and private sectors in the South of Italy. Numerous agencies are non profit-making.

A number of companies also offer special **contratti di formazione** e **lavoro** (work training contracts) (see Unit 17) approved by the Ministry of Labour to attract new employees. These contracts guarantee training as a part of employment. Unlike the UK, work placements as part of higher education courses are not widely used in Italy.

ISFOL *(Istituto per lo Sviluppo della Formazione Professionale dei Lavoratori*) is a public body founded in 1973 to study and research the labour market and professional training. It co-ordinates training courses, provides technical support and trains and updates trainers.

There is a national association of trainers, **Associazione Italiana Formatori** (AIF), based in Milan – via Vincenzo Monti 4, 20123 Milano.

Translate into Italian

Many young people are now looking for a job which gives them long-term security rather than just a source of income. Some companies offer work-training contracts for a specified period, usually either one or two years.

If you graduate, you may wish to study for a further qualification after you have gained experience of that company. Most large companies provide training internally but this is generally targeted to the company's own needs. Management courses give you a broader view of the world of business and of your role as a manager.

As companies realize more and more the importance of their human resources, they are encouraging training, even with financial incentives.

Molti giovani cercano un impiego che dia loro la sicurezza a lungo termine piuttosto che soltanto una fonte di reddito. Alcune ditte offrono contratti di formazione e lavoro per un periodo determinato, di solito per uno o due anni.

Se sei laureato, vorrai forse studiare per un altro titolo di studio dopo aver fatto esperienza in un'azienda. La maggior parte delle grandi imprese fornisce la formazione all'interno, ma questa ha in genere lo scopo di soddisfare il fabbisogno dell'azienda. I corsì manageriali possono darti una visione più ampia del mondo degli affari e del tuo ruolo di manager.

Poiché le aziende si rendono conto sempre di più dell'importanza delle loro risorse umane, incoraggiano la formazione, anche tramite incentivi finanziari.

Verb forms in –ante/–ente: present participle

Verb forms in *–ante/–ente* have generally become fixed in their meaning and use. Many are now used as:

1 nouns: e.g. *assistente* (from *assistere*), *dirigente* (from *dirigere*), *partecipante* (from *partecipare*);

2 adjectives: e.g. *importante* (from *importare*), *prevalente* (from *prevalere*), *seguente* (from *seguire*).

A third, less common use retains the original verbal significance of the present participle.

Example: *Moltissime piccole e medie imprese operanti nell'isola aderiscono al consorzio.*

Here the participle is equivalent to a relative clause (*operanti* = *che operano*).

Complete the following sentences by inserting one of the verbs below in the present participle form

aderire, avere, emergere, operare, provenire, riguardare

1 L'offerta formativa dell'istituto è indirizzata verso l'individuazione di nuovi mestieri ... dalle esigenze del mondo del lavoro.
2 La società è composta da una struttura interna che interviene su tematiche ... la gestione delle risorse umane.
3 Il centro è una fondazione ... lo scopo di perfezionare la preparazione tecnico-professionale dei lavoratori autonomi del commercio.
4 Avendo rilevato i bisogni e le aspettative ... dal mondo turistico, il centro ha gradualmente diversificato la sua offerta di servizi.
5 Il consorzio è costituito da aziende industriali ... all'Associazione Industriali di Brescia.

6 L'ente è oggi uno dei più attivi centri di elaborazione di idee sulla gestione manageriale ... in Italia.

emergenti, riguardanti, avente, provenienti, aderenti, operanti.

Unit 21

Market research
Ricerca di mercato

In this unit you will learn words and expressions from the field of market research. You will also continue the review of prepositions. The unit begins with an explanation of the role and methods of market research.

Al fine di cattivare la lealtà del consumatore, registrare elevati volumi di vendita ed evitare che il consumatore preferisca i prodotti della concorrenza, le aziende ricorrono alle ricerche di mercato.

La forma meno costosa di ricerca è quella chiamata 'omnibus' con la quale si ottengono soltanto dei dati generali. Più specifiche sono le inchieste per campione dove il campionamento può essere effettuato secondo criteri diversi – casuali o non casuali. Una forma particolare di campionamento è il panel che può raggruppare individui, famiglie o gruppi specifici di consumatori selezionati in base alla loro appartenenza a fasce socio-economiche diverse, come automobilisti, casalinghe o dettaglianti.

Esistono vari metodi per sollecitare le risposte, che verranno poi elaborate ai fini dell'indagine, quali questionari, interviste e sondaggi d'opinione postali e telefonici. I metodi sono contraddistinti da particolari vantaggi e svantaggi e i risultati ottenuti possono essere insoddisfacenti a causa del basso tasso di ritorno. Il panel è usato specialmente per ricerche di carattere psicologico che tentano di individuare diversi tenori di vita e di delineare le caratteristiche tipologiche dei consumatori.

Un'altra forma di ricerca prende in esame l'area di prova in cui si cerca di valutare la domanda di mercato dal punto di vista del volume e della potenzialità del prodotto prima di lanciarlo sul mercato nazionale o internazionale. Nel corso di un'indagine di questo tipo vengono valutate le caratteristiche tipologiche del consumatore, quale sesso, età, ceto sociale, titoli di studio, professione, reddito, ecc. L'indagine viene condotta per individuare le decisioni d'acquisto relative al prodotto, al prezzo, al fabbisogno, al gusto, alla novità del prodotto, alle abitudini d'acquisto, all'atteggiamento del consumatore e persino alla fedeltà al punto di vendita scelto.

La ricerca di mercato si prefigge di definire e segmentare i consumatori al fine di determinarne le aspettative e i giudizi in relazione ad un prodotto specifico, alla presentazione e alla vendita di questo.

In order to gain consumer loyalty, register high sales volumes and avoid consumers preferring competitors' products, companies make use of market research.

The cheapest kind of research is called 'omnibus'; with this only general data are obtained. Surveys based on samples are more specific and sampling can be conducted according to various criteria – random or nonrandom. A particular form of sampling is the panel which can bring together individuals, families or specific groups of consumers selected on the basis of their membership of different socio-economic groups, such as car drivers, housewives or retailers.

There are various methods of eliciting responses which are then evaluated according to the aims of the survey: questionnaires, postal and telephone interviews and opinion polls. The individual methods have particular advantages and disadvantages and the results obtained may be unsatisfactory because of the low response rate. Panels are used especially for research of a psychological nature which seeks to identify different lifestyles and to characterize different types of consumers.

A further kind of research investigates the test area in which one seeks to estimate market demand from the point of view of volume and product potential before launching it on the national or international market. During an investigation of this kind the typological characteristics of consumers, such as sex, age, social class, educational qualifications, employment, income etc., are evaluated. The research is conducted in order to identify purchase decisions relative to the product: price, demand, taste, product innovation, purchase habits, consumer attitudes and even loyalty to the chosen point of sale.

Market research aims to define and segment consumers with the purpose of establishing their expectations and opinions regarding a specific product, its presentation and sale.

Vocabolario

l'appartenenza	membership, belonging
l'area di prova, l'area campione	test area, test market
il campionamento, la campionatura	sampling
il campione	sample
casuale	random
cattivare	to win, gain
il ceto sociale	class, social group
condurre la ricerca di mercato	to do market research
delineare [delineato]	to describe, delineate
effettuare, fare, compiere un sondaggio	to carry out a survey
elaborare [elaborato]	to process
il fabbisogno	need, demand
la fascia	band, stratum, group
la fase pilota	pilot stage
il giudizio	judgment, opinion
l'inchiesta	inquiry, survey
l'inchiesta per campione	sample survey
l'indagine	investigation
individuare [individuato]	to identify
l'intervistato/l'intervistata	interviewee
l'intervistatore/l'intervistatrice	interviewer
il margine d'errore	margin of error
il mercato di prova	test market
la potenzialità del mercato	market potential
rappresentativo	representative
la ricerca a tavolino	desk research
la ricerca sul campo, esterna	field research
le rilevazioni	data, findings, surveys
la risposta	reply, response
sollecitare, stimolare [sollecitato, stimolato]	to encourage
il sondaggio	survey
il sondaggio d'opinione	opinion poll
sondare, saggiare [sondato, saggiato]	to survey
il tasso di ritorno	response rate

la verifica verification

Answer the questions

1 Perché le aziende si servono delle ricerche di mercato?
2 Quali inchieste sono le più utili?
3 A che scopo viene utilizzato il panel?
4 Come si sollecitano le risposte?
5 Perché i risultati ottenuti possono a volte essere insoddisfacenti?
6 Quali sono alcune delle caratteristiche tipologiche del consumatore?

1 Per cattivare la lealtà del consumatore, registrare elevati volumi di vendita ed evitare che il consumatore preferisca i prodotti della concorrenza.
2 Le inchieste per campione.
3 Allo scopo di individuare diversi tenori di vita e di delineare le caratteristiche tipologiche dei consumatori.
4 Tramite questionari, interviste e sondaggi d'opinione postali e telefonici.
5 A causa del basso tasso di ritorno.
6 Sesso, età, ceto sociale, titoli di studio, professione, reddito.

MARKET RESEARCH IN ITALY

A major problem facing individuals and organizations conducting market research in Italy is the fragmented nature of many industries and the relative lack of published data sources. This, however, can also be regarded as an opportunity for more enterprising companies to capitalize on the potential which the Italian market offers.

A good place to start is often the Department of Trade and Industry which can offer information and advice. When in Italy, the British Consulate-General in Milan and British Consulates in other cities can also be consulted.

Often there is no alternative but to conduct or commission market research in the country. The two leading commercial market research organizations in Italy are Nielsen and Doxa; Doxa was founded in 1946 to carry out opinion polls and market research. Relevant data sources include:

1 Export Market Information Centre, Department of Trade and Industry, 1-19 Victoria Street, London SW1H 0ET (Tel: 071 222 2629);

2 Euromonitor, 87-88 Turnmill Street, London EC1M 5Q (Tel: 071 251 8024) publish a range of European and international marketing directories, including **The European Directory of Non-official Statistical Sources, European Marketing Data and Statistics** etc.

3 Marketsearch, British Overseas Trade Board/Arling Management Publications Ltd., 1-19 Victoria Street, London SWH 0ET (Tel 071 215 5000).

4 Key Note Publications, 28/42 Banner Street, London EC1Y 8QE (Tel 071 253 3006) publish the Key Note Euroview series on various markets, giving further data sources.

5 European Society for Opinion and Market Research (ESOMAR), based in the Netherlands, publish a year book (see Unit 50).

6 Trade associations and Chambers of Commerce in Italy are also important sources of information.

There is a Chamber of Commerce — **Camera di Commercio, Industria, Artigianato e Agricoltura** (CCIAA) — in each provincial capital. The chambers are administered by the provincial government (*la giunta*) and have the role of promoting economic activity and carrying out a number of administrative functions. The Chambers of Commerce can often provide valuable information on economic and market factors.

Insert the words in the text

acquistati, l'acquisto, forniscono, all'installazione, telespettatori, registrerà, identificare, pubblicità, pubblicitari, rilevare, verificare

Finora non è stato possibile ... direttamente il rapporto tra gli investimenti ... , il pubblico dei telespettatori e ... di beni di consumo. Le ricerche ... dati, da un lato, sul numero dei ... e, dall'altro lato, sul numero dei prodotti ... . In futuro le ricerche potranno ... nella stessa famiglia, ad esempio, l'effetto della ... e il corrispondente consumo di prodotti. Questo verrà fatto grazie ... di un contatore, che ... i programmi televisivi visti dalle famiglie campione, e all'uso di un lettore digitale per ... i prodotti.

verificare, pubblicitari, l'acquisto, forniscono, telespettatori, acquistati, rilevare, pubblicità, all'installazione, registrerà, identificare.

Prepositions (2)

1 Most prepositions do not combine with the definite article.
e.g. *con* (note the forms *col* = *con il* and less commonly, *coi* = con *i*), *dietro* (can also be followed by *a*), *dopo, durante, fra, lungo, malgrado, mediante, oltre* (meaning 'beyond'), *per, presso, salvo, tra, verso.*

2 Some take *a* before nouns, etc.
e.g. *accanto, davanti, dinanzi, fino, oltre* (meaning 'in addition to'), *sino.*

3 Some take *di.*
e.g. *fuori, invece, prima.*

4 Some prepositions take an additional *di* before pronouns.
e.g. *dietro, dopo, presso, sopra, sotto* (also takes *a*), *verso.*
Di is optional with *fra, su, tra.*

Insert the correct prepositions

Arrigo Levi nacque ... Modena ... 1926. Fu direttore ... *Stampa* ... 1973 ... 1978, assumendo poi l'incarico ... editorialista ... *Corriere della Sera* e diventando notissimo giornalista televisivo ... Canale 5 e Retequattro. Levi ha inoltre condotto numerose interviste ... vita politica ed economica italiana e ... italiani ... l'altro ha curato l'INTERVISTA ... CAPITALISMO MODERNO (1983, ... Gianni Agnelli). NOI: GLI ITALIANI ... 1988 è il risultato ... 70 sondaggi realizzati ... giornalista ... il 1985 e il 1987. Ogni sondaggio era basato ... un campione costituito ... 500 individui, rappresentativi ... popolazione adulta italiana.

I rappresentanti sindacali ... categoria si sono pronunciati ... le proposte formulate ... imprenditori. La ricerca ... mercato è stata sospesa ... apatia dimostrata ... intervistati.

a, nel, della, dal, al , di, del, a, sulla, sugli, Fra, sul, con, del, di, dal, tra, su, da, della, di, contro, dagli, di, a causa dell', dagli.

Unit 22

Consumer attitudes
Atteggiamenti del consumatore

In this unit you will learn words and expressions related to consumer attitudes. You will also review verbs with contracted infinitives, i.e. those ending in '-arre', '-orre' and '-urre'. The unit begins with a description of how consumer tastes and attitudes are in a process of change.

In moltissimi paesi si denota un cambiamento dei gusti dei consumatori. I nuovi mezzi di comunicazione di massa, specialmente la diffusione di programmi televisivi e l'aumento dei viaggi all'estero, hanno significativamente accresciuto le esperienze di tanti consumatori ed hanno inoltre favorito lo sviluppo di gusti più internazionali.

Questo promuove la creazione di prodotti con appeal non solo a livello regionale o nazionale, ma addirittura internazionale. Certe imprese automobilistiche progettano autoveicoli per il mercato europeo, i giapponesi invece per il mercato mondiale. Le aziende multinazionali sviluppano prodotti, come detersivi, il cui lancio può aver luogo contemporaneamente su diversi mercati con una strategia di vendita comune – almeno per quanto riguarda alcuni aspetti specifici del prodotto, come la formula chimica, l'immagine o la pubblicità.

La suddetta internazionalizzazione dei gusti si riscontra in particolare fra i giovani e i gruppi socio-economici caratterizzati da livelli di studio e redditi elevati. Sarebbe però errato dedurre che i gusti di questo genere siano una prerogativa di un'élite, data la popolarità delle telenovelas sudamericane, della Coca Cola e del fast food fra i giovani.

È luogo comune ormai affermare che il mondo si stia rimpicciolendo, ma è appunto per questo ridimensionamento che bisogna prendere atto dei cambiamenti radicali nei gusti dei consumatori. Dal punto di vista strategico sarebbe assurdo presupporre che oramai non sussistano più delle differenze sostanziali fra paesi diversi. È vero che gli italiani dopo tutto si sentono più europei e più internazionali degli inglesi ad esempio, ma restano tuttavia italiani, nelle loro scelte e nei loro gusti. Spetta alle aziende stabilire quali siano i prodotti adatti ad un lancio multinazionale e quelli per cui sia necessaria invece una politica differenziata per ciascun mercato.

In very many countries a change in consumer tastes is becoming evident. The new means of mass communication, specially the spread of television programmes and the increase in foreign travel, have significantly widened the experience of many consumers and have, moreover, encouraged the development of more international tastes.

This promotes the creation of products with an appeal which is not only regional or national but also international. Whereas some car companies plan vehicles for the European market, Japanese manufacturers, however, do so for the world market. Multinational companies develop products, such as detergents, which can be launched simultaneously in different markets with a common sales strategy, at least insofar as specific aspects of the product such as chemical formula, image or advertising, are concerned.

The above mentioned internationalization of taste is evident in particular among young people and the socio-economic groups typified by high levels of education and income. It would be wrong, however, to infer that tastes of this kind are the prerogative of an elite, in view of the popularity of South American TV soaps, Coca Cola and fast food among the young.

It's now commonplace to assert that the world is getting smaller, but it is precisely because of this new scale that it is necessary to take note of radical changes in consumer tastes. From the strategic point of view it would be absurd to suppose that there are no longer substantial differences between various countries. It is true that Italians, all things considered, feel more European and international than, for example, the English, but they still remain Italian in their choices and tastes. It is up to firms to establish which products are suited to a multinational launch and those for which a policy differentiated for each market is instead necessary.

Vocabolario

accrescere [accresciuto]	to increase
l'atteggiamento	attitude

la convenienza	convenience
dedurre [dedotto]	to deduce, infer, deduct
il detersivo	detergent
errare [errato]	to make a mistake, err
il gusto	taste
innovatore	innovatory
l'innovatore, il progressista	innovator
il lusso	luxury
materialista	materialist(ic)
la novità	novelty, new product
l'obiettivo	objective, aim
prendere atto di [preso]	to take note of
presupporre [presupposto]	to (pre) suppose
rimpicciolirsi [rimpicciolito]	to become smaller, shrink
riscontrare [riscontrato]	to find, notice
la routine	routine
spettare a [spettato]	to be up to
lo status symbol	status symbol
lo stile di vita	lifestyle
suddetto	above mentioned
sussistere [sussistito]	to exist
le telenovelas	TV soap operas
la tendenza	tendency
il tenore di vita	standard of living
il tradizionalista	traditionalist
il trend, l'andamento, la tendenza	trend
il valore	value

Answer the questions

1 Quali fattori hanno contribuito al cambiamento dei gusti dei consumatori?
2 Che cosa è risultato da questo cambiamento dei gusti?
3 In che modo hanno reagito le aziende?
4 Quali gruppi dimostrano di avere gusti più internazionali?
5 Vanno scomparendo i gusti nazionali?
6 Che cosa devono decidere le aziende?

1 I programmi televisivi e i viaggi all'estero in particolare.
2 Ne è risultato lo sviluppo di gusti più internazionali.
3 Hanno creato dei prodotti con appeal non solo a livello

regionale e nazionale, ma addirittura internazionale.

4 I giovani e i gruppi socio-economici caratterizzati da livelli di studio e redditi elevati.

5 No. Sussistono ancora delle differenze sostanziali fra paesi diversi.

6 Devono stabilire quali siano i prodotti adatti ad un lancio multinazionale e quelli per cui sia necessaria invece una politica differenziata per ciascun mercato.

CONSUMER ATTITUDES AND TASTES IN ITALY

In Italy it is possible to identify different levels of consumer attitudes and tastes. While it is true that international products and tastes have become more widespread in Italy, with the rise in the standard of living and increasing contact with other countries, local and national attitudes still persist, depending on the product or service in question. Local tastes and preferences continue to be strong in the areas of food and drink. Italian styling and design have acquired an international reputation and have spread their influence overseas, as can be seen from the products of the fashion, car and other industries. More basic products such as spaghetti and pizza, the latter originally a Neapolitan dish of the poor, have also gained in international popularity.

There is clearly a convergence of consumer tastes at an international level, but the extent to which this can be applied to individual products varies from product to product. If the appeal is in the Britishness of the product, little may need to be changed. More basic products such as detergents may in reality need greater modification in order to gain consumer acceptance.

Translate the words in brackets

All'inizio degli anni '80 due (trends) sono diventati molto comuni. Diversamente dal passato, il (consumer) non si vergogna più di ammettere che gli (objectives) primari sono (to own) oggetti (expensive) e condurre una vita di (luxury). (Young people) sembrano più (materialist) dei loro genitori. A causa dell'intenso stimolo ad (to increase) sempre il proprio (living standard) e il (material success), molti consumatori guardano con ansia il futuro nel timore di non riuscire (to be successful).

trend, consumatore, obiettivi, possedere, costosi, lusso, i giovani, materialisti, aumentare, tenore di vita, successo materiale, ad affermarsi.

Infinitives in -arre, -orre, and -urre

A number of verbs have infinitives in *-arre* (e.g. *attrarre, contrarre, distrarre*), *-orre* (e.g. *porre, disporre, imporre, opporre*) and *-urre* (e.g. *condurre, introdurre, tradurre, produrre, ridurre*).

Note the key forms of these verbs.

	attrarre	*porre*	*condurre*
1st person present	attraggo	pongo	conduco
3rd person present	attrae	pone	conduce
1st person future	attrarrò	porrò	condurrò
1st person imperfect	attraevo	ponevo	conducevo
1st person past	attrassi	posi	condussi
past participle	attratto	posto	condotto
gerund	attraendo	ponendo	conducendo

Put the correct form of the verb in brackets

1 Molti giovani oggigiorno (porsi) dei problemi assurdi.
2 Il manager è un elemento sociale (produrre) dalle grandi imprese.
3 Molti aspiranti manager (attrarre) dal rischio e dall'avventura.
4 Lei, signora Togni, è (disporre) a fare tutto il possibile per raggiungere l'obiettivo?
5 Piero (condurre) una vita di lusso prima di fare bancarotta.
6 L'hanno selezionato perché (introdurre) nell'azienda una gestione razionale delle risorse umane.
7 La ditta ci (proporre) un nuovo accordo durante l'incontro di domani.
8 Quel prodotto difficilmente (imporsi) sul mercato.

si pongono, prodotto, sono attratti, disposta, conduceva, introduca, proporrà, si imporrà.

Replace the words in bold with a noun

1 Abbiamo notato **quanto siano cambiati i** gusti del pubblico **da quando abbiamo introdotto i** nostri prodotti sul mercato.
2 Gli osservatori economici sanno quanto sia importante **creare dei** prodotti destinati ad un mercato internazionale.
3 La pubblicità ha contribuito **a sviluppare** e **lanciare** prodotti su diversi mercati.
4 I giovani si rendono conto **di quanto sia importante** una vita agiata.
5 Ci sono messaggi pubblicitari che contribuiscono **ad aumentare la** popolarità di certi prodotti.

il cambiamento dei, dall'introduzione dei, la creazione di, allo sviluppo e al lancio di, dell'importanza di, all'aumento della.

Unit 23

Consumer tests
Test di mercato

In this unit you will learn words and expressions connected with consumer tests. You will also review the use of 'piacere' and related verbs. The unit begins with an example of a consumer test.

Un'azienda dolciaria di Edimburgo decise di saggiare le possibilità di ingresso nel mercato italiano con un rinomato biscotto scozzese, sconosciuto in Italia. Una parte dell'indagine incluse dei test con tipici consumatori italiani di biscotti. In Italia i biscotti non si mangiano abitualmente come in Gran Bretagna e non è tanto diffusa la consuetudine anglo-sassone di prendere il tè o il caffè con i biscotti a qualsiasi ora del giorno.

Sarebbero piaciuti agli italiani i biscotti scozzesi? Un test iniziale fu condotto fra gli allievi di una scuola elementare, ai quali venne offerto un assortimento di biscotti provenienti dalla Gran Bretagna. I biscotti della ditta scozzese piacquero molto ai bambini, che dissero che li avrebbero mangiati a colazione – pasto significativo per il consumo dei biscotti in Italia – e a merenda.

Un altro test fu condotto con un panel di dettaglianti. Questi concordarono che il prodotto sarebbe piaciuto agli italiani, ma dissero che la confezione non era adatta alla vendita in Italia. Molti biscotti britannici sono confezionati con un semplice involucro di cellophane: in Italia in genere le confezioni di biscotti sono d'altissima qualità con immagini di un passato sentimentale di cucina tradizionale e genuina e di biscotti fatti in casa. I dettaglianti sottolinearono inoltre che i biscotti in Italia vengono acquistati spesso come articolo da regalo; ritenevano che la società scozzese dovesse dedicare maggior attenzione alla creazione per il mercato italiano di una confezione nuova e più elaborata, che, una volta mangiati i biscotti, potesse essere utilizzata in casa, come coppa, biscottiera o vaso.

Analizzando i risultati di questi due test la società scozzese fu convinta dell'esistenza di uno spazio per i propri prodotti in Italia e del bisogno di creare una confezione studiata per i consumatori italiani che desse loro una chiara immagine dell'origine scozzese del prodotto.

An Edinburgh cake and biscuit company decided to test the possibilities of entering the Italian market with a well-known type of Scottish biscuit, not known in Italy. One part of the survey included tests with typical Italian biscuit consumers. In Italy biscuits aren't eaten as regularly as in Britain and the Anglo-Saxon habit of taking tea or coffee with biscuits at any time of the day is not as common.

Would Italians like Scottish biscuits? An initial sampling was conducted with pupils of a primary school, who were offered an assortment of British biscuits. The children liked the Scottish firm's biscuits very much and said they would eat them for breakfast – an important meal for biscuit consumption in Italy – and at break.

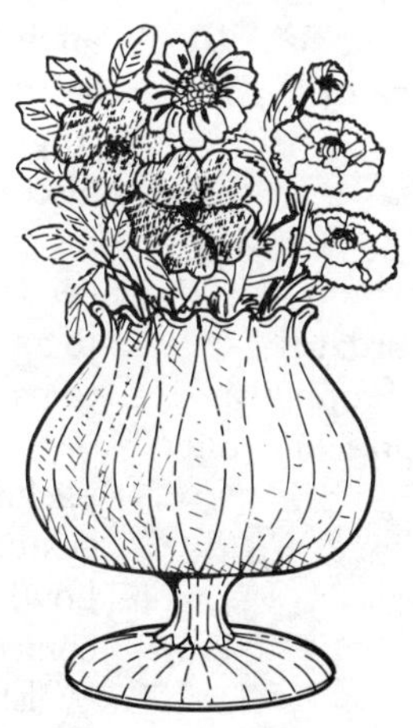

I cioccolatini sono finiti

Another test was conducted with a panel of retailers. These agreed that Italians would like the product, but they said that the packaging was not suitable for sale in Italy. Many British biscuits are packaged with a simple cellophane wrapping; in Italy biscuit packaging is generally of the highest quality with nostalgic images of traditional cooking with quality ingredients and homemade biscuits. The retailers emphasized, moreover, that biscuits in Italy are often bought as presents and felt the Scottish company should pay greater attention to creating for the Italian market a new and more elaborate packaging, which could be used in the home as a bowl, biscuit tin or vase after the biscuits have been eaten.

Analyzing the results of these two tests, the Scottish company was convinced a market existed in Italy for its products and there was need to create packaging targeted at Italian consumers which would give them a clear image of the Scottish origins of the product.

Vocabolario

abituale, consueto	habitual, regular
l'analisi	analysis
analizzare [analizzato]	to analyze
anglo-sassone	Anglo-Saxon
la biscottiera	biscuit tin
il biscottificio	biscuit factory
il bisogno	need
concordare [concordato]	to agree
confezionare [confezionato]	to package, to wrap
la confezione, la presentazione del prodotto	packaging
la consuetudine	custom, habit
la coppa	bowl
dolciario	confectionery
gallese	Welsh
genuino	genuine, natural
irlandese	Irish
la merenda	mid-morning, afternoon snack
la nicchia	niche
il passato	past
il pasto	meal

provenire [provenuto]	to come from
proveniente da	originating from
il regalo	present, gift
ritenere [ritenuto]	to be of the opinion
saggiare [saggiato]	to test, assay
scozzese	Scottish
sottolineare [sottolineato]	to emphasize, stress
lo spazio	space, gap
il test, la prova	test
Amburgo	Hamburg
Atene	Athens
Berlino	Berlin
Bruxelles	Brussels
Colonia	Cologne
Dublino	Dublin
Edimburgo	Edinburgh
Francoforte	Frankfurt
Lisbona	Lisbon
Londra	London
Lussemburgo	Luxemburg
Monaco di Baviera	Munich
Parigi	Paris
Stoccarda	Stuttgart

Answer the following questions

1 Che cosa decise l'azienda dolciaria di Edimburgo?
2 In che modo fu strutturata l'indagine?
3 Come si differenzia il consumo di biscotti in Gran Bretagna da quello in Italia?
4 Chi prese parte alla parte iniziale del test?
5 Che cosa caratterizza l'acquisto dei biscotti in Italia?
6 Quale fu il risultato del test?

1 Decise di saggiare le possibilità di ingresso nel mercato italiano con un biscotto scozzese, fino ad allora sconosciuto in Italia.
2 L'indagine incluse dei test con tipici consumatori italiani di biscotti e con un panel di dettaglianti.
3 In Gran Bretagna si prende il tè o il caffè con i biscotti a qualsiasi ora del giorno; in Italia i bambini mangiano i biscotti a colazione e a merenda.

4 Gli alunni di una scuola elementare.
5 I biscotti vengono spesso acquistati come articolo da regalo.
6 La società fu convinta dell'esistenza di uno spazio per i propri prodotti in Italia e del bisogno di creare una confezione studiata per i consumatori italiani.

Piacere and dispiacere

In using these verbs it is important to remember that their significance is 'to be pleasing to', 'not be pleasing to' etc.

Example: *Questi biscotti mi piacciono* – means 'I like these biscuits' (literally, These biscuits are pleasing to me)

Translate into Italian

1 Do you like traditional regional cooking? (use *Lei* form)
2 The students liked the film they saw at the cinema last week.
3 We do not enjoy trade fairs abroad.
4 They would have liked the wrapping, but the biscuits were not suitable for sale in Italy.
5 She was very sorry to go.
6 Although she liked the new car, she has decided not to buy it.

1 Le piace la cucina tradizionale regionale?
2 Agli studenti è piaciuto il film che hanno visto al cinema la settimana scorsa.
3 Le fiere commerciali all'estero non ci piacciono.
4 A loro sarebbe piaciuta la confezione, ma i biscotti non erano adatti alla vendita in Italia.
5 Le dispiaceva tanto partire.
6 Benché la nuova macchina le sia piaciuta, ha deciso di non comprarla.

Delete the wrong verb

1 Il proprietario è/sarebbe molto felice, se ricevessimo questo ordine.
2 Se avessimo avuto tempo, potevamo/avremmo accettato la sua proposta.
3 Se analizzavamo/analizzeremo bene i risultati, potremo avere successo.

4 Dopodomani potremo/avremo potuto consultare quel dettagliante.
5 Secondo i bambini intervistati i biscotti erano/saranno squisiti.
6 È ora che la nostra azienda comincia/cominci a studiare la situazione.
7 Se tutti fossero più impegnati, potranno/potrebbero imporsi.

The correct verbs are:

sarebbe, avremmo accettato, analizzeremo, potremo, erano, cominci, potrebbero.

Choose the correct alternative

1 Devo conoscere i risultati di quello studio con urgenza: me li mandi *subito/con calma.*
2 *Certamente/probabilmente* verrò all'incontro; ancora non ne sono sicuro.
3 Ho letto il rapporto con *difficoltà/facilità* perché è stato scritto molto chiaramente.
4 L'aereo partì in ritardo e arrivai al mio appuntamento tre ore *dopo/prima* del previsto.
5 Su quel barattolo di biscotti c'è la figura di una cucina del secolo scorso; è un'immagine un po' *moderna/tradizionale.*

subito, probabilmente, facilità, dopo, tradizionale.

Translate into Italian

Market research companies stress the importance of conducting tests to suit the product. The purpose of tests is to find out if the consumer likes or will like the product being offered by the seller. Market research can tell you if your product, i.e. the product itself or its packaging, as well as its distribution and promotion, are acceptable to sufficient consumers so that it will be a success and earn the company an adequate profit.

Sometimes companies try to enter new markets without this information. Not surprisingly, they often have little success and feel that it is not worthwhile exporting their products. With greater preparation, especially market research, they could know in advance whether their product would be bought by inhabitants of another country.

Le società di ricerca del mercato sottolineano l'importanza di condurre dei test specifici per il prodotto. Lo scopo dei test è quello di accertare se il prodotto offerto dal venditore piace o piacerà al consumatore. La ricerca di mercato può dirvi se il vostro prodotto, vale a dire il prodotto stesso o la confezione e la distribuzione e promozione di questo, trovano l'approvazione di un numero sufficiente di consumatori, così che il prodotto abbia successo e generi un profitto adeguato per l'azienda.

Talvolta le aziende tentano di penetrare nuovi mercati senza queste informazioni. Non sorprende il fatto che spesso non hanno successo e ritengono che non valga la pena esportare i loro prodotti. Con una maggiore preparazione, specialmente con la ricerca di mercato, le aziende potrebbero sapere in anticipo se il loro prodotto verrà acquistato dagli abitanti di un altro paese.

Unit 24

Questionnaires
Questionari

In this unit you will learn words and expressions used in questionnaires. You will also review the forms and uses of the gerund, particularly in the continuous forms of the present and imperfect tenses. The unit begins with an example of a market research questionnaire.

1 All'incirca, quanti floppy disk $5^{1}/_{4}$", dischetti $3^{1}/_{2}$", drive $5^{1}/_{4}$" e drive $3^{1}/_{2}$" avete venduto nel periodo 1988–1991 e quanti contate di vendere nel 1992?

		1988	1989	1990	1991	1992
Floppy disk	$5^{1}/_{4}$"					
Dischetti	$3^{1}/_{2}$"					
Drive	$5^{1}/_{4}$"					
Drive	$3^{1}/_{2}$"					

2 Di che marca erano i floppy, dischetti e drive che avete venduto nel 1992?

floppy
dischetti
drive

3 Conoscete altre marche dei seguenti?

floppy
dischetti
drive

4 Ritenete che l'immagine del prodotto sia: [barrate con 'x' la casella corrispondente alla vostra scelta]

☐	☐	☐	☐
molto importante	abbastanza importante	non molto importante	non importante

5 Perché?

6 Quali sono i vostri criteri di scelta fra le diverse marche di floppy, dischetti e drive?

7 Nella vostra azienda chi decide gli acquisti di floppy, dischetti e drive?

8 Siete aggiornati su nuovi prodotti informatici immessi sul mercato?

☐ Sì ☐ No

9 Quali sono i più recenti?

10 Siete a conoscenza di campagne pubblicitarie e promozionali legate a marche di floppy, dischetti e drive?

☐ Sì ☐ No

Indicate le marche

11 Dei vari tipi di floppy, dischetti e drive che percentuale acquistate direttamente dai produttori e che percentuale acquistate attraverso i rivenditori?

Dai produttori Dai rivenditori

12 Indicate i nomi dei vostri fornitori

GRAZIE PER LA VOSTRA COLLABORAZIONE

1 About how may $5^{1}/_{4}$" floppy disks, $3^{1}/_{2}$" disks, $5^{1}/_{4}$" drives and $3^{1}/_{4}$" drives have you sold in the period 1982–1991, and how many do you expect to sell in 1991?

	1998	1989	1990	1991	1992
$5^{1}/_{4}$" floppy disks					
$3^{1}/_{2}$" disks					
$5^{1}/_{4}$" drives					
$3^{1}/_{2}$" drives					

2 What brand were the floppies, disks, and drives you sold in 1990?

floppy disks
disks
drives

3 Do you know other brands of?

floppies
disks
drives

4 Do you consider the image of the product: [mark with an 'X' the box which corresponds to your choice.]

☐	☐	☐	☐
very important	quite important	not very important	not important

5 Why?

6 What are your criteria for choosing different makes of floppies, disks and drives?

7 Who in your company decides the purchase of floppies, disks and drives?

8 Are you aware of new products launched on the IT market?
☐ Yes ☐ No

9 Which are the most recent?

10 Are you aware of any advertising or other promotional activity tied to brands of floppies, disks and drives?
☐ Yes ☐ No
Indicate the brands

11 What is the percentage of the various kinds of floppies, disks and drives which you buy directly from the manufacturers and what percentage do you buy through wholesalers?
From manufacturers From wholesalers

12 Who are your suppliers?

THANK YOU FOR YOU HELP

Answer the question

Quali sono le informazioni più importanti che il questionario cerca d'individuare?

Le quantità vendute fra il 1988 e il 1991; le previsioni delle vendite per il 1992; le marche vendute nel 1991, i nomi di altri produttori; l'importanza dell'immagine del prodotto; i criteri di scelta; chi decide gli acquisti; conoscenza di nuovi prodotti; attività pubblicitarie e promozionali; la percentuale dei prodotti ottenuti direttamente dai produttori e attraverso i rivenditori; i nomi dei fornitori.

Vocabolario

barrare con 'X' l'apposita casella ☐	tick the appropriate box ☐
compilare un questionario [compilato]	to fill in a questionnaire
la domanda, il quesito	question
domandare, chiedere	to ask

formulare le domande	to express, think up the questions
indagare	to inquire, examine, survey
l'indagine	survey
l'indagine di mercato	market survey
l'indagine d'opinione	opinion poll
l'indagine postale	postal survey
il questionario	questionnaire
la rilevazione	survey
la risposta	answer

The gerund

The gerund is formed by adding *–ando* or *-endo* to the stem of verbs, e.g. *comprando, vendendo, fornendo*. It can be used in the sense of 'by/on doing something', e.g. *Andando alla fiera incontrò alcuni clienti esteri.*

It is also commonly used with *stare* to form a continuous form of the present and imperfect tenses, e.g.
Sto finendo di compilare il questionario.
Stava firmando il contratto.

Put the infinitive in brackets into either the gerund or the continuous present form

1 Un imprenditore veneto (curare) l'arredamento per abbellire le stanze del palazzo di uno sceicco.
2 Ho accettato (fare) di necessità virtù.
3 Allo stabilimento si (lavorare) sodo per finire il progetto.
4 In Parlamento (seguire) il suo iter il disegno di legge sull'emergenza casa.
5 Nella seconda metà dell'anno si (registrare) un indebolimento dei margini operativi, che riflette il rallentamento della domanda dei prodotti chimici.
6 Un imprenditore milanese ha perso tutto il suo patrimonio per aver firmato in bianco una fidejussione (warranty) bancaria (rendersi) garante di un amico.

sta curando, facendo, sta lavorando, sta seguendo, si sta registrando, rendendosi.

Replace the words in italic with the gerund

1 *Mentre andava* al lavoro, incontrò gli impiegati dell'altra ditta.
2 *Nel riconoscere* la sua ambizione, puoi aiutarlo.
3 *Mentre tornavamo* a casa, abbiamo parlato con il ragionier Fanti.
4 *Nel costruire* quell'impresa da zero, ha dimostrato il suo ingegno.
5 *Mentre lavoriamo* in questa fabbrica, riusciamo a guadagnare bene.

andando, riconoscendo, tornando, costruendo, lavorando.

Exercise

Dr Giusti, a 42-year-old business studies graduate from Rome, is married with two boys under 10. The family lives in the hillside town of Albano outside the capital, in a modern apartment with colour TV, hi-fi and IBM PC.

Dr Giusti is head of the finance department of the Italian subsidiary of an American multinational. Because of his job he is a regular reader of business magazines. One day he saw on television an advertisement for a revolutionary new personal trouser press. It struck him this would help improve his personal appearance. Both he and his wife liked the look of the press and its smart design. They bought the press in a big departmental store.

His job is demanding and requires him to read the international press daily. He catches the television news most days. He has little time for cultural activities, but now and then he watches a film on TV or goes to the cinema or theatre. He only reads books on holiday.

Like many Italians he is keen to make a good impression and regularly visits up-market department stores to buy clothes which he pays for by credit card. His car is a 2.7 litre Alfa Romeo, while his wife drives a Fiat Uno.

How would Dr Giusti fill in the following questionnaire?

Questionario Stiracalzoni, Gess

Questo questionario contiene domande specifiche relative al prodotto da lei acquistato e domande generali sulle sue attività professionali e personali.

BARRARE UNA O PIÙ RISPOSTE PER OGNI DOMANDA

1 Come ha conosciuto questo prodotto?
- ☐ a. Attraverso la pubblicità alla televisione
- ☐ b. Attraverso la pubblicità alla radio
- ☐ c. Attraverso la pubblicità sulla stampa

2 Ha deciso di acquistare questo prodotto?
- ☐ a. Da solo
- ☐ b. Consultando il coniuge
- ☐ c. In altro modo

3 Per quali motivi la sua scelta si è orientata verso questo prodotto?
- ☐ a. Per il nome di marca
- ☐ b. Per il prezzo
- ☐ c. Per il design

4 Considera il prodotto idoneo alle sue esigenze?
- ☐ a. Certamente
- ☐ b. Non molto
- ☐ c. No

5 Prima di acquistare questo prodotto ha preso in considerazione prodotti simili di altre case?
- ☐ a. Sì
- ☐ b. No

6 Dove ha acquistato questo prodotto?
- ☐ a. Presso un rivenditore autorizzato
- ☐ b. Grandi magazzini
- ☐ c. Catalogo
- ☐ d. Altro

7 Come ha pagato?

☐ a. In contanti
☐ b. Con assegno
☐ c. Con carta di credito

8 Possiede e utilizza un computer?

☐ a. Sì
☐ b. No

9 Quali sono le sue abitudini culturali?

	ogni giorno	2-3 volte settimana	raramente
☐ a. Legge un quotidiano	☐	☐	☐
☐ b. Segue il telegiornale	☐	☐	☐
☐ c. Va al cinema	☐	☐	☐
☐ d. Frequenta il teatro	☐	☐	☐

	ogni settimana	ogni mese	raramente
☐ e. Legge un libro	☐	☐	☐
☐ f. Legge settimanali	☐	☐	☐

10 Per il suo abbigliamento si reca presso?

☐ a. Grandi magazzini di lusso
☐ b. Boutiques
☐ c. Negozi specializzati

11 Titolo di studio

☐ a. Laurea
☐ b. Media superiore
☐ c. Media inferiore
☐ d. Licenza elementare

12 Sesso

☐ a. M
☐ b. F

13 Età

___

14 Condizione professionale
- ☐ a. Dirigente
- ☐ b. Casalinga
- ☐ c. Studente
- ☐ d. Operaio
- ☐ e. Disoccupato
- ☐ f. Professionista
- ☐ g. Insegnante

15 Residenza?
Comune di__________

16 Nucleo familiare
bambini__________
adulti__________

17 Possesso di beni durevoli
- ☐ a. lavatrice
- ☐ b. lavastoviglie
- ☐ c. lettore compact disc
- ☐ d. personal computer
- ☐ e. forno a microonde
- ☐ f. televisore a colori
- ☐ g. autovettura grande cilindrata
- ☐ h. autovettura piccola cilindrata

1a, 2b, 3c, 4a, 5b, 6b, 7c, 8a, 9a ogni giorno, 9b 2-3 volte alla settimana, 9c & 9d raramente, 9e raramente, 9f ogni settimana, 10a, 11a, 12M, 13 42, 14a, 15 Albano, 16 2 bambini 2 adulti, 17 dfgh.

Unit 25

Product launch
Lancio di un prodotto

In this unit you will learn words and expressions connected with product launches. You will also review the past subjunctive. The unit begins with a description and discussion of product launches.

Il lancio di un prodotto è il culmine della fase di ricerca e sviluppo, durata mesi o addirittura anni, e di investimenti rischiosi senza alcuna garanzia di successo.

Nel caso di un nuovo modello di automobile il lancio sul mercato è preceduto da anni di attività condotte in segreto in laboratorio, negli studi di progettazione, negli uffici marketing. Il prototipo viene anche sottoposto a svariati test da specialisti e da collaudatori e, poco prima del lancio, da giornalisti.

Il lancio stesso è sostenuto da una robusta attività promozionale attraverso vari mezzi di comunicazione di massa, televisione, stampa e negli autosaloni, allo scopo di attirare l'attenzione dei consumatori. Le modalità del lancio dipendono interamente dal prodotto. Per esempio, quando la Sharp lanciò la prima macchina telefax a colori sul mercato, lo fece tramite una presentazione del prodotto durante la quale una fotografia a colori della macchina venne trasmessa da una città giapponese ad un'altra. Questo esperimento ebbe luogo ben sei mesi prima dell'immissione del fax sul mercato giapponese. Nel mercato automobilistico, il prodotto, una volta presentato al pubblico, deve essere in commercio pressocché immediatamente, diversamente la scelta del consumatore ricade su prodotti concorrenziali.

Il lancio è parte integrale del ciclo di vita di un prodotto e, se, dopo un certo periodo di tempo, le vendite di questo registrano un calo, un eventuale rilancio potrebbe restituire il vigore necessario alle vendite. Oggigiorno i cicli di vita dei prodotti sono sempre più brevi ed in alcuni casi una strategia di rilancio consente il recupero degli investimenti iniziali. Come nel caso della Barilla che, quale leader nel campo alimentare italiano, ha recentemente deciso di rilanciare la fornitura del pane fresco, attività che aveva abbandonato nel 1951 per concentrare le proprie risorse sul mercato della pasta. La fornitura del pane è stata resa possibile perché l'azienda, produttrice di pancarrè, disponeva già delle strutture, della tecnologia e delle materie prime necessarie.

The launch of a product is the culmination of the research and development stage, lasting months or even years, and of risky investments without any guarantee of success.

In the case of a new car model the market launch is preceded by years of activity conducted in secret in the laboratory, in design studios, in marketing offices. The prototype is also subjected to various tests by specialists and testers and, shortly before the launch, journalists.

The launch itself is supported by an energetic promotional campaign in the various mass media (television, press) and in the car showrooms with the aim of attracting consumers' attention. The form on the launch depends entirely on the product. For example, when Sharp launched the first colour fax machine on to the market, it did so by means of a product presentation during which a colour photograph of the machine was transmitted from one Japanese city to another. This experiment took place a good six months before the release of the product on to the Japanese market. In the car market the product, once presented to the public, must be on sale almost immediately, otherwise consumers will choose the competition's products.

The launch is an intergral part of a product's life cycle, and, if after a period of time, its sales register a decline, a relaunch could in due course encourage increased sales. Nowadays product life cycles are becoming shorter and shorter and in some cases a relaunch strategy allows initial investments to be recouped. As in the case of Barilla which, as a leading company in the Italian food sector, recently decided to relaunch the supply of fresh bread, an activity which it had abandoned in 1951 in order to concentrate its resources on the pasta market. The manufacture of bread has been made possible because the company, a producer of sliced white bread, already had the necessary structures, technology and raw materials available.

Vocabolario

alimentare	food (adjective)
attirare [attirato]	to attract, draw
l'autosalone	car showroom
il calo	decline
il ciclo di vita del prodotto	product life cycle
collaudare [collaudato]	to test
il collaudatore	tester
il collaudo	test, approval
il culmine	culmination
il declino	decline
essere in commercio	to be on sale
fuori commercio	not on sale
immettere merci sul mercato [immesso]	to put goods on the market
l'immissione	release, introduction
lanciare [lanciato]	to launch
il lancio	launch
la materia prima	raw material
il pancarrè	sliced white bread
il prototipo	prototype
ricerca e sviluppo (R&S)	research and development (R&D)
rilanciare [rilanciato]	to relaunch
il rilancio, la rivitalizzazione	relaunch, boost
il rischio	risk
rischioso	risky
riscuotere successo [riscosso]	to be successful
sottoporre a test, testare	to test
la stampa	press
lo studio di progettazione	design office

Answer the questions

1 Da quale fase è preceduto il lancio di un prodotto?
2 Da chi viene esaminato il prototipo di un'automobile?
3 Qual'è lo scopo dell'attività promozionale?
4 Come fu lanciato il telefax della Sharp?
5 Perché un nuovo modello di automobile deve essere in commercio subito dopo il lancio?

6 Perché viene effettuato il rilancio di un prodotto?
7 Che cosa ha consentito alla Barilla il rilancio della fornitura del pane fresco?

1 Dalla fase di ricerca e sviluppo.
2 Da specialisti e da collaudatori.
3 Quello di attirare l'attenzione dei consumatori.
4 Tramite la presentazione del prodotto durante la quale una fotografia a colori della macchina telefax venne trasmessa da una città giapponese ad un'altra.
5 Per evitare che la scelta del consumatore si sposti su prodotti concorrenziali.
6 Per rinvigorire le vendite e per recuperare gli investimenti iniziali.
7 Le strutture, la tecnologia e la materia prima di cui la società disponeva già.

PRODUCT LAUNCHES

Product launches are generally linked to national and international exhibitions and mass media (see Units 32 and 33). Even in the case of international products care has to be taken to adapt them to local tastes (e.g. Fiat's renaming of its *Ritmo* to *Strada* for the UK market or Italian consumers' preference for high quality presentation packaging for biscuits). As anywhere else, product launches have to be based on adequate market research and product development.

The National Research Council – *Consiglio Nazionale delle Ricerche* (CNR) – was established in 1923 to co-ordinate basic research conducted in universities and other public institutions and R&D in commercial organizations with the aim of disseminating knowledge. The Council is involved in the activities of commercial R&D organizations and, through regional R&D bodies, supports the R&D activities of small and medium enterprises.

Insert the correct words

settore, segmento, fosse, consumarsi, spazio, gusti, distribuzione, lanciato, scelta, novità, yogurt, ottimistiche, diventata, tolto.

Il ... del gelato si è guadagnato uno ... significativo nella moderna ... e le prospettive per il futuro sono ... . L'azienda leader del ... ha ... recentemente una ... che in meno di un anno è ... un notevole successo. Si tratta di *Vincenzino*, un prodotto gelato da ... come merendina, poiché è possibile mangiarlo appena ... dal congelatore quasi ... un normale budino o uno ... . La gamma comprende una vasta ... di 20 ... , tra i quali vaniglia, caffè, tartufo, limone e cocco.

segmento, spazio, distribuzione, ottimistiche, settore, lanciato, novità, diventata, consumarsi, tolto, fosse, yogurt, scelta, gusti.

Past subjunctive

When using past tenses of the verb, it is important to remember that the past form of the subjunctive must also be used.

Example: *Il titolare voleva che aprissimo una nuova filiale a Palermo.*
Benché il macchinario fosse adatto alle nostre esigenze, era troppo costoso.

Translate into Italian

1 The marketing director wanted them to launch the new product as soon as possible on the Italian market.
2 She did not think that there was a drop in sales.
3 Although he had experience, the company did not take him on.
4 It seemed that competitive products were increasing and gaining higher market shares.
5 We did not believe that large companies were pushed along by the competition.
6 I wondered if the production department could reduce labour costs.

1 Il direttore del marketing voleva che lanciassero il nuovo prodotto il più presto possibile sul mercato italiano.
2 Non pensava che ci fosse un calo delle vendite.
3 Benché avesse esperienza, l'azienda non l'assunse.
4 Sembrava che i prodotti concorrenziali aumentassero e guadagnassero quote di mercato più alte.
5 Non credevamo che le grandi imprese fossero spinte dalla concorrenza.

6 Mi chiedevo se il reparto produzione potesse ridurre il costo del lavoro.

Correct the text in which the final vowels have been replaced by an 'x'

Presentx sul mercatx con successx ormax dx moltx annx x prodottx dell'affermatx aziendx Pastor dx Cagliarx sonx sinonimx dx qualitx. X unx qualitx chx poggix sx fattx concretx: lx naturalitx dex contenutx, l'assenzx dx colorantx x conservantx, lx tecnologix d'avanguardix x lx commercializzazionx attuatx dax supermercatx. Lx confezionx sonx coloratissimx x dx grandx impattx x sono disponibilx in lattinx dx 300 ml, brick dx 200 ml, bottiglix dx 750 ml x bottigliettx dx 125 ml.

Presenti sul mercato con successo ormai da molti anni i prodotti dell'affermata azienda Pastor di Cagliari sono sinonimi di qualità. È una qualità che poggia su fatti concreti: la naturalità dei contenuti, l'assenza di coloranti e conservanti, la tecnologia d'avanguardia e la commercializzazione attuata dai supermercati. Le confezioni sono coloratissime e di grande impatto e sono disponibili in lattina da 300 ml, brick da 200 ml bottiglia da 750 ml e bottiglietta da 125 ml.

Unit 26

Sales presentations
Presentazione delle vendite

In this unit you will learn words and expressions related to sales presentations. You will also review the use of *andare* as an auxiliary verb. The unit begins with an example of a sales presentation.

Paul Tutton, direttore commerciale della Chiltern Business School, si trova a Milano per presentare il corso di master in *European Marketing Management* al direttore del personale di un'azienda multinazionale.

— Sono molto lieto di sottoporle il nostro corso di specializzazione post-universitaria in *European Marketing Management*. La Chiltern Business School è uno dei maggiori istituti di formazione manageriale in Gran Bretagna e organizza da diversi anni corsi di studio per dare a dirigenti, professionisti e uomini d'affari laureati una maggiore specializzazione e professionalità nei campi del marketing, dell'economia, della finanza e del commercio.

Questo corso part-time biennale ha riscosso un grande successo e siamo convinti che risponda in pieno alle esigenze di molti quadri operanti nei settori del marketing e delle vendite a livello europeo e internazionale. Offre inoltre numerosi benefici alle aziende, fra i quali:

1 quadri più qualificati nella conoscenza teorica e pratica del marketing nel mercato comunitario;

2 quadri linguisticamente più abili, dato che le lezioni, i seminari e i gruppi di studio del corso sono condotti interamente in inglese;

3 quadri più consapevoli della diversità dei costumi, dei gusti, delle abitudini dei consumatori europei e delle diverse pratiche commerciali impiegate nei vari paesi comunitari. Al corso partecipano per lo più laureati impiegati nei vari paesi del MEC, ma è anche presente una minoranza di studenti provenienti da paesi extra-comunitari.

Il corso comprende una settimana intensiva a settembre, all'inizio dell'anno accademico e un fine settimana ogni tre mesi trascorsi nel campus vicino a Londra. Questo tipo di studio '*a distanza*' minimizza il tempo trascorso dall'uomo d'affari al di fuori dell'azienda e permette l'integrazione dello studio con il lavoro svolto in azienda.

Paul Tutton, sales director of the Chiltern Business School, is in Milan to make a presentation on the Master's course in European Marketing Management to the personnel director of a multinational company.

'I am very pleased to present to you our postgraduate course in European Marketing Management. The Chiltern Business School is one of the leading institutes for management development in Great Britain and for a number of years has been organizing courses aimed at giving graduate managers, professional specialists and businessmen a greater degree of specialization and professionalism in the fields of marketing, economics, finance and sales.

This part-time two-year course has met with great success and we are convinced that it fulfils totally the needs of many managers operating in the marketing and sales sectors at a European and international level. Moreover, it offers many benefits to companies, including:

1 staff with a better theoretical and practical knowledge of marketing in the EC;

2 staff who are more competent linguistically, given that lectures, seminars and study groups on the course are conducted entirely in English;

3 staff who are more aware of the diversity of customs, tastes and habits of European consumers and of the various sales practices used in the various Community countries. The majority of course participants are graduates employed in the various EC countries, but there is also a minority of students from non-EC countries.

The course includes an intensive week in September at the beginning of the academic year and a weekend every three months on our campus close to London. This 'distance' learning minimizes the time spent outside the company and permits the integration of study with work carried out within the company.

Vocabolario

il beneficio	benefit
consapevole	aware, conscious
la diapositiva	slide
la maggioranza, la maggior parte	majority
il materiale pubblicitario	sales literature

la minoranza	minority
gli opuscoli, i dépliants illustrativi	brochures
la pratica	practice, usage
presentare [presentato]	to present
la presentazione	presentation
la professionalità	professionalism
il proiettore	projector
proveniente	originating
riscuotere [riscosso]	to win, earn
sottoporre [sottoposto]	to present, submit, subject
trascorrerre [trascorso]	to spend (time)

Answer the questions

1 Che organizzazione rappresenta Paul Tutton?
2 Perché Paul Tutton si trova a Milano?
3 Che tipo di istituto è la Chiltern Business School?
4 Come è strutturato il corso di master in *European Marketing Management* e quando è richiesta la presenza degli studenti nel campus?
5 Quali benefici offre il corso alle aziende?
6 Da dove provengono in genere gli studenti che seguono questo corso?

1 Rappresenta la Chiltern Business School.
2 Per presentare il corso di master in European Marketing Management al direttore del personale di un'azienda multinazionale.
3 È una scuola aziendale.
4 È un corso biennale, part-time, e gli studenti devono frequentare il corso per una settimana all'inizio dell'anno accademico e per un fine settimana ogni tre mesi.
5 Oltre a preparare e dare una maggiore qualifica ai manager, il corso minimizza il tempo trascorso da questi al di fuori dell'azienda e permette l'integrazione dello studio con il lavoro svolto in azienda.
6 La maggior parte proviene dai paesi del MEC; gli altri vengono da paesi extra-comunitari.

Choose the right answer

1 Paul Tutton presenta la Chiltern Business School al:
  a direttore commerciale della Chiltern Business School
  b direttore del personale di un'azienda inglese a Milano
  c direttore del personale di una multinazionale a Milano.

2 Il corso di master in European Marketing Management dura:
  a una settimana all'inizio dell'anno accademico
  b due anni
  c due anni e una settimana all'inizio dell'anno accademico

3 La Chiltern Business School organizza corsi per:
  a uomini d'affari laureati solo in marketing e finanza
  b dirigenti, professionisti e uomini d'affari laureati
  c solo laureati provenienti dai paesi del MEC

4 Che cosa comporta questo tipo di studio 'a distanza'?
  a il corso permette l'integrazione dello studio con il lavoro in azienda
  b il corso si svolge completamente in azienda
  c il corso si svolge completamente fuori dall'azienda

1c, 2b, 3b, 4a

PRESENTATIONS

Italians pay great attention to how things are presented and how they present themselves. *Fare bella figura* (to make a good appearance, look good) is an important feature of life in Italy and is apparent in the way Italians dress and behave. Italians thus attach considerable significance to the way in which things are presented, i.e. to the form of presentation. By British yardsticks Italians seem to overstate their case, when it comes to the content of presentations. It is therefore necessary to ensure that presentations by British operators in Italy do not come across in an understated manner, underselling the product being offered. Clearly, achieving the right balance is an important skill to be acquired by British business practitioners in Italy.

Andare as auxiliary verb

Andare can be used as an auxiliary verb with the past participle and with the gerund. With the past participle it has the meaning of *dovere essere*

Example: *I modelli esteri non vanno accettati passivamente.*
With the gerund it has the meaning of *stare.*

Example: *È sul piano della R&S e del marketing che si vanno delineando le diverse prospettive aziendali.*

Put the infinitive in brackets into the correct form of *andare* in the present plus the past participle

1 Le importazioni (considerare) come segno di buona salute dell'economia.
2 (Precisare) che le macchine moderne sono superiori a quelle tradizionali.
3 Un piano di promozione (studiare) per ogni punto di vendita.
4 Il merito di questo successo (imputare) più alla diversificazione che allo sviluppo interno.
5 Questi problemi (risolvere) a livello dirigenziale, non sindacale.
6 Questo (fare) subito, senza altri rinvii!

vanno considerate, Va precisato, va studiato, va imputato, vanno risolti, va fatto.

Insert these pairs of words

l'eco/ecco, casa/cassa, meta/metta, sano/sanno, caro/carro.

1 ... gli opuscoli sulla nostra organizzazione. In fabbrica si sente ancora ... della controversia sindacale.
2 Non sono d'accordo che questo impianto sia ... . Quel ... ferroviario è adibito al trasporto della nostra merce.
3 Sì, ... pure a confronto i due tipi di corso! Ci siamo prefissi una ... realistica.
4 La ... torinese produce mobili. Quella ... contiene i nostri campioni per l'ufficio tecnico.
5 Tutti ... che i nostri prodotti sono i più venduti nel mondo e che grazie ai loro ingredienti ecologici contribuiscono a creare un ambiente più ...

ecco/l'eco, caro/carro, metta/meta, casa/cassa, sanno/sano

... and these

acquistò/acquisto, metà/meta, partì/parti, crollò/crollo, leggerà/leggera

1 La ... degli studenti viene dai paesi del MEC; la loro ... è quella di completare il corso entro la fine dell'anno.
2 L'azienda ... tre nuovi impianti due anni fa; il successo fu completato dall' ... di nuovi macchinari.
3 Dopodomani il presidente ... il suo rapporto e apporterà qualche ... modifica.
4 L'azienda consociata ... nel 1979 e l'azienda madre non si è ancora ripresa da quel ... .
5 Il signor Giani ... il 7 luglio da Vicenza per consegnare le ... allo stabilimento di Catania.

metà/meta, acquistò/acquisto, leggerà/leggera, crollò/crollo, partì/parti.

Unit 27

Sales negotiations
Trattative di vendita

In this unit you will learn words and expressions used in sales negotiations. You will also review antonyms and pronouns, in particular compound pronouns. The unit begins with an example of a sales negotiation.

C = compratore
V = venditore

C: Il nostro reparto tecnico ha esaminato i campioni dei componenti elettronici che la sua azienda ci ha inviato e ha constatato che corrispondono agli standard di qualità adottati dalla nostra società. Vorremmo includere la sua ditta fra i nostri fornitori e ci auguriamo di raggiungere un accordo sul prezzo, sullo sconto che siete disposti a concederci, sulle condizioni di pagamento e sulla consegna.

V: Sono più che certo che potremo instaurare un rapporto di cooperazione di mutuo vantaggio per le nostre società. Per quanto riguarda il prezzo di listino lo sconto dipende chiaramente dal numero di pezzi ordinati e dalla durata dell'accordo. Se il contratto di fornitura fosse a lungo termine, la vostra ordinazione verrebbe incorporata nel nostro sistema di produzione e lo sconto per voi sarebbe maggiore.

C: Quale sarebbe il vostro sconto se il contratto, ad esempio, fosse per due anni e per la consegna di 10 mila componenti al mese?

V: In quel caso lo sconto sarebbe dell'8%.

C: Mi dispiace ma l'8% non basta. Un altro fornitore sarebbe disposto a darci il 10%!

V: Per uno sconto del 10% il contratto di fornitura dovrebbe essere almeno per tre anni e il pagamento dovrebbe essere effettuato entro trenta giorni dalla consegna di ciascuna partita di merce.

C: E la consegna quando verrebbe effettuata?

V: La consegna verrebbe effettuata ogni mese nel giorno stabilito da voi; in quel modo potreste anche ovviare eventuali problemi e costi di magazzinaggio.

C: Va bene. Nei prossimi giorni parlerò anche con altri fornitori potenziali e le farò poi sapere la decisione della nostra azienda dopo che avrò consultato i miei superiori.

P = Purchaser
V = Vendor

P: Our technical department has examined the samples of the electronic components your company sent us and has confirmed that they correspond to our company's quality standards. We would like to include your firm among our suppliers and we look forward to reaching agreement on price, the discount you are prepared to give us, conditions of payment and delivery.

V: I am more than certain that we will be able to establish a co-operative relationship of mutual benefit to both our companies. As far as the list price is concerned, the discount clearly depends on the number of items ordered and on the duration of the agreement. If the supply contract were long term, your order would be incorporated into our production system and your discount would be higher.

P: What would your discount be if the contract, for example, were the delivery of 10,000 components a month over two years.

V: In that case the discount would be 8%.

P: I am sorry but 8% isn't enough. Another supplier is prepared to give us 10%!

V: For a 10% discount the supply contract would have to be for at least three years and payment would have to be made within 30 days of delivery of each consignment of goods.

C: And when would delivery be?

V: Delivery would be each month on the day you want; in that way you could also avoid possible storage problems and costs.

C: O.K. In the next few days I'll talk with other potential suppliers and I'll let you know our company's decision after I've consulted my superiors.

Vocabolario

il componente	component
la compravendita	buying and selling operation, sale of goods

le condizioni speciali	special conditions
constatare [constatato]	to ascertain, establish
convincente	convincing, persuasive
convincere [convinto]	to convince
la durata	duration, term
influente	influential
influire su, influenzare [influito, influenzato]	to influence
instaurare [instaurato]	to establish, set up
il magazzinaggio	storage
mercanteggiare [mercanteggiato]	to haggle
l'offerta speciale	special offer
ovviare [ovviato]	to avoid
la partita	lot, batch (of goods), consignment
persuadere [persuaso]	to persuade
persuasivo	persuasive
prendere accordi [preso]	to negotiate
raggiungere un accordo [raggiunto]	to reach agreement
rinviare [rinviato]	to postpone
trattare, negoziare [trattato, negoziato]	to negotiate
la trattativa	negotiation, deal(ing)

Answer the questions

1 Di che cosa discutono il compratore e il venditore?
2 Che cosa ha fatto il reparto tecnico?
3 Da che cosa dipende lo sconto?
4 Qual'è la differenza per quanto riguarda lo sconto, se il contratto è per due, invece di tre anni?
5 Quali sono le condizioni di pagamento?
6 Come vengono ovviati eventuali problemi di magazzinaggio?
7 Il compratore e il venditore raggiungono un accordo di compravendita?

1 Discutono sulla fornitura di componenti elettronici.
2 Ha constatato che i componenti corrispondono agli standard di

qualità adottati dalla società.

3 Dipende dal numero di pezzi ordinati e dalla durata dell'accordo.
4 La differenza è del 2%, 10% invece di 8%.
5 Il pagamento dovrebbe essere effettuato entro 30 giorni dalla consegna di ciascuna partita di merce.
6 La consegna viene effettuata ogni mese nel giorno stabilito dall'azienda del compratore.
7 No. Il compratore parlerà anche con altri fornitori potenziali e consulterà poi i suoi superiori.

Interpret for your boss (B) at the Milan Fair

B: Have you any literature on this machine?
V: Ecco dei dépliants. Posso mostrarle come funziona?
B: I would be most grateful.
V: La prima macchina taglia i pannelli di plastica a seconda della forma programmata qui, nel computer. Li passa poi alla seconda macchina che fà i buchi per le viti.
B: How many pieces can it cut an hour?
V: Fra 20 e 60, a seconda delle dimensioni dei pezzi.
B: How much do both machines cost?
V: Sui 100 milioni.
B: Much too dear for me. The machines on the Japanese stand are cheaper.
V: Noi offriamo macchine personalizzate e un servizio speciale post-vendita per due anni.
B: That's still too dear. My current machines are still working O.K. Admittedly they are not as sophisticated as yours.
V: Di che marca sono?
B: MACITAL – we bought them 5 years ago. We would like to change them to improve our productivity.

B: Ha del materiale illustrativo su questa macchina?
V: Here are some leaflets. Can I show how it works?
B: Gliene sarei molto grato.
V: The first machine cuts plastic panels according to the shape programmed here, in the computer. It then passes them to the second machine which makes the holes for the screws.
B: Quanti pezzi taglia all'ora?
V: Between 20 and 60, depending on their size.

B: Quanto costano le due macchine?
V: About 100 million.
B: Il prezzo è troppo caro per me. Le macchine sullo stand giapponese costano meno.
V: We offer tailor-made machines and a special after-sales service for two years.
B: È sempre troppo caro. Le mie macchine attuali funzionano sempre bene. Sì, non sono sofisticate come le vostre.
V: What make are they?
B: MACITAL – le abbiamo comprate 5 anni fa. Vorremmo cambiarle per migliorare la nostra produttività.

NEGOTIATIONS AND THEIR CULTURAL CONTEXT

It is of vital importance to understand and appreciate the cultural context within which negotiations take place. This varies from country to country, and there are significant differences between Italy and Britain. For example, it is customary practice to haggle over prices of certain items in Italian markets and some shops.

Another characteristic of Italian life relates to the notions of *parentela* (family relationship) and *clientela* (client relationship). The former, still prevalent particularly in the Mezzogiorno, refers to the influence of family ties and relationships over more overtly societal affiliations. The individual sees himself or herself primarily as a member of the family and shows scant regard for other organizations such as the state. Organizations such as the Mafia can be regarded as 'families' in a broad sense, and widespread anti-social activities such as tax evasion are symptomatic of a mentality which places self-interest and family interest before the interests of society as a whole.

Family run businesses are to be found throughout Italy and are considered a vital factor in the economy's dynamism. In family businesses decisions are normally taken by the whole family, which can prolong the period of negotiation needed to achieve sales or contracts.

There have recently been concerted initiatives to clamp down on tax evasion and on the activities of the Mafia (by means of anti-Mafia legislation including a block on the award of public contracts to organizations known to be linked to criminal groups). However, 'individualistic' traditions continue to persist and personal contacts are still important in obtaining jobs and other favours. Recommendation *(la raccomandazione)* is still widely practised as is *la bustarella* (bribe, literally little envelope). Client relationships tend to be a consequence of the political system, in which political power is closely allied to economic power. In spite of legislation to open up public services to all, irrespective of party allegiance, it is true to say that jobs and contracts can still be awarded on the basis of knowing the right person or supporting the right politician or party. Power within the system is shared in such a way that all parties are involved and presumably benefit accordingly.

Clearly there are differences between regions, between the public and private sector and between different companies. Whatever the situation, however, when negotiating business in Italy, it is important to know who the actual decision maker is and how decisions are reached, for the factors determining power and influence may be quite different from those which might be expected in the UK.

Replace the word(s) with one(s) with the opposite meaning

1 Questo è il *massimo* che possiamo fare.
2 Da anni la nostra attività si svolge *segretamente*.
3 Il prototipo sarà sottoposto a collaudi *severissimi* e *lunghi*.
4 L'attività promozionale è stata *vigorosa* e i risultati lo dimostrano.
5 I consumatori hanno reagito con *entusiasmo* al lancio di quel prodotto.
6 *La prima* macchina dell'azienda torinese fu lanciata nel 1947.
7 Quell'esperimento fu condotto *prima del* lancio del prodotto.
8 Le vendite di quel computer hanno registrato un *aumento negli ultimi* mesi dell'anno.

minimo, apertamente, superficiali/brevi, scadente, apatia, L'ultima, dopo il, calo nei primi.

Underline the correct form of the pronoun in the following sentences

1 Ho telefonato al ragionier Rossi per dirle/dirgli che ho il contratto.
2 Sono venuti i venditori della Passi: ci ho detto/ho detto loro che abbiamo deciso.
3 Le impiegate vogliono un aumento ma il datore non glielo/gliele darà.

4 Il cliente chiese dei dépliants. Glieli/gliene diedi alcuni.
5 Quei componenti ci occorrono immediatamente: li/gli abbiamo ordinati?
6 Ha dato i campioni alla signora Cani? No, gliela/glieli darò dopo.

dirgli, loro, glielo, gliene, li, glieli.

Unit 28

Agents and representatives
Agenti e rappresentanti

In this unit you will learn words and expressions relating to agents and other company representatives. You will also review *dovere*, *potere*, and *volere* and how to say *some*, *any*, *all* etc. The unit begins with advertisements for and by agents and representatives.

AFFERMATA azienda artigianale prodotti biodinamici da forno cerca rappresentanti, già introdotti nel settore alimentazione naturale, per Lombardia e Veneto.
ESTABLISHED craft company, biodynamic oven products seeks representatives who are already active in the natural foods sector, for Lombardy and the Veneto.

AGENTE Società commerciale esclusivista, primaria azienda italiana costruttrice torni a controllo numerico cerca. Esperienza specifica per Piemonte e Liguria.
AGENT wanted by high-class commercial company, leading Italian company manufacturing numerically controlled lathes. Experience relevant for Piedmont and Liguria.

AGENTI plurimandatari introdotti calzaturifici cerca affermatissima industria accessori. Zone Emilia-Romagna, Padova, Venezia. Elevate provvigioni, incentivi.
AGENTS Well established accessories company seeks multiple agents active in shoe manufacture sector. Emilia-Romagna, Padua, Venice area. High commission, incentives.

AZIENDA concessionaria in esclusiva prodotti ortodontici cerca agenti per Sardegna. Offriamo provvigioni interessanti, massimo supporto tecnico commerciale.
COMPANY exclusive distributor of orthodontic products seeks agents for Sardinia. We offer interesting commission, maximum technical and commercial support.

AGENTE plurimandatario introdotto settore termoidraulico vaglierebbe proposte case mandanti per le regioni Lazio e Campania. AGENT Multiple agent active thermohydraulic sector would consider proposals from companies looking for agents for the Latium and Campania areas.

Vocabolario

l'agente	agent
l'agente commissionario	commission agent
l'agente di commercio	commercial agent
l'agente di vendita esclusivo	exclusive sales agent
l'agente esclusivo	sole, exclusive agent
l'agente plurimandatario	agent representing more than one company
l'agenzia	agency
il commesso viaggiatore	travelling salesman
la commissione	agent's commission
il contratto d'agenzia	contract of agency
il mandatario	agent
il mandato commerciale	agency
il mandato di rappresentanza	agency
la piazza	market
piazzare un ordine [piazzato]	to place an order
il piazzista	commercial traveller, salesman
la provvigione	commission
la provvigione sulle vendite	sales commission
il rappresentante	representative
il rappresentante autorizzato	registered representative
la rappresentanza commerciale	agency
il rappresentante di commercio	commercial traveller, business agent
il rappresentante esclusivo	exclusive representative
il rappresentante estero	foreign representative
rappresentare [rappresentato]	to act as an agent for

Read the text and answer the questions

In riferimento Vs annuncio del 3 marzo

Vi sottopongo la mia collaborazione per la rappresentanza dei Vostri prodotti nella zona di Padova. Possiedo un'esperienza in questo campo di oltre dieci anni e rappresento già aziende simili alla Vostra. Posso vantare un'ottima conoscenza della piazza e dei centri di vendita locali. Attualmente le aziende con le quali collaboro mi concedono una provvigione del 7,5%. Spero che vogliate concedermi la rappresentanza esclusiva nella zona di Padova, tenendo conto della mia esperienza decennale e della mia conoscenza sia del prodotto che della clientela.

1 Da quanti anni l'agente potenziale lavora nel settore?
2 A quanto ammonta la provvigione che riceve attualmente?
3 In quale zona specifica vorrebbe rappresentare l'azienda in esclusiva?
4 Perché ritiene che gli debbano concedere la rappresentanza?

1 Da oltre dieci anni.
2 Attualmente riceve una provvigione del 7,5%.
3 Nella zona di Padova.
4 Perché lavora nel settore da dieci anni e perché conosce bene sia il prodotto che la clientela della zona.

Fill in the gaps

Il sognor Togni .... la società MACCHI da oltre 5 anni. Ha la rappresentanza in .... per tutto il Nord d'Italia e riceve una .... del 10% sulla vendita di tutti i prodotti. Conosce molto bene la .... e tutti i .... della zona. Nel corso della sua lunga .... la sua prestazione è stata più che soddisfacente e le .... dei prodotti MACCHI sono .... considerevolmente rispetto ai prodotti della ... .

rappresenta, esclusiva, provvigione, piazza, clienti, attività, vendite, aumentati, concorrenza.

USING AGENTS AND REPRESENTATIVES IN ITALY

Any company deciding to enter the Italian market needs to consider how market entry and coverage can be achieved. If it is not possible to set up a subsidiary or a sales office in Italy, then establishing a relationship with an agent can provide access to the market. The benefits of appointing an Italian agent include familiarity with the language, country and customs. There may thus be a trade-off in terms of the products being sold and the agent may require special briefing in this area.

Agents will naturally want to maximize their own benefits, preferring exclusive agency agreements. In offering such agreements it is important to ascertain whether the agent can actually fulfil the content of the agreement. Italians still remain strongly attached to the area where they are born and live – the phenomenon of *campanilismo* – and hence many have decreasing knowledge of areas as they move away from their home location. Therefore, an agent who knows the north-west may have little expertise in other areas and may be less willing to exploit opportunities there. Clearly, it is not possible to cover all eventualities, but it can be more effective to appoint a number of regional agents than one national one, in view of the economic and social diversity within Italy.

Il direttore vendite parla con i rappresentanti

There is a body of Italian legislation on agency agreements: as the status of an agent lies between self-employed and employee, the contract of agency and the economic agreement with an agent is in part similar to collective contracts of employment. Legal advice should be taken before entering into any agreement with agents in Italy.

Send a circular letter to potential agents

Your company is actively looking for agents in Italy. Complete the text.

La ditta OFFICENT ... da oltre vent' ... mobili per ufficio e li ... principalmente negli Stati Uniti e in Australia. Vorremmo adesso esportare i ... prodotti nella ... Europea e particolarmente in Italia. ... appunto per questo agenti che ci ... nelle singole regioni ... e vorremmo sapere se la Vostra ... sarebbe disposta a prendere in ... la nostra offerta.

La settimana ... il nostro export ... sarà disponibile in Italia per eventuali ... con la vostra e con altre ... ai fini di stabilire la provvigione e le condizioni relative alla ... in esclusiva dei nostri ... nella vostra regione.

produce, anni, esporta, nostri, Comunità, Cerchiamo, rappresentino, italiane, ditta, considerazione, prossima, manager, consultazioni, società, rappresentanza, prodotti.

Insert the correct forms of *dovere – potere – volere*

1. Prima di conferirgli la rappresentanza in esclusiva quell'agente ... dimostrare di essere efficientissimo.
2. Giorgio Pastore non ... agire quale nostro agente perché rappresenta già ditte concorrenti.
3. Quando ... cominciare Lei a rappresentare la nostra ditta?
4. La nostra azienda ... darle una provvigione del 12%.
5. Domani noi ... esaminare a fondo la situazione.
6. Se tu ... riuscire a parlare l'italiano, ... studiarlo.
7. Anche se noi ... rappresentare la vostra azienda, non ... farlo, perché ... rispettare il nostro contratto con la Salvi.

dovrà, può, vorrebbe, può, potremo, vuoi, devi, volessimo, potremmo, dobbiamo.

Insert the appropriate word: qualche, ogni, nessuno, niente, qualsiasi, tutti, ognuno, ciascuno, qualcuno, alcuno

1 È bene che ... di voi accetti la propria responsabilità.
2 Aspettiamo ... minuto prima di cominciare l'incontro.
3 ... è riuscito a vendere quei prodotti per noi in Italia.
4 La situazione è grave: non c'è ... da fare!
5 Posso trattenermi a parlare con lei per ... ore.
6 Non ho preferenze: ... ufficio per me va bene.
7 ... prodotto richiede un marketing ben definito.
8 ... sanno che ormai siamo i leader nel mercato italiano.
9 ... ha risposto al nostro annuncio sul giornale di ieri.
10 ... giorno riceviamo proposte di collaborazione.
11 Se ... volesse chiamare l'ufficio, troverebbe il telefono occupato.

ognuno, qualche, nessuno, niente, alcune, qualsiasi, ciascun, tutti, nessuno, ogni, qualcuno.

Translate into Italian

1 He says he would like to represent our company in Puglia.
2 At present he gets a 12% commission on all sales.
3 Could you give us the address of your agents in Italy?
4 We are looking for agents in the Umbria region.
5 How many years have you been representing our company in Sardinia?

1 Dice che vorrebbe rappresentare la nostra azienda in Puglia.
2 Attualmente riceve una provvigione del 12% su tutte le vendite.
3 Potreste darci l'indirizzo dei vostri agenti in Italia?
4 Cerchiamo agenti nell'Umbria.
5 Da quanti anni rappresentate la nostra società in Sardegna?

Unit 29

Methods of payment
Metodi di pagamento

In this unit you will learn words and expressions conncected with methods of payment. You will also practise the various verb forms. The unit begins with specific examples of methods of payment.

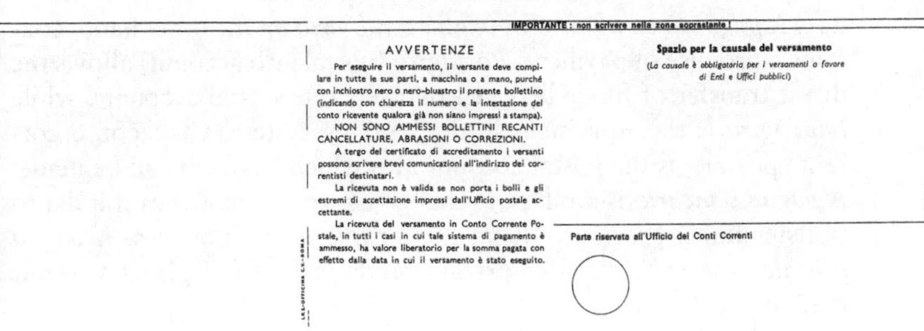

IMPORTANTE: non scrivere nella zona soprastante!

AVVERTENZE

Per eseguire il versamento, il versante deve compilare in tutte le sue parti, a macchina o a mano, purché con inchiostro nero o nero-bluastro il presente bollettino (indicando con chiarezza il numero e la intestazione del conto ricevente qualora già non siano impressi a stampa).

NON SONO AMMESSI BOLLETTINI RECANTI CANCELLATURE, ABRASIONI O CORREZIONI.

A tergo del certificato di accreditamento i versanti possono scrivere brevi comunicazioni all'indirizzo dei correntisti destinatari.

La ricevuta non è valida se non porta i bolli e gli estremi di accettazione impressi dall'Ufficio postale accettante.

La ricevuta del versamento in Conto Corrente Postale, in tutti i casi in cui tale sistema di pagamento è ammesso, ha valore liberatorio per la somma pagata con effetto dalla data in cui il versamento è stato eseguito.

Spazio per la causale del versamento

(La causale è obbligatoria per i versamenti a favore di Enti e Uffici pubblici)

Parte riservata all'Ufficio dei Conti Correnti

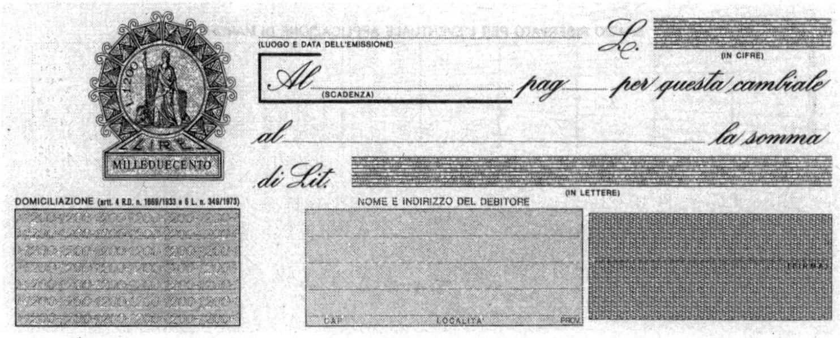

L. 1200 LIRE MILLEDUECENTO

(LUOGO E DATA DELL'EMISSIONE) *L.* (IN CIFRE)

Al (SCADENZA) *pag* *per questa cambiale*

al *la somma*

di Lit. (IN LETTERE)

DOMICILIAZIONE (artt. 4 R.D. n. 1669/1933 e 6 L. n. 349/1973)

NOME E INDIRIZZO DEL DEBITORE

CAP LOCALITA' PROV.

(FIRMA)

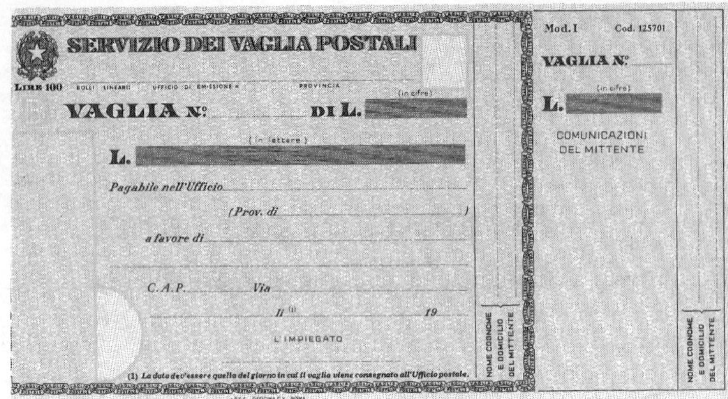

SERVIZIO DEI VAGLIA POSTALI

LIRE 100 BOLLI LINEARI UFFICIO DI EMISSIONE PROVINCIA

(in cifre)

VAGLIA N° DI L.

(in lettere)

L.

Pagabile nell'Ufficio

(Prov. di)

a favore di

C.A.P. Via

li (1) 19

L'IMPIEGATO

(1) La data dev'essere quella del giorno in cui il vaglia viene consegnato all'Ufficio postale.

NOME COGNOME E DOMICILIO DEL MITTENTE

Mod. I Cod. 125701

VAGLIA N°

(in cifre)

L.

COMUNICAZIONI DEL MITTENTE

NOME COGNOME E DOMICILIO DEL MITTENTE

A *cambiale* is a bill of exchange which contains an order to pay a certain sum of money to the bearer or to a named person on a specific day. A *pagherò cambiario* or *vaglia cambiario* on the other hand, contains a promise of payment. *Postagiro* (postal giro account) allows the direct transfer of funds between two separate postal accounts, while *bancogiro* is the equivalent in the banking system. CCP (conto corrente postale) is the postal account into which payment can be made. A *vaglia bancario* is a bill of exchange issued by the Banca d'Italia to transfer funds previously deposited at one of its branches. A *vaglia postale* is used to transfer private funds to or from places without banking facilities.

Vocabolario

l'addebito	debit
l'acconto	payment in advance
l'accredito	credit
l'assegno a vuoto, l'assegno scoperto	uncovered cheque
l'assegno bancario	bank cheque
l'assegno circolare	bank draft
l'assegno non trasferibile	non transferable cheque
l'assegno sbarrato	crossed cheque
l'assegno turistico	traveller's cheque
l'avallante	guarantor
l'avallo	guarantee
la banconota, il biglietto di banca	banknote
il beneficiario di un pagamento	payee
il bonifico bancario	money transfer, credit transfer

la cambiale, la tratta	bill of exchange
la cambiale falsa	forged bill
il conto corrente postale	postal giro
il conto aperto (in a shop)	charge account
il conto scoperto	overdrawn account
il creditore	creditor
il debitore	debtor, debit side
dietro pagamento di ...	against payment of ...
la distinta di pagamento	paying-in slip
l'emittente	drawer
girare/attergare un assegno	to endorse a cheque
la girata	endorsement
l'importo di una cambiale	contents of a bill of exchange
l'importo di una fattura, un vaglia	amount of an invoice, money order
l'importo fisso	flat rate
l'importo pagato in anticipo	amount paid in advance
l'importo parziale	subtotal
in bianco	blank
la lettera di credito	letter of credit
la lettera di credito irrevocabile	irrevocable letter of credit
la liquidità	availability of funds, liquidity
il mancato pagamento	non payment
la moneta metallica	coin
occorrere, mi occorre [occorso]	need, I need
il pagamento all'ordinazione	cash with order
il pagamento anticipato	payment in advance
il pagamento al portatore	payment to the bearer
il pagamento a rate	payment by instalments
il pagamento a saldo	payment in full
il pagamento a vista	payment on demand
il pagamento contro assegno	cash on delivery
il pagamento differito	deferred payment
il pagamento dilazionato	extended payment
il pagamento in contanti	cash payment
il pagamento immediato	prompt payment
pagare [pagato]	to pay
pagare con la carta di credito	to pay by credit card
pagare con un assegno	to pay by cheque
il pagherò, il vaglia cambiario	I.O.U., promissory note

la quietanza di pagamento	receipt of payment
la rateazione	division into instalments
il saldo	balance, payment in full
la scadenza di un pagamento	due date
spiccare una tratta, una cambiale [spiccato]	to draw a bill of exchange
il titolo di credito	document of credit
il traente	drawer
il vaglia	money order
il vaglia postale	postal money order
la vendita a rate	hire purchase
il versamento	payment, paying-in
il versamento in banca	payment into the bank
versare un pagamento [versato]	to pay, deposit

Translate into English

1 Il pagamento può essere effettuato in contanti o con un assegno circolare.
2 Con questo vaglia postale lei può spedire tre milioni di lire alla società Ticon.
3 Quella cambiale di 200 mila lire è falsa.
4 Posso ordinare una copia di questo libro e pagare poi contro assegno al postino quando lo ricevo?
5 La ditta Amati ha spedito una lettera di credito per l'acquisto dell'impianto.
6 Lei deve versare il pagamento anticipato di 900 mila lire.
7 Questo assegno non è stato sbarrato.
8 Vorrei versare 330 mila lire sul conto corrente postale 881098, intestato alla ditta Rovelli S.p.A.

1 Payment can be made in cash or with a banker's draft.
2 With this postal money order you can send 3 million lire to the Ticon company.
3 That bill of exchange is forged.
4 Can I order a copy of this book and pay cash on delivery to the postman when I receive the book?
5 The Amati company has sent a letter of credit for the purchase of the installation.
6 You have to pay 900,000 lire in advance.
7 This cheque has not been crossed.

8 I would like to pay 330,000 lire into postal current account No. 881098, to Rovelli S.p.A.

Complete with the correct verb

avere, dare, pagare, comprare, spedire, andare, occorrere, versare, effettuare, scadere, essere, girare, usare, fare

1 Quando non .... abbastanza soldi in contanti .... con la carta di credito.
2 La società Carenzi mi .... un assegno per 8 milioni e io l'.... al signor Manli.
3 Quel pagamento alla Termi S.r.l. .... dopodomani.
4 Quando .... all'estero per affari .... sempre la carta di credito per ... i miei acquisti.
5 Con il conto corrente postale .... possibile versare somme di denaro.
6 Quando si .... un vaglia si .... l'importo da pagare presso l'ufficio postale.
7 Il pagamento contro assegno viene .... al momento della consegna della merce.
8 Grazie al conto aperto in questo negozio posso .... quello che mi ... adesso e pagare più tardi.

ho/pago, ha dato/ho girato, scadrà, vado/uso/fare, è, spedisce/versa, effettuato, comprare/occorre

USE OF CREDIT CARDS IN ITALY

CartaSì, Bankamericard, Mastercard, Eurocard, Visa are the most used Italian credit cards; 30% of the people who use a CartaSì are women. This credit card can be used in over 80,000 shops, some petrol stations and at motorway toll stations. In Italy six people out of every 100 have credit cards, compared to 69 out of 100 in the UK. Credit cards are becoming increasingly popular and a growing number of shops, stores and some petrol stations now accept them. The vast majority of people still use cash and a major institution like the Post Office does not accept bank cheques or credit cards.

(For all other banking services, types of cheques, bank accounts, statements, cash dispensers, etc. see Unit 41 – Banking and Finance.)

Unit 30

Contracts
Contratti

In this unit you will learn words and expressions from the area of contracts. You will also review the future tense and practise the use of prepositions. The unit begins with an example of a public invitation to tender.

SOCIETÀ PALASPORT S.p.A.
PROGETTO CENTRO SPORTIVO 2000
ESTRATTO DI BANDO DI GARA

Questa società indirà una gara d'appalto, mediante licitazione privata, per la realizzazione dei lavori di costruzione del nuovo palasport e di centri sportivi multipli di Casale – Opere Civili.

Lavori finanziati dalla L. 22 agosto 1985 n. 449.

Avviso integrale è stato inviato il 19.12.89 all'Ufficio Pubblicazioni Ufficiali della CEE per la pubblicazione sulla GUCE ed è stato pubblicato sulla G.U. della Repubblica Italiana il 27.12.89.

La licitazione sarà esperita ai sensi dell'art. 24 primo comma lettera b) della legge 8.8.77 n. 584 e successive modifiche ed integrazioni, valutando nell'ordine i seguenti elementi: prezzo, qualità tecnica e realizzativa di alcune componenti significative dell'opera che i concorrenti saranno chiamati a proporre, costo di utilizzazione, termine di esecuzione.

L'importo a base d'asta è di Lire 193.853.524.723 (centonovantatre miliardi ottocentocinquantatre milioni cinquecentoventiquattro mila settecentoventitre).

Le ditte interessate, che siano in possesso dei requisiti richiesti nel bando di gara, dovranno far pervenire la domanda di partecipazione nella forma e nei termini indicati nel citato bando, al seguente indirizzo.

PALASPORT
Società P.A. Palasport Direzione Progetto 2000
Servizio Coordinamento Legale ed Amministrativo
Comune di Casale

Società Palasport S.p.A.
Sports Centre 2000 Project
Extract from Tender

This company is calling for offers by tender, through private bidding, for the construction of the new sports centre – Civil Works Department.

Construction works financed by law No. 449 of 22nd August, 1985.

The complete text of this tender was sent on 19.12.89 to the Office of Official Publications of the EC for publication in the Official Gazette of the European Community and appeared in the Official Gazette of the Italian Republic on 27.12.89.

The bid will be carried out in accordance with the first comma of article 24, letter b) of law number 584 of 8.8.77 and subsequent modifications and additions, evaluating the following elements in this order: price, technical and structural quality of some significant components of the work which the companies taking part in the tender will be asked to produce, cost of utilization, completion date.

The sum involved for the tender is 193,853,524,723 Lire (one hundred and ninety-three billion, eight hundred and fifty-three million, five hundred and twenty-four thousand, seven hundred and twenty-three).

Interested companies with the necessary qualifications stated in the invitation to tender, must send their application in the form and in accordance with the terms stated in the above tender, to the following address:

PALASPORT......

Vocabolario

adempiere	to fulfil, to satisfy
l'appaltatore, il contraente	contractor
l'appalto	contract, franchise
l'asta pubblica	tender
il bando di gara	announcement of tender
contrattare	to negotiate, to bargain
il contratto a termine	forward contract
il contratto a titolo gratuito	bare contract
il contratto a un tempo	forward contract
il contratto bilaterale	bilateral contract
il contratto consensuale	consensual contract
il contratto d'acquisto	purchase contract
il contratto d'agenzia	contract of agency
il contratto di assicurazione marina	contract of marine insurance
il contratto di compravendita	contract of sale, purchasing contract
il contratto di compravendita commerciale	contract for the sale of goods
il contratto di esclusiva	exclusive contract
il contratto di fideiussione	contract of guarantee
il contratto di fornitura	supply contract
il contratto di indennità	contract of indemnity
il contratto di manutenzione	maintenance contract
il contratto di noleggio	rental contract
il contratto di prestito	loan agreement
il contratto di società	contract of partnership
il contratto di trasporto	contract of carriage, of conveyance
il contratto di vendita	contract of sale
il contratto formale	contract under seal, formal contract
il contratto illecito	illegal contract
il contratto nullo	contract void and null
il contratto provvisorio	provisional contract
il contratto scritto	agreement in writing
il contratto tipo	standard contract
il contratto unilaterale	unilateral contract

il contratto verbale	verbal contract
il contratto vincolante	binding contract
contrattuale	contractual
esperire [esperito]	to carry out
far eseguire un contratto	to enforce a contract
la gara d'appalto	tender
l'inadempienza, la rottura di contratto	breach of contract
indire [indetto]	to announce
indire una gara d'appalto	to call for bids by tender
la licitazione	bidding, bid
il lavoro in appalto	contract work
l'obbligazione contrattuale	contractual obligation
prestare [prestato]	to serve, to perform
la prestazione	service, performance
il prezzo di contratto	contract price
rescindere un contratto [rescisso]	to rescind a contract
rinnovare un contratto [rinnovato]	to renew a contract
il risarcimento dei danni	compensation for damages
risarcire i danni [risarcito]	to pay compensation
la risoluzione di un contratto	annulment of a contract
la scadenza di un contratto	expiration of a contract
stipulare un contratto [stipulato]	to stipulate, to agree a contract
le trattative	negotiations
il vincolo contrattuale	contract tie

Answer the questions

1 Per la realizzazione di quali lavori verrà indetta una gara d'appalto?
2 Dove e quando è stato pubblicato l'avviso integrale della gara?
3 Quali elementi verranno presi in considerazione ai fini della licitazione?
4 A quale ufficio è stato inviato l'avviso integrale?
5 Approssimativamente a quante sterline equivale la somma di 193 miliardi?

1 La gara d'appalto verrà indetta per la realizzazione dei lavori di costruzione del nuovo palasport di Casale.
2 È stato pubblicato sulla Gazzetta Ufficiale della Repubblica il 27 dicembre 1989.

3 Il prezzo, la qualità tecnica e realizzativa, il costo di utilizzazione e il termine di esecuzione.
4 È stato inviato all'Ufficio Pubblicazioni Ufficiali della CE.
5 Equivale a circa 96 milioni di sterline.

Rewrite the text putting the verbs into the future tense

1 Quella società ha indetto la gara d'appalto per la costruzione dello stadio.
2 La notifica è stata pubblicata sulla Gazzetta Ufficiale.
3 Hai dovuto dimostrare quali fossero le capacità tecniche del tuo reparto?
4 È riuscito a far pervenire la sua domanda entro la data stabilita dal bando?
5 Varie modificazioni sono state apportate al contratto preliminare.
6 I concorrenti sono stati convocati per presentare le loro proposte.

1 Quella società indirà la gara d'appalto per la costruzione dello stadio.
2 La notifica sarà pubblicata sulla Gazzetta Ufficiale.
3 Dovrai dimostrare quali saranno le capacità tecniche del tuo reparto?
4 Riuscirà a far pervenire la sua domanda entro la data stabilita dal bando?
5 Varie modificazioni saranno apportate al contratto preliminare.
6 I concorrenti saranno convocati per presentare le loro proposte.

Insert the correct prepositions and translate the text

L'attività contrattuale assume caratteristiche diverse ... seconda .... tipo .... contratto: .... gare pubbliche il contratto viene aggiudicato .... miglior offerente. Quando stipulano un contratto le diverse parti si impegnano ad eseguire una prestazione .... favore .... una o più parti. .... contratto .... vendita il venditore acconsente a trasferire la proprietà .... un bene .... un compratore, ... pagamento .... una somma .... denaro. Il contratto .... un supermercato e il cliente prende il nome .... 'istantaneo' perché regola l'acquisto fatto .... supermercato, mentre viene chiamato '.... esecuzione continuata' il contratto .... l'ente di energia elettrica e l'utente, ... quale l'esecuzione si ripete .... tempo, come l'erogazione .... elettricità.

a, del, di, nelle, al, a, di, nel, di, di, ad, dietro, di, di, fra, di, nel, a, fra, nel, nel, dell'.

Contractual activity changes according to the type of contract; in public tenders the contract is given to the highest bidder. When agreeing a contract the different parties promise to perform a certain undertaking in favour of one or several parties. In the contract of sale the seller agrees to transfer the property of an asset to a buyer, in return for payment of a sum of money. The contract between a supermarket and a customer is called 'instantaneous' because it defines the purchase which takes place in the supermarket, while the contract between the electricity board and the user, in which the execution of the contract is repeated time after time, as in the case of the supply of electricity, is called 'continuous'.

Chose the correct word

inadempienza, beni, vincolante, legge, reciproci, rispettare, risoluzione, trasporto, vincolo, risarcimento, contraenti, accordo, prestazione, esegue

Quando un contraente non esegue la .... dovuta si ha una situazione di .... di contratto; questa è una delle cause di .... del contratto. Chi non .... la prestazione dovuta è tenuto per .... a pagare il .... dei danni. Il contratto di .... viene stipulato per il trasporto di .... da un luogo all'altro. Due o più parti legate da un .... contrattuale devono .... i diritti e i doveri .... stabiliti dall'.... . Una volta stipulato il contratto è .... per i .... .

prestazione, inadempienza, risoluzione, esegue, legge, risarcimento, trasporto, beni, vincolo, rispettare, reciproci, accordo, vincolante, contraenti.

Unit 31

Employee communications
Comunicazione interna

In this unit you will learn words and expressions from the field of employee communication, an area gaining in importance in organizations. You will also review the use of a particular form of the past tense – the past conditional. The unit begins with an outline of the advantages of employee communications.

Anche le aziende italiane hanno scoperto i vantaggi della comunicazione interna e gli investimenti in questo campo sono equivalenti alle cifre investite nel settore della pubblicità. La comunicazione interna contribuisce alla partecipazione di tutti i dipendenti all'attività aziendale, dagli alti dirigenti ai manager, dagli impiegati agli operai. Le aziende riconoscono la futilità della comunicazione soltanto con il mondo esterno, perché ciascun membro di un'azienda porta con sé l'immagine dell'azienda stessa e la proietta verso l'esterno. La comunicazione oggigiorno non deve essere più univoca, cioè soltanto dalla classe dirigente ai dipendenti, ma deve provocare la risposta, deve ascoltare, deve coinvolgere e responsabilizzare tutti.

Comunicare non significa più mettere un annuncio aziendale sulla bacheca, che i dipendenti leggono molto raramente, o diramare annunci alla stampa sulla situazione aziendale che i dipendenti apprenderanno il giorno dopo dai giornali. Comunicare significa affrontare la situazione, sia positiva che negativa, con i dipendenti perché questi si sentano parte utile dell'azienda, siano coinvolti in pieno nell'attività di questa e diano un contributo costruttivo alla gestione dell'azienda.

La comunicazione diretta evita il pericolo della 'comunicazione di corridoio', delle informazioni inesatte che si diffondono rapidamente nell'impresa e della sfiducia nei confronti dell'amministrazione. Nell'ambito dell'organizzazione aziendale le comunicazioni interne, come parte della gestione delle risorse umane, sono importanti quanto la formazione professionale e la presentazione dell'immagine esterna dell'azienda e contribuiscono a migliorare il clima delle relazioni industriali.

Italian companies have discovered the advantages of internal communications; investment in this area is equal to the amount invested in the advertising sector. Internal communications contribute to the involvement of all employees in the activity of companies, from top executives to managers, from office workers to the shop floor. Companies recognize the futility of communicating only with the outside world, because each employee of a company bears the image of the company itself and conveys this to the outside world. Communications nowadays must not be one sided any more, i.e. only from the management to the employees, but they must provoke a response, be open, must seek to involve everyone and give everyone a sense of commitment to the company.

Communication no longer means placing a company announcement on the noticeboard, which employees very rarely read, or releasing news to the media on the company prospects which employees will learn the following day from the papers. Communication means facing situations both good and bad with the employees, so that they feel they are a useful part of the company, are fully involved in the activity of the company, and contribute constructively to its management.

Direct communications avoid the dangers of rumour, of mistaken information which rapidly spreads inside companies, and of distrust of the management. In company organization internal communication as part of the management of human resources is as important as professional training and the public image of the company and contributes to improving the climate of industrial relations.

Vocabolario

la bacheca	noticeboard
comunicare	to communicate, report
le comunicazioni d'impresa	corporate communications
le comunicazioni interne	employee communications
le comunicazioni aziendali	corporate communications
le comunicazioni con il personale	personnel communications
la gestione delle risorse umane	human resource management
informare [informato]	to inform, to notify
intra-aziendale	in-house
mettere al corrente [messo]	to inform, keep someone up-to-date

l'organo aziendale	house, company magazine
la rivista aziendale	house, company magazine
le pubblicazioni aziendali	company publications
i rapporti interni all'azienda	internal company reports
il rapporto al personale	employee report
le risorse umane	human resources

How would you say in Italian?

We must talk and keep the employees informed at all times. They will be more efficient if they are aware of the seriousness of the situation. Our company magazine is published once a month and is read by the entire workforce. In the last issue of the magazine the chairman of the company told us that we should all be personally involved in the running of the company.

Dobbiamo parlare e informare i dipendenti in ogni momento. Saranno più efficienti se si renderanno conto della gravità della situazione. La nostra rivista aziendale viene pubblicata una volta al mese e viene letta da tutti i dipendenti. Nell'ultimo numero della rivista il presidente della società ci ha detto che dovremmo essere tutti coinvolti nella gestione dell'azienda.

Insert the following words

e, o, ma, se, perché, quando, sebbene, anche se, invece di, nonostante.

1 I dirigenti ... i dipendenti devono comunicare gli uni con gli altri ... l'azienda possa prosperare.
2 L'assenza di informazioni non porta al successo dell'azienda, ... alla sua rovina.
3 Nei rapporti con il personale è preferibile parlare direttamente ... affiggere delle informazioni nelle bacheche.
4 Ho ascoltato le sue proposte, ... mi sia poi reso conto di quanto fossero assurde.
5 ... i dirigenti sappiano quanto sia importante affrontare il problema, cercano scuse per evitarlo.
6 Non sono d'accordo con la tua idea, ... penso che sia possibile

metterla in atto.
7 ... non avete dato ascolto ai consulenti?
8 Cambieranno il loro atteggiamento ... capiranno la gravità della situazione.
9 Non sapevo ... fossi partito ... no.

e/perché, ma, invece di, sebbene, nonostante, anche se, perché, quando, se/o.

Find a noun which matches each adjective

professionale, umano, costruttivo, italiano, interno, aziendale, alto, dirigente, positivo.

la formazione professionale, le risorse umane, il contributo costruttivo, le aziende italiane, le comunicazioni interne, l'attività aziendale, l'alto dirigente, la classe dirigente, la situazione positiva.

Find the opposite of these adjectives

vantaggioso, interno, raro, positivo, utile, costruttivo, diretto, esatto, rapido, migliore, buono, aperto, forte

svantaggioso, esterno, comune, negativo, inutile, distruttivo, indiretto, inesatto, lento, peggiore, cattivo, chiuso, debole

Rewrite in the past tense

1 So che presto informerai tutti della situazione.
2 Il direttore dice che presto parlerà con i proprietari.
3 Siamo certi che la rivista sarà letta con interesse da tutti.
4 Sinceramente dubito che quell'annuncio sarà la soluzione giusta.
5 I consulenti ci assicurano che questi prodotti si affermeranno.
6 Il presidente afferma che la nostra società sarà fra le più solide.

1 Sapevo che presto avresti informato tutti della situazione.
2 Il direttore disse che presto avrebbe parlato con i proprietari.
3 Eravamo certi che la rivista sarebbe stata letta con interesse da tutti.

4 Sinceramente dubitavo che quell'annuncio sarebbe stata la soluzione giusta.
5 I consulenti ci assicurarono che questi prodotti si sarebbero affermati.
6 Il presidente affermò che la nostra società sarebbe stata fra le più solide.

Unit 32

Advertising
Pubblicità

In this unit you will learn words and expressions connected with advertising. You will also review the use of the subjunctive after *non credere che*. The unit begins with a product advertisement.

Altissima qualità. Affidabilità e durata dei prodotti. Serietà del servizio e puntualità delle consegne. Impiego delle più moderne tecnologie industriali. Perfetto coordinamento della rete distributiva. Assistenza qualificata e diretta. Sicurezza di un marchio leader. Nome prestigioso. Collaborazione attiva di uno staff qualificato e pronto ad affrontare e risolvere qualsiasi vostro problema. Questi sono alcuni dei valori che caratterizzano la nostra attività e che ci pongono in una posizione di prominenza nel nostro campo in tutto il mondo.

Dall'inizio dell'attività, nel 1959, la Eduarditalia, presente in oltre 30 paesi, anticipa le esigenze del mercato con soluzioni tecnologicamente avanzate e funzionali, contribuendo alla diffusione di installazioni e attrezzature sportive di prestigio.

Scegliere Eduarditalia vuol dire scegliere prodotti di classe, di nome, di avanguardia, esclusivi, funzionali, resistenti, eleganti, confortevoli e adatti alle vostre esigenze.

Prodotti Eduarditalia: nati in Italia, usati nel mondo!

Highest quality. Reliable long-lasting products. Quality service and punctual deliveries. Use of the most modern industrial technologies. Perfectly co-ordinated distribution system. Trained direct support. Reliability of a leading brand. Prestigious name. Expert staff on hand to deal with and solve all your problems. These are some of the values that characterize our operations and place us in a position of prominence in our field throughout the world.

Since the beginning of operation, in 1959, Eduarditalia, operating in more than 30 countries, has always been ahead of market requirements with technologically advanced and practical solutions, contributing to the dissemination of prestige sporting installations and equipment.

To choose Eduarditalia means to choose products with class and reputation, products at the forefront of development, exclusive, functional, hard-wearing, smart, comfortable products suited to your every need.

Eduarditalia products: created in Italy, used throughout the world!

Vocabolario

l'affissione di manifesti	billposting
l'agenzia di pubblicità	advertising agency
l'annuncio, il messaggio pubblicitario	advertisement
anticipare [anticipato]	to anticipate
l'attrezzatura	equipment
l'avanguardia	avantgarde, advanced state of development
la campagna promozionale	promotional campaign
la campagna pubblicitaria	advertising campaign
il canale di comunicazione	communication channel
la canzonetta	jingle
il cartellone, l'affisso	wall poster, placard
il cartellone per le affissioni pubblicitarie	advertising hoarding
il carosello televisivo	TV commercial break
il cartone, il disegno animato	cartoon
il comunicato stampa	press release
la comunicazione non verbale	nonverbal communication
il dépliant	leaflet, brochure
fare la réclame a un prodotto	to advertise a product
inserire un annuncio	to put in an ad
l'inserzione	advertisement (in a newspaper)
l'inserzionista	advertiser
il manifesto, il poster	poster, placard

i mezzi pubblicitari	advertising media
la piccola pubblicità	small ads
promozionale	promotional
la promozione	promotion
la propaganda	advertising, publicity, propaganda
le pubbliche relazioni (pr)	public relations (PR)
la pubblicità	advertising, publicity
la pubblicità murale	billboard advertising
la pubblicità radiofonica	radio advertising
la pubblicità televisiva	TV advertising
pubblicitario	advertising (adjective)
il pubblicitario	advertising agent
pubblicizzare, reclamizzare	to advertise
la réclame	advertisement, advertising
resistente	durable, hardwearing
lo slogan pubblicitario	advertising slogan, catchphrase
lo sponsor	sponsor
sponsorizzare, patrocinare	to sponsor
lo spot pubblicitario	TV commercial
subliminale	subliminal
il volantino, il manifestino	leaflet (distributed by hand)

Answer the questions

1 Che cosa produce la Eduarditalia?
2 In quale anno fu fondata?
3 L'azienda risponde soltanto alle esigenze del mercato?
4 Impiega delle tecniche tradizionali?
5 Quale vantaggio portano i valori su cui è basata l'attività dell'Eduarditalia?
6 I prodotti della società sono studiati per il mercato di massa?

1 Produce installazioni e attrezzature sportive.
2 Fu fondata nel 1959.
3 No, le anticipa.
4 No, impiega le più moderne tecniche industriali.
5 Danno una posizione di prominenza alla Eduarditalia in tutto il mondo.
6 No, sono esclusivi e di altissima qualità.

Match the slogan with the company

1	Quotidianamente tua!	a)	Alfa Romeo
2	Date calore ai vostri incontri serali!	b)	Arneg Style and Refrigeration
3	La sportività entra in un'altra dimensione.	c)	Caravan Europa (Salone Internazionale Caravan Autocaravan ed Accessori)
4	Libertà di movimento!	d)	Consorzio Speck Alto Adige
5	Meno contanti ... Più contenti!	e)	Eurelettrica
6	Un grande spazio freddo	f)	FIAT (fino a 10 milioni a zero interessi)
7	A 1.200 metri l'aria è più fine e i salumi più buoni	g)	Ristorante Folclore Messicano La Fazenda
8	I lettori di codice a barre 4 volte più ... più affidabili, più veloci, più sicuri, più flessibili	h)	La Stampa

1h, 2g, 3a, 4c, 5f, 6b, 7d, 8e

ADVERTISING IN ITALY

Expenditure on advertising began to grow markedly from the late 1970s as a consequence of legislation permitting commercial television broadcasting. However, advertising expenditures, at c. 0.33% of national income, is far below the UK (1.33%) and the USA (2.1%). Advertising is permitted on both the state and private television channels.

The state television channels are *RAIUNO*, *RAIDUE* and *RAITRE*, with advertising concentrated on the first two channels. Major private channels include *Canale 5*, *Italia 1* and *Rete 4*, but in total there are over 1,000 private TV stations and these account for the major part of advertising expenditure. Reception of TV programmes from neighbouring countries such as Switzerland (*TV Svizzera*) and Yugoslavia (*TV Capodistria*) is also possible and these stations transmit programmes in Italian.

Most advertising expenditure is on television, with the press a close second, followed by billboards, radio and cinema. In addition to the three state radio stations (*Radiouno*, *Radiodue* and *Radiotre*) there are numerous private local radio stations which facilitate the targeting of local and regional audiences and the advertising of products and services at local level. While the printed media (daily newspapers and magazines) have suffered proportionately as an advertising vehicle with the shift to television advertising, it still remains an important channel for product messages.

Italian advertising agencies, although to some extent technically less advanced than some of their British and American counterparts, are renowned for their creativity in generating and developing advertising campaigns. The advertising industry is largely self-regulating. The *Giurì dell'Autodisciplina Pubblicitaria*, representing advertising and public relations professionals and journalists, is similar to the UK Advertising Standards Authority. An initial code of practice — *Codice di lealtà pubblicitaria* — was introduced in 1966, followed by the *Codice di autodisciplina pubblicitaria* in 1975. The Giurì seeks to apply the industry code of practice in its monitoring of advertisements. Its standing committee meets at least three times a year.

With the advent of satellite television, opportunities have opened up for pan-European advertising. As in the case of products and services, companies will need to decide the extent to which pan-European or global messages can be developed and the continuing influence of regional and national tastes.

Rewrite the following sentences, beginning with *non crede che*

1. La pubblicità è l'anima del commercio.
2. La pubblicità sta invadendo sempre di più la vita privata di ognuno di noi.
3. L'incremento del numero di messaggi pubblicitari rientra nella logica della domanda e dell'offerta.
4. I produttori ricorrono alla pubblicità in modo sempre più massiccio.
5. La pubblicità può anche dar luogo a spiacevoli sorprese.
6. Il prodotto acquistato ha sempre gli stessi pregi che la pubblicità gli attribuisce.

Non crede che la pubblicità sia l'anima del commercio e che stia invadendo sempre di più la vita privata di ognuno di noi; che l'incremento del numero di messaggi pubblicitari rientri nella logica della domanda e dell'offerta; che i produttori ricorrano alla pubblicità in modo sempre più massiccio; che la pubblicità possa anche dar luogo a spiacevoli sorprese e che il prodotto acquistato abbia sempre gli stessi pregi che la pubblicità gli attribuisce.

Translate into Italian

Recently the number of private TV channels has risen dramatically throughout Western Europe, rapidly gaining considerable market shares. They have given proprietors the opportunity to exploit television for the commercial dissemination of information and advertising and have increased the possibilities for advertising which now enters openly and visibly into our homes. This is a great opportunity for companies to publicize their goods and services and attract customers and it has benefited the private channels and advertising agencies. It has also created a public which is now far better informed of what is available than it was in the past.

Recentemente il numero di canali televisivi privati è aumentato in modo notevole in tutta l'Europa occidentale, guadagnando rapidamente quote di mercato considerevoli. Queste privatizzazioni hanno dato ai proprietari l'opportunità di sfruttare la televisione per la diffusione commerciale di informazioni e pubblicità. Questi sviluppi hanno allargato le possibilità della pubblicità che ora entra apertamente e visibilmente nelle nostre case. Questa è una grande occasione che consente alle ditte di reclamizzare i loro prodotti e servizi e di attirare clienti e tutto questo ha giovato ai canali privati e alle agenzie pubblicitarie. Ha anche creato un pubblico molto più informato di prima sui prodotti disponibili.

Unit 33

Trade fairs and exhibitions
Fiere e mostre

In this unit you will learn words and expressions relating to trade fairs and exhibitions. You will also review the use of verb forms in direct and indirect speech. The unit begins with details of an international exhibition.

La 6ª Biennale Internazionale HOTELARREDO si terrà nel Quartiere dell'Ente Autonomo Fiera di Belluno dal 24 al 29 maggio. L'orario di accesso sarà dalle 9 alle 18 – continuato – compresi i giorni festivi. Sono ammesse le domande di partecipazione dei produttori italiani e stranieri di arredamenti completi d'interni, mobili, tessuti, sistemi di illuminazione per interni ed esterno: non sono ammessi a partecipare alla rassegna, in qualità di espositori, agenti, rappresentanti, rivenditori italiani ed esteri dei suddetti prodotti.

La HOTELARREDO conta su oltra 1.000.000 di visitatori da tutto il mondo. È suddivisa in un'area 'mostra', per esporre i prodotti e in un'area 'mercato', per venderli.

Per corrispondere alle esigenze della stampa specializzata e per favorire la diffusione dell'informazione sulle produzioni che verranno presentate alla HOTELARREDO l'ufficio stampa ha programmato anche per questa 6ª edizione della rassegna la pubblicazione di uno schedario delle novità.

A tale scopo inviamo, qui allegato, il questionario/scheda nel quale vanno indicati il nome dell'espositore, il nome commerciale del prodotto e la categoria merceologica del prodotto stesso secondo la numerazione dell'elenco sistematico del catalogo. Deve inoltre essere dichiarato, contrassegnando l'apposito spazio, se si tratti di una novità aziendale o di novità assoluta per il mercato.

The 6th International Biennial Exhibition HOTELARREDO will take place in the Complex of the Ente Autonomo Fiera of Belluno from 24th to 29th May. The exhibition will be open continuously from 9 am to 6 pm (including lunchtime and Sunday). We welcome applications from Italian and foreign manufacturers of interior decoration systems, furniture, furnishings, interior and exterior lighting systems; Italian and foreign agents, representatives and retailers of the above products are not allowed to exhibit at the fair.

HOTELARREDO will be visited by over one million visitors from all over the world. It includes a show area for exhibitions and a market area for sales.

To meet the requirements of the specialist press and for general information on the products on show at HOTELARREDO for this 6th edition of the exhibition, the press office has also planned the publication of an index listing all new products.

Please find enclosed a card/questionnaire on which you should state the name of the exhibitor, the trade name and category of the product, following the numbering of the catalogue's listing system. You should also state in the appropriate space whether it is a new product for your company or in the market.

Vocabolario

l'allestimento	setting up
allestire [allestito]	to prepare, to set up
il catalogo ufficiale	official catalogue
la ditta espositrice	exhibiting company
l'espositore	exhibitor
l'esposizione	exhibition, show, fair
l'esposizione commerciale	trade show
la fiera	fair, show
la fiera campionaria	sample fair
la fiera commerciale	trade fair
la fiera internazionale	international trade fair
in fiera	on view
la manifestazione fieristica	event, show
la merce	goods, merchandise
la merceologia	the study of product

	characteristics, particularly their applications and uses
merceologico	pertaining to the characteristics of marketable goods
la mostra	exhibition
la mostra commerciale	trade fair
in mostra	on show
la novità	new product
il padiglione	exhibition hall
il posteggio	stand
il quartiere espositivo	exhibition area, complex
la rassegna	survey, show, exhibition
lo stand	stand

Answer the following questions

1 Quando comincerà la 6ª Biennale Internazionale HOTEL-ARREDO e quando si concluderà?
2 Dove verrà allestita la mostra?
3 La mostra sarà aperta a orario continuato o ci sarà una sosta per il pranzo?
4 La presenza di quanti visitatori è prevista alla Biennale di quest'anno?
5 Chi non è ammesso a partecipare alla rassegna in qualità di espositore?
6 Che cosa ha programmato l'ufficio stampa dell'esposizione?
7 Cosa va indicato sul questionario/scheda allegato?

1 Comincerà il 24 maggio e si concluderà il 29 maggio.
2 Verrà allestita nel Quartiere dell'Ente Autonomo Fiera di Belluno.
3 Sarà aperta a orario continuato, dalle 9 alle 18, giorni festivi inclusi.
4 Si prevede la partecipazione di un milione di visitatori da tutto il mondo.
5 Non sono ammessi a partecipare in qualità di espositori i rivenditori, gli agenti e i rappresentanti.
6 Ha programmato la pubblicazione di uno schedario delle novità.
7 Il nome dell'espositore, il nome commerciale del prodotto, la categoria merceologica del prodotto. Bisogna anche indicare se si tratta di una novità aziendale o assoluta.

TRADE FAIRS

There are around 400 fairs held annually in Italy, from international exhibitions to regional fairs. These offer British companies an opportunity to present their products to an Italian and international audience and to view competitors' products. Exhibiting in Italy also offers the benefit of assessing market reaction on the spot.

The major centre for fairs and exhibitions is Milan where approximately a quarter are located. The Milan Fair Ground is administered by the Ente Fiera di Milano and similar *enti* are responsible for other sites. As might be expected, the range of fairs is very wide.

Fairs held in Milan include:
Chibicar — *Salone internazionale degli articoli per regalo, della chincaglieria, degli articoli di profumeria e degli articoli per fumatori.* **Cart** — *Salone internazionale della cartoleria, della carta, dei prodotti cartotecnici e degli articoli per scuola e belle arti.* **Smau** — *Salone internazionale per l'ufficio* — for software, hardware, telematics and office automation. Major Italian men's and women's fashion fairs are also held in Milan.

Turin is also an important centre with the **International Motor and Vehicle Show** (held in alternate years), **Euromoda** (fashion), **Expocasa** (domestic household exhibition), **Automotor** (vehicle accessories), **Caravan Europa** and **Nuove Tecnologie.**

Genoa hosts an **International Boat Show**, a **Hotel Equipment Food and Drink Exhibition,** and the **Primavera Exhibition** of furniture, travel goods and holiday equipment.

There are a large number of fairs in smaller cities: for example, the Agricultural Fair in Verona, an industrial jewellery fair in Vicenza and fashion fairs in Florence. There are relatively few fairs in Rome and the South, the main centres being Naples and Bari. Bari is the venue of the Fiera del Levante, possibly the major fair in the Mezzogiorno, while the Agricultural Fair at Foggia is also of note.

A number of exhibitions are sponsored by the Department of Trade and Industry and other official bodies from the UK, for example, British Trade and Technology Weeks which have been held in a number of locations.

Further details of major fairs can be obtained from the Fairs and Promotions Branch of the DTI, Dean Bradley House, 52 Horseferry Road, London SW1P 2AG (tel. 071-276 2503). A further source of information is Overseas Trade Show Agencies, 11 Manchester

Square, London, W1M 5AB, UK agents for the Milan and Bologna fairs (tel. 071-486 1951).

Insert the correct tenses of the verbs

preparare, svolgere, aderire, pubblicare, esporre, compilare, presentare, visitare, comprendere, ammettere, partecipare, tenersi.

La mostra si ... dal 3 al 7 marzo prossimo e oltre 70 società maggiori italiane ... i loro prodotti. Alla mostra ... anche ... diverse società straniere. I visitatori ... nei padiglioni dalle 8 alle 18. Oltre 800 mila visitatori ... l'ultima edizione della fiera, ... due anni fa. Gli organizzatori della mostra ... un questionario che le società che ... alla mostra dovranno ... e ... alla conclusionė della rassegna. Il catalogo ... dagli organizzatori ... una breve descrizione dei prodotti in mostra.

svolgerà, esporranno, hanno, aderito, saranno ammessi, visitarono, tenutasi, hanno preparato, parteciperanno, compilare, presentare, pubblicato, comprende

Translate into English

HOTELARREDO SCHEDA D'IDENTITÀ

Tipo di manifestazione: Biennale Internazionale Arredamento per Hotel

Data: 24-29 maggio 199-
Area espositiva 86.000 mq
Area stand: 41.200 mq
Numero espositori: 980 di cui 340 esteri

Gli espositori esteri provengono dalle seguenti nazioni:

Belgio	20	Hong Kong	11
Canada	12	Norvegia	8
Danimarca	12	Olanda	21
Finlandia	4	Spagna	7
Germania	160	Taiwan	15
Gran Bretagna	24	USA	46

CHI VISITA L'HOTELARREDO...

– titolari d'azienda 35%

- dirigenti 28%
- agenti, rappresentanti, concessionari 10%
- altri 27%

HOTELARREDO WHO'S WHO

Type of exhibition: International Biennial Hotel Furnishings

Date: 24-29 May 199-
Exhibition area: 86,000m²
Stand area: 41,200m²
No. exhibitors: 980 of which 340 from abroad

Foreign exhibitors come from the following countries:

Belgium	20	Hong Kong	11
Canada	12	Norway	8
Denmark	12	Netherlands	21
Finland	4	Spain	7
Germany	160	Taiwan	15
UK	24	USA	46

Who visits HOTELARREDO ...
- owners 35%
- managers 28%
- agents, representatives, concessionaires 10%
- others 27%

After sending your application form to the exhibition organizers you receive the following information:

Translate into English

Notifica assegnazione posteggio
In base alla Vostra adesione alla 6ª Biennale Internazionale HOTEL-ARREDO e relativa domanda di ammissione Vi comunichiamo l'assegnazione della seguente area per esposizione: Padiglione 21, No. posteggio 46, mq 58.

Questionario espositori
Facciamo seguito alla restituzione del formulario in oggetto, di cui Vi ringraziamo. A tempo debito Vi metteremo al corrente dei risultati dell'indagine che stiamo svolgendo. Dalla compilazione è evidente la Vs soddisfazione per la partecipazione alla fiera: soddisfazione, questa, che abbiamo fatto anche nostra e che ci sprona ad operare sempre più e sempre meglio per non deludere le aspettative degli espositori.

Notification of stand number
In connection with your application for a stand at the 6th Biennale Internazionale HOTELARREDO and your application form we wish to inform you that the following area has been allocated to you for your exhibition: Hall 21, Stand No. 46 ($58m^2$).

Exhibitors' questionnaire
We refer to the above questionnaire which you have returned to us and for which we thank you. In due course we will inform you of the results of the survey which we are carrying out. From the entries your satisfaction at taking part in the exhibition is clear: satisfaction which we also share and which is an incentive for us to work harder and better to fulfil exhibitors' expectations.

Rewrite the text in direct speech

Nel corso dell'intervista gli organizzatori dissero che alla fiera di Bari avrebbero partecipato oltre 300 aziende e che molti nuovi prodotti sarebbero stati lanciati sul mercato; che la fiera avrebbe compreso varie zone di mostra e di vendita dei prodotti; che la mostra sarebbe stata inaugurata dal ministro Fanti, che avrebbe rappresentato il governo; che speravano nella presenza di oltre 80 mila visitatori e che pensavano che la situazione economica avrebbe avuto un effetto positivo sulla conclusione di diversi contratti; che la fiera dell'anno prima aveva riscosso un enorme successo e che anche questa edizione della mostra avrebbe riscosso un successo simile.

Nel corso dell'intervista gli organizzatori dissero: — Alla fiera di Bari parteciperanno oltre 300 aziende e molti nuovi prodotti saranno lanciati sul mercato. La fiera comprenderà varie zone di mostra e di vendita dei prodotti. La mostra sarà inaugurata dal ministro Fanti che rappresenterà il governo. Speriamo nella presenza di oltre 800 mila visitatori e pensiamo che la situazione economica avrà un effetto positivo sulla conclusione di diversi contratti. La mostra dell'anno scorso ha riscosso un enorme successo e anche questa edizione della mostra riscuoterà un successo simile.

Rewrite in indirect speech

Example:
Carlo disse: — Verrò domani.
Carlo disse che sarebbe venuto il giorno dopo.

1 L'agente affermò: — Rappresenterò la vostra azienda fino al mese di giugno prossimo.
2 Il dirigente sottolineò: — La situazione peggiorerà ulteriormente nel prossimo anno.
3 I partecipanti all'incontro hanno detto: — Non siamo riusciti a capire il problema esposto ieri.
4 Gli organizzatori sostenevano: — Le notizie sulla mostra saranno diffuse da tutti i quotidiani nazionali dopodomani.
5 I visitatori risposero: — Non riteniamo che la mostra sia all'altezza dell'edizione dell'anno scorso.

1 L'agente affermò che avrebbe rappresentato la nostra azienda fino al mese di giugno successivo.
2 Il dirigente sottolineò che la situazione sarebbe peggiorata ulteriormente nell'anno successivo.
3 I partecipanti all'incontro hanno detto di non essere riusciti a capire il problema il giorno prima.
4 Gli organizzatori sostenevano che le notizie sulla mostra sarebbero state diffuse da tutti i quotidiani nazionali due giorni dopo.
5 I visitatori risposero che non ritenevano che la mostra fosse all'altezza dell'edizione dell'anno precedente.

Exercise

Send a fax to the organisers of the Cantù exhibition which you will be attending next month. Ask for your stand and hall number, your telephone number on the stand, when the fitters will finish setting up your stand, how many exhibitors are taking part and how many visitors are expected.

Vogliate comunicarci il numero del padiglione e dello stand della nostra società, il numero di telefono dello stand, quando gli addetti finiranno l'allestimento del nostro stand, il numero degli espositori partecipanti alla mostra e quello dei visitatori che visiteranno l'esposizione.

Unit 34

Business travel
Viaggi d'affari

In this unit you will learn words and expressions connected with business travel. You will also practise useful language skills such as filling in forms and summarizing the content of conversations. The unit begins with a business trip schedule.

PROGRAMMA VIAGGIO D'AFFARI
10-16 giugno

10 giugno	ore 9,45	Partenza aeroporto Heathrow volo BA120
	ore 12,40	Arrivo aeroporto Linate
	ore 13,30	Consegna Fiat Croma Servizi Autonoleggio Car Linate
	ore 17,00	Agenzia di rappresentanza, Via Dante 89, Milano
	ore 21,00	Hotel AIRAM, Via Pascoli, Milano
11 giugno	ore 9,00	Visita Mostra OFFICE Fiera di Milano
12 giugno	ore 8,45	Stabilimento Chiari S.p.A., Varese Appuntamento con il dottor Salmanti, direttore vendite estere
	ore 16,30	Traversi S.r.l., Varese Incontro con il titolare.
13–15 giugno		Convegno presso l'hotel AIRAM di tutti gli agenti e rappresentanti italiani della Office Automation Ltd.
16 giugno	ore 14,50	Riconsegna Fiat Croma Servizi Autonoleggio Car Linate
	ore 16,20	Partenza aeroporto Linate volo BA121
	ore 17,20	Arrivo aeroporto Heathrow

BUSINESS TRIP SCHEDULE
10th-16th June

10th June	9.45am	Departure Heathrow airport (flight no. BA120)
	12.40pm	Arrival Linate airport
	1.30pm	Collect Fiat Croma Servizi Autonoleggio Car Linate
	5.00pm	Agency, Via Dante 89, Milano
	9.00pm	Hotel AIRAM, Via Pascoli, Milano
11th June	9.00am	Visit OFFICE Exhibition Fiera di Milano
12th June	8.45am	Chiari S.p.A. Factory, Varese Appointment with Dr Salmanti, export manager
	4.30pm	Traversi S.r.l., Varese Meeting with owner
13th–15th June		Gathering at AIRAM hotel of all Italian agents and representatives of Office Automation Ltd.
16th June	2.50pm	Return Fiat Croma Servizi Autonoleggio Car Linate
	4.20pm	Departure Linate airport (flight no. BA121)
	5.20pm	Arrival Heathrow airport.

Vocabolario

l'aeroporto	airport
l'agenzia di viaggi	travel agency
l'albergo, l'hotel	hotel
l'arrivo	arrival
atterrare [atterrato]	to land
l'autonoleggio	car rental
il bagaglio	luggage
cambiare [cambiato]	to change (plane, train, etc.)
il congresso internazionale	international congress
decollare [decollato]	to take off (plane)
fare i biglietti [fatto]	to get the tickets

il fuso orario	time zone
l'indennità di viaggio	travel allowance
la camera singola, doppia	single, double room
noleggiare un'auto [noleggiato]	to hire a car
organizzare [organizzato]	to organize
la partenza	departure
partire [partito]	to leave
il pernottamento	overnight stay
pernottare [pernottato]	to spend the night
prendere l'aereo [preso]	to travel by plane
prenotare [prenotato]	to book
la prenotazione	booking
la prima/seconda classe	first/second class
recarsi all'estero [recato]	to go abroad
rientrare [rientrato]	to return, come back
il soggiorno	stay
le spese di viaggio	travel expenses
la trasferta	business trip, transfer
viaggiare [viaggiato]	to travel
il viaggio d'affari	business trip
visitare [visitato]	to visit
il volo diretto	direct flight

Find the questions for these answers

1 Il volo atterrerà alle 18,45 con 45 minuti di ritardo.
2 C'è un volo Linate-Heathrow alle 13 e uno Linate-Manchester alle 19.
3 Preferisco un posto nella zona riservata ai non fumatori.
4 Il ritardo è dovuto alla nebbia all'aeroporto di Malpensa.
5 L'arrivo del suo volo è previsto per le 11,25.
6 Vorrei noleggiare una macchina diesel per tre giorni.

1 Quando atterrerà il volo e con quanto ritardo?
2 Quali voli ci sono per Londra e Manchester?
3 Dove preferisce sedersi?
4 A cosa è dovuto il ritardo del volo?
5 Per che ora è previsto l'arrivo del mio volo?
6 Che tipo di macchina vorrebbe noleggiare e per quanto tempo?

VIAGGI INTERNAZIONALI
Via Paolo Lomazzo
20154 MILANO

Ditta e indirizzo
(con codice postale)
Company and address
(with post code)

Vi preghiamo di riservarci le seguenti camere
Please reserve the following rooms

Categoria richiesta *Class required*	Data d'arrivo *Date of arrival*	Data di partenza *Date of departure*	Camera singola *Single room*	Camera a 2 letti *Twin-bed room*	Camera a 3 letti *3-bed room*	Totale Camere *Total no. rooms*

LEGENDA: L Lusso, A Prima, B Seconda con bagno, B1 Seconda senza bagno, C Terza con bagno, C1 Terza senza bagno
LEGEND: L Deluxe, A First-class, B Second-class with bathroom, B1 Second-class without bathroom, C Third-class with bathroom, C1 Third-class without bathroom

---

Numero totale delle camere richieste: ____________________
Total number of rooms required:____________________
Data arrivo:________ Data ns conferma definitiva__________
Date of arrival______ Date of final confirmation __________

Con la presente ci obblighiamo a pagare il prezzo del pernottamento per le camere fissate per il periodo indicato.
We herewith agree to pay for the rooms booked for the period stated

---

Timbro e firma della ditta: Luogo e data:
Stamp and signature of company: Place and date:

HOTELS IN ITALY

The main hotel chains in Italy are **CIGA**, with 28 hotels, **Jolly Hotel** with 31 hotels in Italy and three abroad, and **Star Hotel**, with 15 hotels. Star Hotel offer special rooms for businesswomen.

Generally business travellers should have little difficulty in finding appropriate accommodation if they book well in advance. This advice is particularly relevant for Milan, the major commercial centre, where demand for hotel rooms is higher throughout the year and even more so during fairs and exhibitions. A room in Milan can cost up to 300,000 lire. Outside Milan the situation is usually not so critical and prices are lower. However, one must remember that accommodation gets booked up fast when a fair or convention is being held in a particular town.

Italy has an efficient internal transport system with internal flights, rail and motorways.

Information on hotels in Italy can be obtained from leading travel agents or from the Italian State Tourist Office, 1 Princes Street, London SW1.

Exercise

Send a fax booking three single bedrooms with bathroom for 10 days, 18–27 March. Ask for confirmation of booking, the total price and method of payment.

VOGLIATE PRENOTARE TRE CAMERE SINGOLE CON BAGNO PER DIECI GIORNI A PARTIRE DALLA NOTTE DEL 18 MARZO PROSSIMO FINO AL 27 INCLUSO. VI PREGHIAMO DI CONFERMARCI LA PRENOTAZIONE, COMUNICARCI IL PREZZO TOTALE PER L'INTERO SOGGIORNO E INFORMARCI SUL METODO DI PAGAMENTO RICHIESTO.

Translate the reply from the hotel

In riferimento vostro fax odierno confermiamo prenotazione di tre camere singole con bagno dal 18 al 27 marzo. Il prezzo per camera è di Lit. 370.000: nel prezzo sono inclusi prima colazione, tasse e servizio. Totale per tre camere Lit. 11.100.000 (undici milioni cento mila lire). Vogliate rimettere il 50% del costo totale almeno sette giorni prima dell'inizio del soggiorno con assegno bancario intestato alla AIRAM.

With reference to your fax of today we confirm the reservation of three single rooms with bathroom from 18th to 27 March. The price per room is 370,000 lire. Breakfast, VAT and service are included in the price. The total price for three rooms is 11,100,000 Lira (eleven million one hundred thousand lire). Please remit 50% of the total cost at least seven days before the beginning of your stay with a bank cheque payable to AIRAM.

Translate into Italian

1 I would like two single rooms with bathroom just for one night.
2 Do you have any rooms available from the 1st to the 7th of May?
3 Could you confirm the booking by fax please?
4 What is included in the price?
5 What is the price of each double room?
6 Can I pay at the end of our stay?

1 Vorrei due camere singole con bagno per una notte soltanto.
2 Avete delle camere libere dal 1º al 7 maggio?
3 Potrebbe confermare la prenotazione per telefax per piacere?
4 Che cosa è incluso nel prezzo?
5 Quanto costa una camera doppia?
6 Posso pagare al termine del nostro soggiorno?

Fill in the booking form

MODULO DI PRENOTAZIONE ALBERGHIERA
[scrivere in stampatello]

Sig/Sig.ra/ Sig.na	Nome (i) o iniziali	Cognome	Indirizzo completo abitazione e tel.
Ditta o Società		Indirizzo completo della ditta o soc.	
Telefono		Telefax/Telex	

Connect the two parts of the sentence

La prenotazione	non è di prima categoria, ma di seconda
La partenza	Londra-Milano parte alle 19,25 da Heathrow
Il modulo	provvederà alla spedizione del suo biglietto
Il volo diretto	in Italia sarà di dieci giorni, non di sette
L'agenzia di viaggi	delle due camere è stata già confermata
Il soggiorno	è stata posticipata a causa di impegni
Questo albergo	non è stato ancora compilato

La prenotazione delle due camere è stata già confermata.
La partenza è stata posticipata a causa di impegni.
Il modulo non è stato ancora compilato.
Il volo diretto Londra-Milano parte alle 19,25 da Heathrow.
L'agenzia di viaggi provvederà alla spedizione del suo biglietto.
Il soggiorno in Italia sarà di dieci giorni, non di sette.
Questo albergo non è di prima categoria, ma di seconda.

Complete with the correct language

1 Vado in Italia e parlo ... con i miei clienti.
2 In Germania e Austria ci vuole ... per discutere sui nostri prodotti.
3 Negli USA, in Australia e in Inghilterra non potrei comunicare senza conoscere un po'di ... .
4 In Spagna e Argentina me la cavo con il mio ... e in Francia parlo correntemente ... .
5 In Russia uso ... che ho imparato a scuola, mentre ho ancora qualche difficoltà in Brasile e in Portogallo perché non so parlare molto bene ... .
6 Ho anche fatto un corso intensivo di ... prima di recarmi in Cina per affari.
7 Quando vado nell'Arabia Saudita ho bisogno di un interprete perché non so parlare ... .

l'italiano, il tedesco, inglese, spagnolo/il francese, il russo/il portoghese, cinese, l'arabo.

Complete with the correct currency

1 In Italia si paga con la ... mentre in Inghilterra si usano le ... .
2 La valuta spagnola è la ..., quella francese è il ... e quella tedesca

è il … .

3 Prima di recarmi in Giappone dovrò acquistare degli … e per il viaggio negli USA ho già dei … .

4 Mi occorrono dei … per andare nell'Unione Sovietica e delle … per andare in Danimarca.

5 Per andare in Olanda ci vogliono i … e in Grecia le … .

6 Presto nei paesi comunitari potremo usare l'… .

lira/sterline, peseta/franco/marco, yen/dollari, rubli/corone, fiorini, dracme, ecu

Transform the dialogue into continuous text

– Dove lavora, signor Anselmi?
– Lavoro a Pisa, nell'ufficio estero della Passini.
– Da quanto tempo lavora per la società?
– Da oltre 15 anni.
– Viaggia spesso all'estero?
– Sì, in media trascorro quattro mesi all'anno all'estero.
– Va all'estero per incontri con clienti in genere?
– Sì, ma anche per mostre, fiere, congressi e per coordinare l'attività delle nostre filiali e agenzie.
– Viaggia principalmente in Europa?
– Direi il 60% dei miei viaggi è in Europa e il resto in Asia e America.
– Sa parlare l'inglese?
– Sì, l'inglese, il francese e lo spagnolo.

[Il signor Anselmi lavora nell'ufficio estero della ditta Passini di Pisa da oltre 15 anni. Va spesso all'estero e trascorre in genere quattro mesi all'anno all'estero, per incontri con clienti, per fiere, mostre, congressi e per coordinare l'attività delle filiali e delle agenzie della sua società. Il 60% dei suoi viaggi ha luogo in Europa e il 40% in Asia e in America. Il signor Anselmi sa parlare tre lingue straniere: l'inglese, il francese e lo spagnolo.]

Unit 35

Commercial distribution
Distribuzione commerciale

In this unit you will learn words and expressions from the field of commercial distribution. You will also review the passive form of verbs. The unit begins with an overview of commercial distribution in Italy.

In Italia il sistema distributivo, fra i meno evoluti in Europa, è caratterizzato da una notevole frammentazione e non ha mostrato negli ultimi anni alcuna tendenza alla concentrazione. La struttura distributiva è fortemente polverizzata e costituita da piccoli esercizi commerciali, negozi e botteghe, il 78% dei quali ha meno di tre addetti.

In tutti i settori commerciali la spinta verso la concentrazione è forte e le grandi catene crescono a macchia d'olio assorbendo le piccole aziende. Questo avviene particolarmente nel settore dell'abbigliamento e della distribuzione; in Gran Bretagna, ad esempio, i negozi in *franchising* sono responsabili per un terzo delle vendite nel settore dell'abbigliamento. In Italia il fenomeno si è diffuso nei principali centri di commercio, ma la cifra non raggiunge neppure un sesto dell'intera attività, appunto perché predominano i dettaglianti indipendenti.

Le forme moderne su cui è imperniata la distribuzione moderna – super e ipermercati – non si sono affermate in Italia con lo stesso vigore registrato altrove. Benché l'apertura del primo supermercato italiano risalga al 1955, prima che in Francia e in Germania, questa struttura di rivendita in Italia non ha mai registrato un alto livello di successo. Nel 1964 i supermercati francesi superavano le 300 unità, quelli tedeschi le 700, mentre quelli italiani erano appena 180. Nel decennio successivo mentre in Francia se ne contavano oltre 2500 e in Germania oltre 3500, il totale dei supermercati nell'intero territorio italiano era di circa 360. Il successo limitato dei super e ipermercati in Italia è in parte dovuto alle abitudini dei consumatori che preferiscono sia fare la tradizionale spesa quotidiana in negozi locali a conduzione familiare, sia il servizio personale che strutture di questo genere offrono e che è purtroppo assente negli esercizi commerciali maggiori.

In Italy the distribution system, among the least developed in Europe, is marked by strong fragmentation and has not shown in recent years any tendency towards concentration. The distribution structure is very dispersed consisting of small sales outlets, shops and stores, 78% of which have fewer than three employees.

In all the commercial sectors the trend towards concentration is strong and the large chains are growing conspicuously, absorbing small firms. This is occurring particularly in the clothing sector and in distribution; in Great Britain, for example, franchises are responsible for one third of sales in the clothing sector, while in Italy the phenomenon has spread in the principal commercial centres but the figure does not reach even one third of total activity, precisely because independent retailers predominate.

The structures around which distribution revolves today – supermarkets and hypermarkets – have not become established in Italy with the same vigour as elsewhere. Although the first Italian supermarket was opened in 1955, before France and Germany, in Italy this retail structure has never achieved a high level of success. In 1964 there were more than 300 supermarkets in France and over 700 in Germany, whereas there were just 180 in Italy. In the following decade, while in France there were over 2,500 and in Germany over 3,500, the total number of supermarkets in the entire country was around 360. The limited success of supermarkets and hypermarkets in Italy is partly due to the habits of consumers who prefer to do their daily shopping in local family-run shops and the personal service which this kind of structure offers and which is unfortunately lacking in larger commercial outlets.

Vocabolario

affermarsi [affermato]	to become established, make one's mark
assente	absent, missing
assorbire [assorbito]	to absorb
avvenire [avvenuto]	to occur

il bricocenter	DIY centre
il canale di distribuzione	distribution channel
il cash and carry, il self-service all'ingrosso	cash and carry
la catena di distribuzione	distribution chain
la concentrazione	concentration
la conduzione	control, management
la cooperativa	co-operative
il dettagliante	retailer
il dettaglio, il minuto	retail
il direct marketing, la commercializzazione diretta	direct marketing
distributivo	distributive, of distribution
il distributore	distributor
la distribuzione	distribution
la distribuzione porta a porta	door-to-door distribution
l'esercizio commerciale	sales outlet
evolvere [evoluto]	to evolve, develop
il fenomeno	phenomenon
la frammentazione	fragmentation
il franchising, l'affiliazione commerciale	franchising
la grande distribuzione	large wholesalers, distributors large-scale retail trade
i grandi magazzini	large department stores
le grandi superfici	large retail outlets
il grossista	wholesaler
imperniato su	hinged on
l'ingrosso	wholesale
l'intermediario	intermediary, middleman
l'ipermercato	hypermarket
la logistica	logistics
la macchia d'olio	oil stain, patch of oil
il mercantone	large non-food store specializing in furniture
il mercato	market
il mercato ambulante	local market (where stall holders attend different markets on different days)
il mercatino	street market

il minimercato, la superette	minimarket
il monopolio	monopoly
il negozio self-service	self-service store
la polverizzazione	atomization, fragmentation
il punto di vendita (POS)	point of sale (POS)
risalire [risalito]	to date from, go back to
il rivenditore	retailer, reseller
spingere [spinto]	to push
la spinta	push
la vendita all'ingrosso	selling by wholesale
la vendita al minuto, al dettaglio	retailing
la vendita a self-service	self-service (retailing)
la vendita per corrispondenza	mail-order

Answer the questions

1 Quale aspetto caratterizza la struttura distributiva italiana?
2 Dove la tendenza verso la concentrazione è particolarmente evidente?
3 Quale parte delle vendite del settore dell'abbigliamento hanno i negozi in franchising in Italia?
4 Quando fu aperto il primo supermercato in Italia?
5 Come si sono evoluti i supermercati italiani in paragone a quelli francesi e tedeschi?
6 Perché i consumatori preferiscono i negozi locali tradizionali ai supermercati e agli ipermercati?

1 Una notevole frammentazione.
2 Nel settore dell'abbigliamento e della distribuzione.
3 Hanno meno del sesto dell'intera attività.
4 Nel 1955.
5 Molto lentamente.
6 Perché preferiscono il servizio personale che è assente negli esercizi commerciali maggiori.

Translate into Italian

Currently large-scale distribution in Italy accounts for 25% of total consumption, whereas in France, Germany and Great Britain it accounts for 50% of total consumption. In first place among supermarket chains in Italy is the Coop, but its turnover is equivalent to only one-third of the leading French chain, Carrefour 1.

Attualmente la grande distribuzione in Italia equivale al 25% dei consumi totali, mentre in Francia, Germania e Gran Bretagna questa è pari al 50% dei consumi totali. Al primo posto fra le catene di supermercati in Italia si trova la Coop, ma il suo fatturato equivale soltanto ad un terzo del fatturato della maggiore catena francese Carrefour 1.

COMMERCIAL DISTRIBUTION IN ITALY

The description 'a nation of shopkeepers' is nowadays more true of Italy than of Britain. Italy has probably the highest number of outlets per 1,000 head of population in Europe, with a dense network of small, family-run businesses being the characteristic feature of Italian retailing. Small specialist stores predominate in many sectors with supermarkets and department stores featuring only in larger towns and cities. The overall impression is one of duplication, inefficiency and of potential improvement through economies of scale and cost savings in distribution and retailing. Currently the level of concentration of sales is exceedingly low and a major chain such as *La Rinascente*, with over 600 outlets, accounts for only 1% of food sales. At the beginning of 1988 Italy still had only c.3500 supermarkets and large stores (fewer than Germany 15 years earlier).

In spite of the persistence of traditional attitudes to retailing, changes are occurring, especially in the major conurbations of Northern Italy. Out-of-town shopping centres, large furniture and do-it-yourself stores are being established on the pattern of foreign models. Major foreign companies have frequently been in the vanguard of these developments.

The future is likely to see an increase in concentration, through the continuing penetration of the Italian market by foreign companies, further acquisitions and mergers between Italian companies and, possibly, strategic alliances of companies operating in different countries and coming together to implement a pan-European distribution and retail strategy.

As a consequence of these various forces it would appear certain that the absolute number of small outlets will decline and that of larger kinds of outlet will increase. This will change fundamentally the structure of Italian retailing, bringing it closer to the norm in other European countries. The current structure, however, does make penetration of the Italian market relatively difficult, with regard to market research and distribution, as the number of outlets involved is far higher than, for example, in the UK.

A major source of ongoing information on distribution and retailing is the monthly magazine, *Largo Consumo*, available on subscription from Editoriale Largo Consumo Srl, via Bodoni 2, 20155 Milano (tel. 02 3271646).

Size categories of retail outlets are as follows:

200 – 400 m^2	small supermarket
400 – 800 m^2	supermarket
> 5000 m^2	hypermarket
3500 – 12000 m^2	large department store

Derive nouns from the infinitives in brackets and translate into English

Senza dubbio l'(avvenire) del Mercato Unico Europeo previsto per il '92 porterà all'inevitabile (ammodernare) della rete distributiva nazionale, in parte come (reagire) alla presenza sul mercato italiano di aziende multinazionali attive particolarmente nei settori degli ipermercati, dei grandi magazzini per il fai-da-te e delle (vendere) per (corrispondere). La (riorganizzare) dell'intero settore distributivo italiano, di cui ad esempio **La Rinascente** è uno dei maggiori protagonisti, porterà ad una maggiore (concentrare) delle grandi catene e ad una visione più internazionale dell'attività.

avvento, ammodernamento, reazione, vendite, corrispondenza, riorganizzazione, concentrazione

Without doubt the advent of the Single European Market forecast for 1992 will lead to the inevitable modernization of the national distribution network, in part as a reaction to the presence on the Italian market of multinational companies active particularly in the sectors of hypermarkets, large do-it-youself stores and mail order. The reorganization of the entire Italian distribution sector, of which, for example, La Rinascente is one of the major names will lead to a greater concentration of the large chains and to activity on an increasingly international scale.

Which of these sentences can be changed to the passive form

1 Il prodotto deve essere messo in commercio entro il 10 luglio.
2 I mass media attirano l'attenzione del pubblico dei consumatori.
3 I collaudatori sottopongono le macchine a prove severissime.
4 I cicli vitali dei prodotti si accorciano sempre di più.
5 L'azienda impiega dei macchinari tecnologicamente avanzati.
6 Le aziende italiane lanciano nuovi prodotti ogni anno.
7 La presentazione comincia alle 18.
8 Le vendite hanno registrato un aumento dopo il rilancio del prodotto.
9 Tutto dipende dal lancio!
10 Il giornalista è arrivato in tempo?

2, 3, 5, 6, 8

Now change them

2 L'attenzione del pubblico dei consumatori è attirata dai mass media.
3 Le macchine vengono sottoposte a prove severe dai collaudatori.
5 Dei macchinari tecnologicamente avanzati sono impiegati dall'azienda.
6 Nuovi prodotti sono lanciati ogni anno dalle aziende italiane.
8 Un aumento delle vendite è stato registrato dopo il rilancio del prodotto.

Replace the adverbial phrase in bold with an adverb

1 Mi interessa quel prodotto **in modo particolare.**
2 Il sistema distributivo deve essere modificato **in modo drastico.**
3 L'industria cresce **con grande rapidità.**
4 I problemi della struttura attuale emergono **con crescente puntualità.**
5 Questo problema dovrà essere risolto **con prudenza.**
6 Gli italiani preferiscono fare la spesa **tutti i giorni.**

particolarmente, drasticamente, rapidissimamente, sempre più puntualmente, prudentemente, giornalmente.

Unit 36

Import–export
Importazione-esportazione

In this unit you will learn words and expressions from the field of export and import. You will also review the use of *perché* with the subjunctive and of *pur* with the gerund. The unit begins with a statistical summary of Italy's major imports and exports.

Scambi con l'estero per le principali
merci importate ed esportate 1987
(miliardi di lire)

IMPORTAZIONI/IMPORTS

MERCI/GOODS	Valore/Value
Prodotti chimici/Chemical products	18.936
Mezzi di trasporto/Vehicles	17.875
Macchine e apparecchi/Machines and appliances	16.883
Alimentari e affini/Food and related products	13.360
Prodotti metallurgici/Metal products	12.965
Petrolio/Oil	11.483
Meccanica di precisione/Precision engineering	10.020
Manifatturiere varie/Miscellaneous products	7.340
Prodotti tessili/Textiles	7.156
Prodotti agricoli/Agricultural products	6.808

ESPORTAZIONI/EXPORTS

MERCI/GOODS	Valore/Value
Macchine e apparecchi/Machines and appliances	29.233
Prodotti tessili/Textiles	16.442
Mezzi di trasporto/Vehicles	16.193
Prodotti chimici/Chemical products	11.634

Vestiario e abbigliamento/Clothing	11.326
Prodotti metallurgici/Metal products	10.238
Altri prodotti metalmeccanici/Other engineering products	7.674
Manifatturiere varie/Miscellaneous products	7.310
Prodotti alimentari/Food products	6.787
Trasf. minerali non metalliferi/Transf. non-metallic minerals	6.110

[FROM I CONTI DEGLI ITALIANI – COMPENDIO DELLA VITA ECONOMICA NAZIONALE, ISTAT, volume 22, 1988]

Read the text and answer the questions

L'Italia esporta sia merci che servizi nel resto del mondo: esporta principalmente nei paesi comunitari (Francia, Germania, Gran Bretagna, Benelux), negli Stati Uniti, nell'Unione Sovietica e nell'Arabia Saudita. Dal punto di vista merceologico le esportazioni principali sono costituite da macchinari e apparecchi, prodotti tessili, mezzi di trasporto e sostanze chimiche.

Al primo posto delle importazioni italiane risultano i prodotti chimici. Fino al 1985 il petrolio si trovava al primo posto con 25 mila miliardi di lire. Nel 1987 il petrolio è sceso al sesto posto con oltre 11 mila miliardi. Il turismo può essere considerato una delle importazioni di maggior rilievo dell'economia italiana data la notevole presenza di stranieri in Italia. Le importazioni italiane provengono per lo più dalla Germania, Francia, Paesi Bassi, dalla Gran Bretagna e dagli USA.

1 Che cosa importa principalmente l'Italia dall'estero?
2 A quanti miliardi di lire ammontavano le esportazioni di prodotti alimentari nel 1987?
3 Di quanti miliardi di lire è diminuita l'importazione del petrolio in due anni?
4 Quali prodotti sono compresi sia tra le importazioni che tra le esportazioni italiane?
5 In quali paesi esporta principalmente l'Italia?

1 Importa principalmente prodotti chimici, mezzi di trasporto, macchinari, prodotti alimentari, metallurgici e petrolio.
2 Ammontavano a 6.787 miliardi di lire.
3 È diminuita di circa 14 miliardi di lire.

4 I prodotti chimici, i mezzi di trasporto, i macchinari, i prodotti tessili, e i prodotti alimentari.
5 Nei paesi della CE, negli USA, nell'URSS e nell'Arabia Saudita.

Vocabolario

l'area di libero scambio	free trade area
l'assicurazione dei crediti all'esportazione	export credit insurance
le barriere doganali	customs barriers
le barriere non tariffarie	non-tariff barriers
le barriere protezionistiche	protectionist barriers
le barriere tariffarie	tariff barriers
il certificato di origine	certificate of origin
il commercio estero	export trade
la compagnia commerciale, la società di trading	trading company
il contrabbando	smuggling, contraband
i crediti all'esportazione	export credits
i crediti all'importazione	import credits
il dazio d'esportazione	export tax, export duty
il dazio d'importazione	import tax, import duty
i dazi doganali	customs duties
la detrazione d'imposta per esportazioni	export tax relief
la dichiarazione doganale di esportazione	export declaration
il direttore ufficio esportazione	export manager
i documenti d'imbarco	export documents
esportare [esportato]	to export
l'esportazione	export
importare [importato]	to import
l'importazione	import
la lettera di credito	letter of credit
la licenza d'esportazione	export licence
la licenza d'importazione	import licence
la nomenclatura tariffaria di Bruxelles	Brussels Tariff Nomenclature
la merce di esportazione	export goods
la merce di importazione	import goods

la polizza di carico per l'estero	export bill of lading
il protezionismo	protectionism
il reparto, l'ufficio esportazione	export department
la valuta libera, la valuta di scambio	trading currency
la zona franca	free zone

INCOTERMS 1991

EXW	Ex Works	Franco Fabbrica
FCA	Free Carrier	Franco Vettore
FAS	Free Alongside Ship	Franco Sottobordo
FOB	Free On Board	Franco a Bordo
CFR	Cost and Freight	Costo e Nolo
CIF	Cost, Insurance and Freight	Costo, Assicurazione e Nolo
CPT	Carriage Paid To	Porto Pagato
CIP	Carriage and Insurance paid to	Porto e Assicurazione Pagati
DAF	Delivered at Frontier	Reso Frontiera
DES	Delivered Ex Ship	Franco Bordo Nave a Destino
DEQ	Delivered Ex Quay (Duty Paid)	Franco Banchina (Sdoganato)
DDU	Delivered Duty Unpaid	Reso Non Sdoganato
DDP	Delivered Duty Paid	Reso Sdoganato

In terms of value the UK ranks fifth among the countries of origin of Italian imports and fifth as a destination for Italian exports, Italy's major partner being Germany. Italy is one of the 90 members of **GATT** — *Accordo generale sui dazi doganali e il commercio*, General Agreement on Tariffs and Trade — signed in Geneva on 30th October 1947. The early years of GATT's existence witnessed the reduction of duties on a considerable number of products. Subsequent negotiations such as the Kennedy Round and the Tokyo Round resulted in the further removal of barriers to trade. The latest negotiations, the Uruguay Round, began in the late 1980's and have yet to be concluded, largely because of the failure to reach agreement over tariffs for agricultural products.

ICE — *Istituto nazionale per il commercio con l'estero* — created in

1926, is the body which promotes Italian exports, through the organization of permanent exhibitions and trade missions abroad and the publication of promotional material.

Export Credits
The main organization which operates in Italy in this field is **SACE** — *Sezione autonoma per crediti alle esportazioni* — under the control of INA, *Istituto Nazionale delle Assicurazioni.*

Premio Export
Prize awarded every year by the weekly *Il Mondo* and the *Ministero del Commercio Estero* to the Italian companies with the best export performance in the food, textile, furniture, metal, mechanical and chemical sectors.
The Department of Trade and Industry's booklet HINTS TO

EXPORTERS: ITALY provides much useful information and advice for British companies intending exporting to Italy. EC harmonization and the Single European Market have considerably simplified the administrative procedures involved, in particular with the introduction of the Single Administrative Document. This applies to all goods transported between member countries of the EC.

A stimulus for exports of British goods and services is provided by the government *Export Credits Guarantee Department* (ECGD). ECGD makes available insurance to cover the risks associated with exporting as well as access to a range of financial services.

For comprehensive and up-to-date details of the services offered by the Department, contact: ECGD, P.O. Box 272, Export House, 50 Ludgate Hill, London EC4M 7AY (tel 071 382 7000).

Choose the correct preposition

1 La nostra azienda crede *nell'/all'/sull'/per* l'importanza dell'esportazione.
2 I dazi doganali sono dei tributi prelevati dallo stato *sulle/dalle/delle/alle* importazioni.
3 Questi dazi influiscono *con i/per i/sui/dei* prezzi dei prodotti.
4 Le importazioni del petrolio ammontano *a/per/da/in oltre* 11 miliardi.
5 L'aumento *del/col/nel/per* il prezzo è direttamente proporzionale *al/del/con/sul* dazio imposto *nello/dallo/sullo/tra* lo stato.
6 Le importazioni sono destinate con *il/al/per il/dal* consumo interno.

nell', sulle, sui, prezzi, a oltre, del, al, dallo, al.

Perché

Perché means 'why', 'because', 'so that', 'in order that'. When it means 'because' it is followed by the indicative: when it means 'so that', 'in order that' it is followed by the subjunctive.

Insert the correct form of the verb in brackets

1 I prezzi sono aumentati notevolmente perché i costi (salire).
2 Perché i prezzi (scendere) bisogna agire tempestivamente.
3 Le nostre risorse economiche dovranno essere controllate perché la situazione del paese (migliorare).
4 Non possiamo esportare macchinari perché non li (produrre).

5 Telefonai alla sua azienda perché (volere) parlare col direttore.
6 Ha chiamato l'ICE perché i funzionari le (rilasciare) la licenza d'esportazione?
7 Mi rivolgerò al ministero del commercio perché mi (sostenere) nella mia attività.
8 Ho telefonato al ministero perché ieri gli impiegati mi (rilasciare) i documenti sbagliati.

sono saliti, scendano, migliori, produciamo, volevo, rilascino, sostenga, hanno rilasciato.

Rewrite using *pur* and the gerund

Example: Nonostante siano i maggiori esportatori italiani, il loro successo in Italia è ancora limitato.
Pur essendo i maggiori esportatori italiani, il loro successo in Italia è ancora limitato.

1 Benché siano i leader nel settore, non riescono ad imporsi in Francia.
2 Sebbene avessimo discusso questo, non eravamo d'accordo.
3 Nonostante non conoscessimo l'inglese, potevamo capire la conversazione.
4 Anche se non esporteremo veicoli negli USA, saremo al primo posto nel MEC.
5 Benché avessi ascoltato la sua opinione, non ne fui persuaso.
6 Benché abbia accettato la sua proposta, non seguirei il suo consiglio.
7 Sebbene avessimo deciso di esportare, non saremmo stati in grado di realizzare il progetto entro l'anno.

1 Pur essendo i leader nel settore, non riescono ad imporsi in Francia.
2 Pur avendo discusso questo, non eravamo d'accordo.
3 Pur non conoscendo l'inglese, potevamo capire la conversazione.
4 Pur non esportando veicoli negli USA, saremo al primo posto nel MEC.
5 Pur avendo ascoltato la sua opinione, non ne fui persuaso.
6 Pur accettando la sua proposta, non seguirei il suo consiglio.
7 Pur avendo deciso di esportare, non saremmo stati in grado di realizzare il progetto entro l'anno.

Rewrite inserting the correct verb

Example: Se adesso volevi andare in Italia, dovevi dirglielo ieri.
Se adesso volessi andare in Italia, avresti dovuto dirglielo ieri.

1 Se la situazione oggi *era* migliore *potevamo* vincere dei contratti esteri.
2 Se il ministero l'anno scorso *aveva* provveduto alla realizzazione in tempo, *potevamo* vendere i prodotti.
3 Se i dazi non *venivano* imposti sulle importazioni, tutti i paesi *esportavano* senza alcun controllo.
4 Se tu *volevi* sapere a quanto *ammontava* il totale delle esportazioni, *dovevi* studiare le statistiche.
5 Se io *ero* l'impiegato del ministero *facevo* il lavoro in un attimo.
6 Se solo la ditta *poteva* esportare nell'Arabia Saudita!

fosse/potremmo, avesse/avremmo potuto, venissero/esporterebbero, volessi/ammontasse/dovresti, fossi/farei, potesse

Join the pairs of sentences using relative pronouns like *che, di che, dei quali, di cui, da cui,* etc.

Example: Ecco i nostri prodotti.
L'Estonia importa i nostri prodotti.
Ecco i nostri prodotti che l'Estonia importa.

1 Ecco i documenti d'esportazione.
Ti ho parlato dei documenti d'esportazione.
2 Abbiamo uno stabilimento in Trentino.
Produciamo elettrodomestici nello stabilimento in Trentino.
3 Questa è la licenza d'esportazione.
La validità di questa licenza d'esportazione scade giovedì.
4 Esportiamo questi macchinari in tutto il mondo.
La stampa ha presentato una rassegna di questi macchinari.
5 Il dipendente ha terminato il suo lavoro.
Avete ricevuto la telefonata dal dipendente.

1 Ecco i documenti d'esportazione di cui ti ho parlato.
2 Abbiamo uno stabilimento in Trentino nel quale produciamo elettrodomestici.
3 Questa è la licenza d'esportazione la cui validità scade giovedì.
4 Esportiamo questi macchinari, di cui la stampa ha presentato una rassegna, in tutto il mondo.
5 Il dipendente, dal quale avete ricevuto una telefonata, ha terminato il suo lavoro.

Unit 37

Haulage and forwarding
Trasporto e spedizione

In this unit you will learn words and expressions connected with haulage and forwarding. You will also review the present perfect of '*dovere*', '*potere*' and '*volere*' and verb-adverb combinations. The unit begins with an example of an international bill of lading.

Lettera di Vettura Internazionale
International Bill of Lading

Il presente trasporto è disciplinato dalla convenzione relativa al contratto di trasporto internazionale di merci su strada (CMR) Nr.—

This conveyance of goods is subject to the international road haulage convention (CMR) No.—.

1 Mittente/**Forwarder** Nome/**Name** Residente a Via Paese **Address and Country**	2 Destinatario/**Consignee** Nome/**Name** Residente a Via Paese **Address and Country**
3 Luogo della presa in carico della merce Paese Data **Place of collection of goods** **Country Date**	4 Luogo previsto per la riconsegna della merce Paese Data **Place of delivery of goods** **Country Date**

5 Contrassegni e numeri **Marks and numbers**	6 Numero dei colli **Number of packages**	7 Denominazione della merce **Nature of goods**
9 Volume in m^3 **Volume in cubic metres**	10 Peso lordo in Kg **Gross weight in Kg**	

11 Istruzioni del mittente **Instructions of forwarder**

a. Punti di transito di confine concordati
Agreed border points of transit

b. Formalità doganali ecc.
Customs formalities, etc.

c. Altre indicazioni
Other information

12 Osservazioni del trasportatore/**Comments of carrier**

13 Autotrasportatore/**Carrier**
Nome/**name**
Residente a/**Address**
Via/**Road** Paese/**Country**

14 Distinta spese/**List of costs** a carico del/**charged to the**
mittente/**forwarder** destinatario/**consignee** valuta/**currency**
Prezzo di trasporto/**Cost of transport**
Abbuoni/**Discount**
Maggiorazioni/**Surcharges**
Spese accessorie/**Incidental expenses**
Totale/**Total**

15 Compilato a il 19
Place Date 19

16 Firma e timbro del mittente	18 Firma e timbro del trasportatore	19 Firma e timbro del destinatario
Signature and stamp of forwarder	**Signature and stamp of carrier**	**Signature and stamp of consignee**

Vocabolario

l'agenzia marittima	shipping agency
l'alaggio	haulage
la bolla di accompagnamento merci	packing list

la bolla, bolletta di consegna	bill of parcel, delivery note
la bolla di spedizione	dispatch note
la bolla di trasporto aereo	air consignment note
la bolletta doganale	bill of entry, customs entry
la bolletta di spedizione	carriage note, forwarding note
il carnet TIR	TIR transport form
il container	container
il costo di trasporto	haulage, transport cost
il destinatario	consignee
il diritto marittimo	shipping law
i documenti di spedizione	shipping papers
l'imballaggio	packaging
l'impresa di trasporto	transport company
il magazzinaggio	storage
il mezzo di trasporto	means of transport, vehicle
il mittente	sender, consigner, forwarder
la nave Ro-Ro	roll-on roll-off ferry
l'operazione di carico	shipment
il pallet	pallet
la pallettizzazione	palletization
la polizza di carico	bill of lading
la spedizione	shipment, consignment, dispatch
le spedizioni internazionali	international haulage trade
lo spedizioniere	freightforwarder, shipping agent, forwarding agent
lo spedizioniere marittimo	shipping agent
le spese d'imbarco e di spedizione	shipping and forwarding charges
TIR – transport international routier	trasporto internazionale su strada
il terminal container	container terminal
il TIR	TIR transport lorry
il trasportatore	haulier, carrier, contractor
il trasporto	haulage, transport, freight
il trasporto a carico del cliente, il trasporto a carico del destinatario	carriage forward
il trasporto a carico del mittente	carriage paid
il trasporto di merce su strada	road haulage
il trasporto internazionale	international haulage trade
l'ufficio spedizioni	shipping department
il vettore	haulier, transporter

Insert the missing words

Viaggio, containers, imbarco, imballaggio, navi, riceve, marittimo, bolla, trasportate, documenti, sdoganamento, mittente, trasporto, merce.

Con il contratto di .... il vettore si impegna a trasferire la .... da un luogo all'altro. Il .... in genere paga il trasporto e il destinatario .... la consegna. Il mittente rilascia la .... di consegna contenente la descrizione delle cose .... e del tipo di trasporto. Lo spedizioniere effettua le operazioni di carico e di .... della merce. Lo spedizioniere .... ha il compito di preparare tutti i documenti di ...., le polizze d'assicurazione, i .... doganali e di reperire lo spazio per la merce sulle .... in partenza. L'.... può essere costituito da casse, cassoni, scatole, cartoni, ..., a seconda del tipo di merce e del tipo di .....

trasporto, merce, mittente, riceve, bolla, trasportate, sdoganamento, marittimo, imbarco, documenti, navi, imballaggio, containers, viaggio.

Insert the correct propositions

Vogliate cortesemente confermare che la spedizione .... merce ... oggetto .... destinazione porto .... Genova è stata effettuata come previsto ed informarci .... data prevista .... arrivo. Vogliate inoltre notare che non abbiamo ancora ricevuto i documenti .... spedizione necessari .... la negoziazione .... credito relativo .... macchina .... oggetto. Vi preghiamo pertanto di controllare .... lo spedizioniere ed inviarci tale documentazione .... la massima urgenza.

della, in, con, di, della, di, di, per, del, alla, in, con, con.

Translate these faxes

Abbiamo spedito in data odierna via aerea un pacco di ns campioni. Il collo viaggia franco dogana inglese. Vogliate provvedere al ritiro della merce di cui riceverete avviso di arrivo.

We have sent today by air a parcel containing some of our samples. The package is not subject to British custom duty. Please collect the goods when you receive notification of their arrival.

A seguito accordi telefonici Vi confermiamo quanto segue:

– il trasporto verrà effettuato tramite la nostra ditta con un costo

aggiuntivo di L. sterline 935,00.
– il pagamento avverrà tramite lettera di credito al momento dello sdoganamento.
Restiamo in attesa di Vostro avviso al momento della spedizione della macchina.

Following our telephone agreement we confirm as follows:
– transport will be through our company with an extra charge of £935
– payment will be through letter of credit at the time of customs clearance
We await your notification of shipment of the machine.

Use one of the following verbs instead of the verbs plus adverbs in italics

proseguire, risparmiare, entrare, salire, scendere, seguire, posare, insistere, uscire, avvicinarsi, partire, respingere.

1 *Mettete* giù quel pacco per favore!
2 Il signor Canali *è andato via.*
3 Prego, *venga dentro* nell'ufficio!
4 *Ho chiesto più volte* che imballassero la merce correttamente.
5 Per l'ufficio spedizioni deve *andare su* al primo piano.
6 La merce spedita *andrà avanti* fino al confine francese.
7 *Venite vicino* al telefono!
8 Gli autisti *sono andati fuori* dalla dogana.
9 I non addetti devono *andare giù* dal container.
10 Il nostro camion *andrà dietro al* vostro.
11 Il modulo *è stato mandato indietro* dagli spedizionieri perché sbagliato.
12 I prezzi *sono andati su* rispetto all'anno scorso.
13 *Avete messo da parte* molti soldi questo mese?

posate, è partito, entri, ho insistito, salire, proseguirà, avvicinatevi, sono usciti, scendere, seguirà il, è stato respinto, sono saliti, avete risparmiato.

Complete the sentences with the present perfect of the verb in brackets

Examples: *Mi sarebbe piaciuto partire, ma non (potere) comprare i biglietti.*
Mi sarebbe piaciuto partire, ma non ho potuto comprare i biglietti.

Carlo non (potere) partire per Milano.
Carlo non è potuto partire per Milano.

1 Il camionista non (potere) uscire dal veicolo alla dogana.
2 Ieri io (dovere) andare all'ufficio spedizioni della Rossi.
3 L'ufficio era affollato e noi non ci (potere) sedere.
4 I doganieri (dovere) insistere perché parlasse.
5 Gli spedizionieri non si (potere) interessare del nostro caso perché troppo occupati.
6 Noi (dovere) compilare quel modulo in quattro copie.
7 L'impiegato non (volere) neppure discutere con noi.
8 I nostri spedizionieri non si (volere) impegnare per la consegna.

è potuto, sono dovuto, siamo potuti, hanno dovuto, sono potuti, abbiamo dovuto, ha voluto, sono voluti.

Unit 38

Insurance
Assicurazioni

In this unit you will learn words and expressions from the area of insurance. You will also review the use of verb tenses. The unit begins with an example of an insurance policy.

ITASSICURAZIONI
Gestione Polizze di Assicurazione
S.r.l.

Bergamo, 18/2/199-

Oggetto: CONVENZIONI ASSICURATIVE ESPOSITORI
Manifestazione HOTELARREDO certificato no. 1612/50

In conformità agli obblighi previsti dai regolamenti generale e tecnico e con riferimento al formulario assicurativo compilato dall'espositore, Vi diamo conferma delle seguenti coperture assicurative, in base alle condizioni generali e particolari contenute nelle convenzioni depositate presso l'Ente Autonomo Fiera Belluno:

1 ASSICURAZIONI PRESTATE AUTOMATICAMENTE a cura dell'Ente Fiera

a) Responsabilità civile verso terzi (obbligatoria a norma di regolamento): contro danni arrecabili a terzi ed alle cose di terzi dei quali l'espositore risulti responsabile a termini del Codice Civile. Massimale di garanzia:
Lit. 1.000.000.000 (un miliardo)

b) Assistenza, rimborso spese mediche ed ospedaliere, bagaglio a favore dei titolari, amministratori e dipendenti della ditta espositrice, come da condizioni generali e particolari di assicurazione.

2 ASSICURAZIONE OBBLIGATORIA A NORMA DI REGOLAMENTO

All Risks giacenza e trasporto merci, arredamento, attrezzature, allestimenti, e ogni altro oggetto.
Capitale assicurato: Lit. 332.000.000 al tasso del 2,5% (Lit. 2.500 per ogni milione di capitale assicurato)
La garanzia All Risks è automaticamente estesa all'assicurazione trasporti da stabilimento, deposito e/o magazzino alla Fiera e ritorno con qualsiasi mezzo di trasporto.

3 ASSICURAZIONE FACOLTATIVA
Assicurazione infortuni addetti ai posteggi (hostess, dipendenti, standisti, etc.)
Lit. 15.000 pro-capite

In conformity with the obligations stated in the general and technical regulations and with reference to the insurance form completed by the exhibitor, we confirm the following insurance cover, in conformity with the general and particular conditions contained in the agreement deposited at the Ente Autonomo Fiera Belluno:

1 INSURANCE AUTOMATICALLY ARRANGED
by Ente Fiera
   a) Third party insurance (compulsory according to the regulations): against damages to a third party and property of a third party for which the exhibitor can be held responsible according to the Civil Code. Maximum sum insurable: L.1,000,000,000 (one billion).
   b) Medical assistance, refund of medical and hospital costs, luggage for the owners, administrators and employees of the company exhibiting, in accordance with the general and particular terms of insurance.

2. COMPULSORY INSURANCE IN ACCORDANCE WITH THE REGULATIONS
All Risks insurance for deposit and transport of goods, furnishings, equipment, appliances and all other objects. Insured capital: L. 332,000,000 at a premium of 2.5% (L.2,500 per million of insured capital)
In addition the All Risks guarantee automatically applies to

transport insurance from the factory, warehouse and/or depot to the Fiera and back by any means of transport.

3 OPTIONAL INSURANCE
Accident insurance for persons employed on stands (hostesses, employees, stand personnel, etc)
L. 15,000 per person.

Vocabolario

l'abbuono	rebate, relief, bonus
l'abbuono in assenza di sinistri	no claims bonus
accertare [accertato]	to assess
assicurare [assicurato]	to insure
l'assicurato	insured
l'assicuratore	insurer, underwriter
l'assicurazione	insurance, assurance
l'assicurazione All-Risk	all-risks insurance
l'assicurazione automobilistica	motor insurance
l'assicurazione contro gli incendi	fire insurance
l'assicurazione contro gli infortuni	personal accident insurance
l'assicurazione contro i danni	indemnity insurance
l'assicurazione contro i furti	theft insurance
l'assicurazione contro le malattie	health insurance
l'assicurazione contro tutti i rischi	all risks, comprehensive insurance
l'assicurazione da magazzino a magazzino	warehouse-to-warehouse insurance
l'assicurazione prodotto	product liability insurance
l'assicurazione sulla vita	life insurance
l'assicurazione marittima	marine insurance
l'assicurazione sopra merci	cargo insurance
l'assicurazione sulla responsabilità civile	third-party insurance
l'assicurazione trasporti	transport insurance
l'avaria	average, damage
il beneficiario	beneficiary, recipient
bonus-malus	no-claims bonus car insurance
il brokeraggio	brokerage
la clausola	clause

la compagnia d'assicurazione	insurance company
il contratto aleatorio	insurance contract
coprire [coperto]	to cover
il danno	damage
l'evento aleatorio	accident
garantire [garantito]	to guarantee
indennizzare [indennizzato]	to indemnify
l'indennizzo	indemnity, compensation, claim
il massimale	maximum, limit, ceiling
il perito	assessor
la perizia	survey report
la polizza assicurativa	insurance policy
il premio annuale d'assicurazione	annual insurance premium
rescindere una polizza [rescisso]	to rescind, terminate a policy
il ricorso	claim
rinnovare una polizza [rinnovato]	to renew a policy
il risarcimento dei danni	compensation for damages
il rischio	risk
il sinistro	accident
sottoscrivere [sottoscritto]	to undersign, underwrite
sottoscrivere una polizza di assicurazione	to take out an insurance policy
i terzi	third party
l'ufficio sinistri	claims department
valutare i danni	to estimate the damages

Answer the following questions

1 Quali assicurazioni sono prestate automaticamente dall'Ente Fiera?
2 Qual'è il massimale di garanzia?
3 Che cosa comprende l'assicurazione All Risks?
4 A quanto equivale il 2,5% di 332 milioni?
5 Il trasporto e il deposito della merce sono assicurati?
6 Chi è protetto dall'assicurazione facoltativa e quanto costa?

1 L'assicurazione responsabilità civile verso terzi e l'assicurazione per assistenza, rimborso spese mediche e ospedaliere.
2 Un miliardo di lire.
3 Comprende la giacenza e il trasporto delle merci, l'arredamento,

le attrezzature, gli allestimenti sullo stand alla fiera.

4 Equivale a Lit. 830.000.

5 Sì, sono inclusi nella Assicurazione All-Risks.

6 Il personale sullo stand è protetto dall'assicurazione facoltativa: costa Lit. 15.000 pro-capite.

INSURANCE

Product Liability Insurance — *L'assicurazione prodotti* — Since July 1988 Italian consumers have been able to claim compensation for damages caused by faulty products. The Italian government has introduced a law based on an EC directive which clearly defines the responsibilities of manufacturers and the rights of consumers. Manufacturers of food, chemical, and pharmaceutical products and of cars have the largest number of product liability insurance policies.

INA — *Istituto Nazionale delle Assicurazioni* — is a public body under the control of the Government Department of Trade and Industry. Until 1923 INA had the monopoly on life insurance; nowadays it has a prominent position in the field and all INA policies are guaranteed by the state. All INA investments and assets are regulated by legislation and all annual balance sheets have to be approved by Parliament. All Italian insurance companies which offer life insurance policies have to pay between 10% and 40% of their income from life insurance contracts to INA, depending on the number of years they have been operating for. For many years insurance companies have been trying to have this rule abolished.

ANIA — *Associazione Nazionale delle Imprese Assicurative* — is the association of insurance companies which controls the legal, technical and fiscal aspects of insurance contracts as well as the processing of statistical data relating to the insurance sector. 161 Italian and 46 foreign insurance companies belong to the association, representing over 90% of the market.

ISVAP — *Istituto di Vigilanza sulle Assicurazioni Private e di Interesse Collettivo* — is the government body based in Rome which monitors insurance companies.

Choose and insert the correct words

assicurazione marittima, scaduta, polizza assicurativa, rischi, sottoscrive, rimborso, avaria, ufficio sinistri, assicurazione di responsabilità civile

1 La .... entra in vigore il 1º gennaio prossimo.
2 Il perito non ha ancora valutato l'entità dell' .... .
3 La sua assicurazione contro furti e incendio è .... e non è più valida.
4 La società di assicurazione si impegna a coprire tutti i .... .
5 Si rivolga all' .... per segnalare quel danno.
6 Questa polizza è vantaggiosa, ricca di opzioni e si adatta alla situazione di chi la .... .
7 L'assicurazione contro le malattie prevede il .... delle spese sostenute per interventi chirurgici.
8 I rischi coperti dall' .... includono le tempeste, i naufragi, le esplosioni e la pirateria.
9 L' .... è utile nel caso l'assicurato arrechi danni a terzi.

polizza assicurativa, avaria, scaduta, rischi, ufficio sinistri, sottoscrive, rimborso, assicurazione marittima, assicurazione di responsabilità civile.

Choose the correct tense

1 È bene che voi abbiate/avete/avevate un'assicurazione sulla vita.
2 Ho saputo che Claudio va/andrebbe/vada spesso a Milano per affari.
3 Quando il perito accerterà/ha accertato/accerta i danni la società esaminerà il ricorso.
4 Speriamo che la polizza includesse/includerebbe/includa gli addetti ai posteggi.
5 Mi dica che cosa le succederà/è successo/succedesse ieri?
6 Spero che il trasporto dal deposito fosse/è/sia incluso nella polizza.
7 Vorrei che lei mi spieghi/spiegherebbe/spiegasse meglio questo punto.
8 Se fosse possibile mi piace/piacerà/piacerebbe riesaminare tutto con Lei.
9 Dovunque lei andrà/vada/va troverà società come questa.

abbiate, va, accerterà, includa, è successo, sia, spiegasse, piacerebbe, vada.

Rewrite the sentences, replacing the word in italics with its opposite. The meaning will change.

Example: Sono *completamente* soddisfatto di questa assicurazione.
Non sono *affatto* soddisfatto di questa assicurazione.

1 Abbiamo accettato *volentieri* la loro decisione.
2 Dopo tanto impegno da parte nostra, il lavoro è andato *benissimo.*
3 La situazione di oggi *è migliore* di ieri.
4 La consegna della merce *avverrà certamente* entro la data prevista.
5 Parlo l'inglese e il tedesco con *facilità.*
6 La fama dei loro prodotti è *vasta.*

malvolentieri, malissimo, peggiore, non avverrà di certo, difficoltà, limitata

Unit 39

Tax
Tasse

In this unit you will learn words and expressions related to taxation. You will also review the use of the subjunctive after *prevedere che*. The unit begins with an overview of the taxation system, in particular income tax and VAT.

Le imposte sono dei prelievi obbligatori di capitale effettuati dallo stato e da altri enti pubblici per finanziare le spese pubbliche: le tasse amministrative ad esempio sono dovute per servizi come il rilascio di certificati, di brevetti, la concessione di fiere e mercati, l'ingresso a musei, uso di aeroporti, porti e strade.

Le imposte possono essere dirette e indirette: l'imposta diretta colpisce il patrimonio, il capitale e il reddito, mentre l'imposta indiretta colpisce il consumo e il trasferimento dei beni. Fra le imposte dirette è inclusa l'imposta personale sul reddito che, in Italia, si applica con un'aliquota di tassazione progressiva, secondo il sistema a scaglioni, compresa fra il 12%, per redditi fino a 6 milioni di lire annui, e il 62% per redditi eccedenti i 600 milioni di lire annui.

Ogni anno, entro la fine del mese di maggio, tutti i contribuenti devono presentare la denuncia dei redditi all'ufficio distrettuale delle imposte dirette o al comune dove si trova il loro domicilio fiscale; in particolare i lavoratori dipendenti e i pensionati che hanno percepito un altro reddito, oltre alla retribuzione o pensione principale, gli industriali, i negozianti, i proprietari di immobili, i dettaglianti, i grossisti, i liberi professionisti e i collaboratori familiari.

L'imposta sul valore aggiunto – IVA – è un'imposta indiretta introdotta in Italia nel 1972. Le aliquote dell'IVA sono quattro: la normale (18%), la ridotta (2%) applicata ai beni di prima necessità, l'intermedia (9%) e la maggiorata (38%).

Un'altra imposta indiretta è l'imposta di bollo applicata mediante la carta bollata o la marca da bollo, sulle cambiali, sui certificati, sugli assegni bancari e circolari, sui libretti di risparmio, sugli atti notarili.

Taxes are compulsory withdrawals of assets made by the State and by other public bodies to finance public expenditure: administrative taxes for example are exacted for services such as the issue of certificates, licences, permits for fairs and markets, museum entrance fees and use of airports, ports and roads.

Taxes can be direct and indirect: direct taxes are on assets, capital and income, while indirect taxes affect purchases and the transfer of assets. One of the direct taxes is income tax, applied in Italy at a progressive rate, starting at 12% for incomes up to 6 million lire per annum and rising to 62% for incomes above 600 million per annum.

Before the end of May every year, all taxpayers must send their tax return to the Inland Revenue office in their area or to the council where they are resident for taxation purposes: all employees and pensioners with an additional income, apart from their main salary or pension, industrialists, businessmen, owners of physical assets, retailers, wholesalers, professional people and domestic workers.

Value Added Tax, IVA, is an indirect duty, introduced in Italy in 1972. There are four IVA rates: normal (18%), reduced (2%, on essential goods), intermediate (9%) and surcharged (38%).

Another indirect tax is stamp duty, levied via stamped paper and stamps on bills of exchange, certificates, bank cheques and banker's drafts, deposit accounts and notarial deeds.

Vocabolario

l'agente del fisco	tax officer
l'aliquota d'imposta	tax rate
l'anagrafe fiscale	tax register
l'anno fiscale, l'esercizio finanziario	tax year
la carta bollata	stamped paper
il contribuente	tax payer
la denuncia dei redditi	tax return
la detrazione d'imposta	tax allowance, relief
il diritto tributario	tax law
il domicilio fiscale	address for tax purposes
l'erario	Inland Revenue
l'esattore fiscale	tax collector
esente da imposta	tax-free
l'esenzione fiscale	tax exemption

l'evasione fiscale	tax evasion
l'evasore	tax evader
il fiscalista	taxation consultant
il fisco	Inland Revenue
l'imponibile	taxable income
l'imposta	tax, levy
l'imposta alla fonte	tax at source
l'imposta di bollo	stamp duty
l'imposta di consumo	excise duty
l'imposta diretta	direct tax
l'imposta indiretta	indirect tax
l'imposta patrimoniale	property tax
l'imposta personale commisurata al reddito	personal tax
l'imposta personale non commisurata al reddito	poll tax
l'imposta societaria	company tax
l'imposta sugli utili societari	company profit tax
l'imposta sul fatturato	turnover tax
l'imposta sulle plusvalenze	capital gains tax
l'imposta sul reddito	income tax
l'imposta sul valore aggiunto – IVA	VAT
le imposte da pagare	tax bill
l'incentivo fiscale	tax incentive
il limite d'imponibilità	tax limit
la marca da bollo	stamp duty
gli oneri fiscali	tax burdens
il paradiso fiscale	tax haven
il reddito imponibile	taxable income
la ritenuta alla fonte	pay-as-you-earn, taxation at source
la scappatoia fiscale	tax loophole
il sistema tributario	taxation system
la sovratassa, la sovrimposta	additional tax, supertax
la tassa	tax, duty
tassabile	taxable
la tassa di circolazione	motor-vehicle tax
la tassazione	taxation
le tasse comunali	rates, 'council tax'

Answer the questions

1 Perché lo stato e altri enti pubblici prelevano le tasse dai cittadini?
2 Per cosa si pagano le tasse amministrative?
3 Di che tipo sono le imposte?
4 Qual'è l'aliquota di tassazione sul reddito in Italia?
5 Quando si deve presentare la denuncia del reddito?
6 Quando fu introdotta l'IVA in Italia?
7 Tramite cosa si applica l'imposta di bollo in Italia?

1 Per finanziare le spese pubbliche.
2 Per servizi come il rilascio di certificati, di brevetti, l'ingresso a musei ecc.
3 Sono dirette e indirette.
4 Varia dal 12% per i redditi minimi al 62% per i redditi oltre i 600 milioni all'anno.
5 Entro la fine del mese di maggio di ogni anno.
6 Fu introdotta nel 1972.
7 Si applica tramite la carta bollata e la marca da bollo.

THE ITALIAN TAX SYSTEM

The present tax system was introduced in 1971 with the aim of creating a better relationship between the Inland Revenue and Italian taxpayers, moving the burden of direct taxation towards personal taxation. To avoid the problem of tax evasion and to increase the efficiency of the system a computerised tax register — **Anagrafe Tributaria** — was created; located in Rome, it contains all the data relating to each tax payer in Italy, whether an individual, a company or an institution. Each tax-payer is given a special code number at birth — **Codice Fiscale.** In order to prosecute tax evaders the **Ricevuta Fiscale,** a compulsory VAT receipt, was introduced in 1980, it must be issued to customers by restaurants, hotels and retail businesses for each transaction which does not require an invoice. Both the proprietor who fails to issue this receipt and the customer who does not ask for it can be prosecuted. Each Comune — local council — publishes an annual **Ruolo d'Imposta,** a list containing the names of all the tax-payers living in that particular district and the taxes which each tax-payer has to pay.

DIRECT TAXES

The **Imposta sul reddito delle persone fisiche** (IRPEF) — personal income tax — is progressive, from a minimum of 12% for incomes up to 6 million Lire a year to a maximum of 62% for incomes over 600 million a year.

The **Imposta sul reddito delle persone giuridiche** (IRPEG) — corporation tax — is payable at a rate of 36% by companies and partnerships limited by shares, by foreign companies and partnerships and by other associations carrying out commercial activity.

The **Imposta Locale sui Redditi** (ILOR) — local income tax — is payable at a rate of 16.2% for incomes deriving from buildings, land, capital, argricultural land and companies in Italy. This tax is collected by the state but the revenue from it is distributed to the towns, provinces and regions where the income was generated.

INDIRECT TAXES

The **Imposta sul valore aggiunto** (IVA), similar to VAT, is 2% on agricultural and basic food products; 9% on other food, on theatre and cinema tickets, some hotel and restaurant services; 38% on jewels, furs and other luxuries. The standard rate of IVA levied on all other goods and services is 18%. Company-owners, artists, professional people and importers have to fill in the **Dichiarazione IVA** - VAT returns - by 5th March every year.

Indirect taxes include the *Imposta di registro*, registration tax, the **Marca** and **Carta da Bollo** — Stamp Duty — the *Imposta di successione e donazione* — inheritance tax and capital gains.

Complete the sentences inserting the following:

denuncia dei redditi, esente da imposta, aliquota di tassazione, evasione fiscale, spese pubbliche, tassa di circolazione, beni di prima necessità, ricevuta fiscale.

1 La legge punisce l' .... .
2 Ogni anno i contribuenti presentano la .... .

3 L'IVA ridotta del 2% è applicata ai .... .
4 Lo stato impone le tasse per finanziare le .... .
5 I ristoranti e gli alberghi devono rilasciare la .... .
6 Gli automobilisti pagano la .... .
7 Questa merce non paga la tassa; è .... .
8 Il suo reddito è di 700 milioni annui: l' .... sul suo reddito è perciò del 62%.

evasione fiscale, denuncia dei redditi, beni di prima necessità, spese pubbliche, ricevuta fiscale, tassa di circolazione, esente da imposta, aliquota di tassazione.

Rewrite the following text, placing *la legge prevede che* at the beginning and putting the verbs into the subjunctive.

Example: Si paga l'IVA del 38% sugli articoli di lusso.
La legge prevede che si paghi l'IVA del 38% sugli articoli di lusso.

Tutti i cittadini devono pagare le tasse. L'imposta di tassazione è calcolata a seconda del reddito. Ciascun contribuente presenta la propria denuncia dei redditi e paga le tasse. Il prelievo delle imposte viene effettuato automaticamente per i dipendenti statali. Le tasse vengono versate alla fine dell'anno finanziario. Gli evasori sono puniti con gravi sanzioni. Il capitale così raccolto è utilizzato per finanziare i servizi pubblici. I dettaglianti rilasciano la ricevuta fiscale ai clienti. Tutti i contribuente del paese sono inclusi nel registro tributario e ciascun contribuente deve ricordare il proprio numero di codice fiscale.

La legge prevede che tutti i cittadini debbano pagare le tasse, che l'imposta di tassazione sia calcolata a seconda del reddito, che ciascun contribuente presenti la propria denuncia dei redditi e paghi le tasse, che il prelievo delle imposte venga effettuato automaticamente per i dipendenti statali, che le tasse vengano versate alla fine dell'anno finanziario, che gli evasori siano puniti con gravi sanzioni, che il capitale così raccolto sia utilizzato per finanziare i servizi pubblici, che i dettaglianti rilascino la ricevuta fiscale ai clienti, che tutti i contribuenti del paese siano inclusi nel registro tributario e che ciascun contribuente debba ricordare il proprio numero di codice fiscale.

Unit 40

Accounting and reports
Contabilità

In this unit you will learn words and expressions from the field of accounting. You will also review the sequence of verb tenses in reported speech. The unit begins with an example of a company's balance sheet and income statement.

STATO PATRIMONIALE
CONSOLIDATO AL
31 DICEMBRE 1988 E 1987
(in milioni di lire)

Attività	**1988**	**1987**
Attività a breve	**699.474**	**600.815**
Cassa e banche	58.764	19.118
Titoli negoziabili	319.259	309.123
Crediti commerciabili	172.514	145.543
Meno: Fondo sval. crediti	(4.230)	(3.989)
Altri crediti	22.529	16.082
Magazzino	115.057	100.136
Ratei e risconti attivi	15.581	14.802
Partecipazioni	**10.476**	**7.829**
Immobilizzazioni Tecniche nette	**95.390**	**90.957**
Immobilizzazioni tecniche	430.233	391.406
Meno: Fondi Ammortamento	(334.843)	(300.449)
Beni immateriali	**3.098**	**4.274**
Totale attività	**808.438**	**703.875**

Passività e Patrimonio netto	**1988**	**1987**
Passività a breve	**291.635**	**244.268**
Debi verso banche	119.183	87.573
Quota corrente debiti a medio	4.127	3.394
Debiti verso fornitori	125.805	107.843
Altri debiti	8.215	8.505
Fondo imposte	9.738	18.214
Ratei e risconti passivi	24.567	18.739
Passività a medio/lungo termine	**93.640**	**85.257**
Prestiti obbligazionari	15.000	15.082
Prestiti obblig. convertibili	12.000	12.000
Debiti a medio termine	25.007	20.568
Fondo T.F.R. dipendenti	41.633	37.067
Patrimonio netto	**423.163**	**374.350**
Capitale sociale	72.000	72.000
Riserva legale	3.363	3.237
Altre riserve	297.747	253.583
Utile netto d'esercizio	50.053	45.530
Totale passività e Patrim. netto	**808.438**	**703.875**

CONSOLIDATED BALANCE SHEET AS OF 31 DECEMBER 1988 AND 1987
(in millions of lire)

Assets	**1988**	**1987**
Current assets	**699.474**	**600.815**
Cash and Banks	58.764	19.118
Marketable securities	319.259	309.123
Trade Accounts receivable	172.514	145.543
Less: Allowance for doubt. accounts	(4.230)	(3.989)
Other account receivable	22.529	16.082
Inventories	115.057	100.136
Accrued income + prepaid expens.	15.581	14.802
Investments	**10.476**	**7.829**
Net property plant + equipment	**95.390**	**90.957**

Property, plant and equipment	430.233	391.406
Less: Accumulated depreciat.	(334.843)	(300.449)
Intangible assets	**3.098**	**4.274**
Total assets	**808.438**	**703.875**

Liabilities and shareholders' equity	**1988**	**1987**
Current liabilities	**291.635**	**244.268**
Bank Debts	119.183	87.573
Current part of loans	4.127	3.394
Trade accounts payable	125.805	107.843
Other accounts payable	8.215	8.505
Accrued income taxes	9.738	18.214
Accrued exp. + deferred income	24.567	18.739
Non current liabilities	**93.640**	**85.257**
Ordinary debentures	15.000	15.082
Convertible debentures	12.000	12.000
Non current debts	25.007	20.568
Retirement fund	41.633	37.067
Shareholders equity	**423.163**	**374.350**
Share capital	72.000	72.000
Legal reserve	3.363	3.237
Other reserves	297.747	253.583
Net income for the year	50.053	45.530
Total liabilities and equity	**808.438**	**703.875**

CONTO ECONOMICO
CONSOLIDATO DEGLI
ESERCIZI 1988 E 1987
(in milioni di lire)

	1988	**%**	**1987**	**%**
Ricavi netti	**662.267**	**100**	**608.718**	**100**
Costi e spese	**626.810**	**94,6**	**564.669**	**92,8**
Costo dei materiali	196.929	29,7	173.708	28,6
Costo del lavoro	156.691	23,7	150.975	24,8
Lavorazioni esterne	45.113	6,8	37.287	6,1

Ammortamenti	64.574	9,7	58.922	9,7
Altri costi di gestione	163.503	24,7	143.777	23,6
Utile operativo	**35,457**	**5,4**	**44.049**	**7,2**
Proventi Finanz. netti	22.142	3,3	18.817	3,1
Altri proventi netti	2.192	0,3	878	0,1
Utile prima delle imposte	**59.791**	**9,0**	**63.744**	**10,5**
Imposte dell'esercizio	(9.738)	(1,4)	(18.214)	(3,0)
Utile netto	**50.053**	**7,6**	**45.530**	**7,5**
Flussi di Cassa	**114.627**	**17,3**	**104.452**	**17,2**

CONSOLIDATED INCOME STATEMENT FOR YEARS 1988 AND 1987
(in millions of lire)

	1988	%	1987	%
Net sales	**662.267**	**100**	**608.718**	**100**
Costs and expenses	**626.810**	**94,6**	**564.669**	**92,8**
Cost of materials	196.929	29,7	173.708	28,6
Labour Cost	156.691	23,7	150.975	24,8
Outside manufacturing	45.113	6,8	37.287	6,1
Depreciation	64.574	9,7	58.922	9,7
Other costs and expenses	163.503	24,7	143.777	23,6
Operating profit	**35,457**	**5,4**	**44.049**	**7,2**
Net Finan. income	22.142	3,3	18.817	3,1
Other net income	2.192	0,3	878	0,1
Profit before taxes	**59.791**	**9,0**	**63.744**	**10,5**
Income taxes	(9.738)	(1,4)	(18.214)	(3,0)
Net income	**50.053**	**7,6**	**45.530**	**7,5**
Cash Flow	**114.627**	**17,3**	**104.452**	**17,2**

Vocabolario

l'accantonamento	provision, reserve
l'ammortamento, la minusvalenza	depreciation
ammortizzare [ammortizzato]	to depreciate, amortize

approvare il bilancio [approvato]	to approve the accounts
attivi e passivi	assets and liabilities
il bene immateriale	intangible asset, goodwill
il bene immobile	land and buildings, real property
il bilancio, lo stato patrimoniale	balance sheet
il bilancio chiuso al 31 dicembre	balance sheet made up to 31st December
il bilancio patrimoniale annuo	annual balance sheet
il capitale sociale, il capitale azionario	share capital
certificare [certificato]	to audit
il cespite	source of income, asset
il cash-flow, il flusso di cassa	cash flow
il collegio sindacale	board of auditors
il contabile	accountant, book-keeper
la contabilità	book-keeping, accounting
la contabilità industriale	cost accounting
il crack finanziario	collapse, crash
dare e avere	debit and credit
debiti	debts
il dividendo	dividend
entrate e uscite	receipts and expenditure
l'esercizio, l'anno finanziario	financial year
il giro d'affari, il volume d'affari, il fatturato	turnover
lordo	gross
l'indice di bilancio	ratio
l'indice di indebitamento	gearing, debt ratio
l'indice di solvibilità, il quoziente di liquidità	current ratio
l'investimento tecnico	capital investment
la manodopera	labour
netto	net
la perdita, la perdita di esercizio	loss, trading loss
in perdita (l'azienda in perdita)	lossmaking
la plusvalenza	capital gain
i principi contabili	accounting principles
i profitti	profits, earnings
i proventi	proceeds

la redditività	profitability
la relazione del presidente	chairman's report
la revisione contabile	audit
il revisore contabile, il revisore dei conti, il sindaco dei conti, l'auditore	auditor, internal auditor
il ricavo netto	net proceeds
la società commerciale	sales company
la società di produzione	manufacturing company
la società finanziaria, la holding	holding company
lo statuto	articles, charter (of limited company)
l'utile netto di esercizio	net profit
gli utili	assets, profits
la verifica dei conti	audit

Answer the questions

1 I risultati economici della società sono stati positivi o negativi?
2 I seguenti dati economici sono aumentati o diminuiti: utile netto, ammortamenti, ricavi netti, utile operativo, cash-flow?
3 Il gruppo potrà affrontare con tranquillità i programmi di investimento prestabiliti?
4 Quali sono risultati più costosi nel 1988: i materiali o la manodopera?
5 La produzione è stata effettuata interamente in azienda?

1 I risultati sono stati positivi.
2 Tutti sono aumentati tranne l'utile operativo.
3 Sì.
4 I materiali sono risultati più costosi.
5 No. Sono state effettuate anche delle lavorazioni all'esterno dell'azienda.

ACCOUNTING IN ITALY

Historically Italy has made a major contribution to accounting practice: double-entry bookkeeping was invented in the thirteenth century in the city states of Northern Italy. Current accounting practice is strongly based on a codified legal system. The content and format of balance sheets and profit and loss accounts are enshrined in articles of the Civil Code. Figures in financial statements, for example, have to be identical to those in returns for taxation purposes.

The need to publish financial statements is limited to listed companies, government-owned companies, and to some banks and other companies. Traditionally funding for companies has come from banks, family members and governments who in general also enjoy representation on the board, reducing the need for disclosure, although the statements of these companies have to be audited by recognized professional accountants. Independent auditing and publication are also a requirement of the regulatory body of the Italian *borse* (stock exchanges), **CONSOB**.

Many companies still draw up their accounts in the traditional two-sided format derived from double-entry bookkeeping. Listed companies, however, tend to base the presentation of their statements on the US model.

Partly as a result of government influence and the widespread acceptance of international standards, the accounting profession has remained relatively small and weak compared to the UK. Membership of the two professional bodies – **Consiglio Nazionale dei Dottori Commercialisti** and **Collegio dei Ragionieri e Periti Commerciali** – is around one-third of that of the professional bodies in Great Britain and Ireland.

Companies have to fill in a tax questionnaire consisting of questions relating to their accounting operations in order to ascertain whether accounting requirements are being carried out regularly. Non-completion or unsatisfactory completion of the form may make the company liable to a fine.

Attempts to harmonize accounting practices across the European Community, especially through the Commission's 4th and 7th Directives, have made relatively slower headway in Italy than in other European countries.

Insert the correct word in the gaps

accantonamenti, ammortamenti, azioni, azionisti, bilancio, consiglio d'amministrazione, dividendo, esercizio, società, utile netto.

La .... ha chiuso il .... relativo all'.... 199– con un .... di 1,1 miliardi

(784 milioni nell'19—), dopo .... per 3,6 miliardi e .... al fondo imposte per 1,1 miliardi. Il .... della società proporrà agli ...., convocati per il 12 maggio, la distribuzione di un .... di 110 lire per le .... di risparmio e di 75 lire per quelle ordinarie.

società, bilancio, esercizio, utile netto, ammortamenti, accontonamenti, consiglio d'amministrazione, azionisti, dividendo, azioni.

Reported speech and the sequence of tenses

The sequence of verb tenses is particularly complex when referring to future events.

Example: *La riduzione del prezzo stimolerà la domanda per il prodotto.*
becomes *Disse che la riduzione del prezzo avrebbe stimolato la domanda per il prodotto.*

Similarly *Verrò la settimana prossima.*
becomes *Disse che sarebbe venuto la settimana successiva.*

Report back on these comments from the chairman of the board. Start with *disse che ...* and change the verbs in italics

1 A *fronte* di esportazioni sempre più consistenti, *avremo* un incremento delle importazioni.
2 In una tale situazione *si mostrerà* vincente un'accorta politica di marca che *darà* più spazio a quelle aziende che *sapranno* pensare e produrre per il mercato globale.
3 Per continuare e tenere il passo in questo tipo di mercato, la società *dovrà* continuare a impegnarsi nel conseguimento di una sempre maggiore efficienza produttiva.
4 Innovazione di prodotti, qualità, puntualità delle consegne, livello del servizio *saranno* le armi vincenti del futuro.
5 *Sarà* più difficile mantenere i soddisfacenti risultati ottenuti nell'anno passato, per il cambiamento del trend inflattivo.

Disse che .... avrebbero avuto, si sarebbe mostrata, avrebbe dato, avrebbero saputo, avrebbe dovuto, sarebbero stati, sarebbe stato.

Translate into Italian

The balance sheet for this financial year will be published after the shareholders' meeting on 15th June. The board of auditors has already completed the report. Our company's investments total over 10,000 million Lire, well over 3,000 million more than last year. Share capital is the same as last year, at 72,000 million lire. What are net profits? What dividend will each shareholder receive?

Il bilancio di questo esercizio finanziario verrà pubblicato dopo l'incontro degli azionisti il 15 giugno. Il collegio sindacale ha già terminato il rapporto. Gli investimenti della nostra società quest'anno ammontano a oltre 10 miliardi di lire, oltre 3 miliardi in più rispetto all'anno scorso. Il capitale sociale è lo stesso dell'anno scorso, 72 miliardi di lire. Quali sono i proventi finanziari netti? Che dividendo riceverà ciascun azionista?

Unit 41

Banking and finance
Attività bancarie e finanziarie

In this unit you will learn words and expressions connected with banking and finance. You will also practise translation. The unit begins with two examples of banking documentation: the deposit form and cheque.

BANCO DI ROMA

2005

RICEVUTA DEL VERSAMENTO

SI PREGA DI COMPILARE IL PRESENTE MODULO CON TUTTE LE INDICAZIONI RICHIESTE

N° 0363112 U

MODULO DI VERSAMENTO SUL C/C N°

N° .... B. B. da 100.000 L.
» .... » » da 50.000 »
» .... » » da 20.000 »
» .... » » da 10.000 »
» .... » » da 5.000 »
altri tagli .... »
» » .... »
Monete metalliche .... »
Totale contanti .... L.
N° .... assegni versati S.B.F. »
Totale L.
Versamento »
Resto L.

intestato a

PARTE RISERVATA AL BANCO

Versamenti		Valuta	disp.
14	Contanti		
30	A/C e Vaglia ≤ 2.000.000		
31	A/C e Vaglia > 2.000.000		
60	Ass. C/C su piazza		
61	Ass. C/C fuori piazza		
TOTALE			

Data — Firma — Domicilio — Cap.

COMPLETE ALL PARTS OF THIS FORM

NO 0363112 U
DEPOSIT FORM ON C/A No

No — 100,000 Lire Notes

Other denominations
Coins
Total Cash
No cheques deposited if duly paid

Total Lire

Deposit
Remainder

Payee
FOR BANK USE ONLY

Deposits		Currency	Total
14	Cash		
30	Bankers' drafts and money orders ≤2,000,000		
31	Banker's drafts and money orders >2,000,000		
60	Current account cheques this bank		
61	Current account cheques other banks		
	TOTAL		

Date — Signature — Address — Postal Code

2005.7 - 04800.9

BANCO DI ROMA FILIALE DI CAGLIARI
Piazza Jenne, 5

Lit.

.... li .... 19 ....

a vista pagate per questo assegno bancario n. 4860661525 05

lire it.

a

numero del conto

imposta bollo virtuale, autorizz. int. fin. roma n. 95186/73 del 13-12-1973
officina carte valori - e. di mauro s.p.a. - cava dei tirreni IV:81

firma

numero assegno codice banca cab

4860661525 200504800

Balance B/F	L.	a	Branch of Cagliari Lit.
Deposit on	L.	c	19
Withdrawal	L.	c	Pay on demand this bank cheque No. 4860661525 05
Total	L.	o	Italian Lire
Cheque issued on		u	to
Pay to		n	tax number ....Signature
The sum of	L.	t	Cheque No. Bank Sorting Code
Balance C/F	L.	No.	

Vocabolario

l'accredito e il debito	credit and debit
l'addebito in conto corrente	direct debit
l'agente di cambio	stockbroker
l'assegno al portatore	bearer cheque, open cheque
l'assegno aperto	open cheque, uncrossed cheque
l'assegno a vuoto	bouncing, dud cheque
l'assegno bancario	personal cheque, bank cheque
l'assegno bancario a copertura garantita	certified cheque
l'assegno circolare	banker's draft
l'assegno di conto corrente	personal cheque
l'assegno in bianco	blank cheque
l'assegno scoperto, senza copertura	uncovered cheque
l'assegno trasferibile	negotiable cheque

la banca, il banco	bank
la banca mercantile	merchant bank
la banca trassata	drawee
il bonifico bancario	money transfer
la Borsa Valori	Stock Exchange
il Buono Ordinario del Tesoro (BOT)	government bond
il capitale azionario	stock capital
il capitale fruttifero	interest-bearing capital
la carta di credito	credit card
la cassa automatica prelievi	cash dispenser
la cassa continua	night safe
la cassa di risparmio	savings bank
la cassetta di sicurezza	safe-deposit box
il cassiere	bankteller, cashier
il comodato	interest-free loan
le competenze bancarie	bank charges
il conto corrente	current account
il conto di deposito	deposit account
il conto di deposito fruttifero	savings account
il conto in banca, il conto bancario	bank account
il conto in partecipazione	joint account
il credito a medio/lungo termine	medium/long-term credit
il dividendo	dividend
la divisa, la valuta	currency
la domiciliazione	standing order for payment of bills etc.
essere cliente di una banca	to bank with
l'estratto conto	bank statement
l'estratto conto scalare	annual bank statement
l'euroassegno, l'eurocheque	Eurocheque
il factoring	factoring
il fido bancario	credit to industrial operators
la filiale di banca	bank branch
il finanziamento	financing, loan
l'impiegato/l'impiegata di banca	bank clerk
l'interesse bancario	bank interest
l'interesse sui mutui ipotecari	building society interest
gli interessi maturati	accrued interest

gli investimenti	investment
l'ipoteca, il mutuo ipotecario	mortgage
l'istituto di credito, la banca di credito ordinario, la banca commerciale	commercial bank
il leasing	leasing
il libretto di assegni	cheque book
il libretto a risparmio	bank book
il monte di credito su pegno, il monte di pietà	pawnshop, pawn agency
il mutuo	loan
l'operazione bancaria	banking transaction
l'orario di sportello	banking hours
il pegno	lien, pawn, security
la politica finanziaria	financial policy
pagabile al portatore	payable to the bearer
il prelievo	withdrawal
il prestito bancario	bank loan
il risparmiatore	saver, investor
il saldo di un conto bancario	bank balance
lo scoperto di conto	overdraft
essere allo scoperto	to be overdrawn, to be in the red
il servizio bancario	banking service
la società di credito edilizio	building society
la società d'investimento	financial trust
lo sportello di banca	bank counter
il tasso d'interesse	interest rate
il titolo azionario	share
l'utile	profit
la Zecca	Mint

THE ITALIAN BANKING SYSTEM

The system includes two main types of financial institutions, under the control of the **Comitato interministeriale per il credito e il risparmio** (Government Committee for Credit and Saving) and of the Banca d'Italia: credit companies – **le aziende di credito** – i.e. the banks, and special credit institutes – **gli istituti di credito speciale** – which offer medium and long-term credit to the building, agricultural and industrial sectors. **Crediop-ICIPU, Mediocredito** and **IMI** are three of these credit institutes.

In 1985 in Italy there were 1,096 banks with over 13,000 tills, 1 per 4,100 inhabitants (the ratio is 1 per 2,000 inhabitants in the EC and 1 per 1,500 in France and Germany). In the last 50 years the number of banks has decreased but the availability of tills has increased. Three of the banks are controlled by the state through the **Istituto per la Ricostruzione Industriale—IRI**; they are the **Banca Commerciale Italiana, Credito Italiano** and the **Banco di Roma**, known as **BIN–banche di interesse nazionale.**

In 1988 the five major banks were: **Istituto Bancario San Paolo di Torino, Monte de' Paschi di Siena, Cariplo, Banca Nazionale del Lavoro and Banca Commerciale Italiana.** There has recently been an increase in the activities of foreign banks in Italy; this will probably do much to modernize the structure of Italian banking.

The **Banca d'Italia** is the Italian Central Bank: it is a limited company whose shares belong to the three national banks (the Banca Commerciale Italiana, the Banco di Roma and the Credito Italiano), 76 savings banks and pawnshops, 8 insurance companies and one of the state's social security institutes. The Banca d'Italia issues bank-notes while coins are issued by the **Zecca** – the Mint – which is controlled by the State Treasury—**Tesoreria dello Stato**. The Banca d'Italia, also known as **la Banca Centrale**, practically controls and manages all state funds. The **Governatore** of the Banca d'Italia is appointed by the government.

Mutui Ipotecari – mortgages. The average period of repayment for mortgages is 10–15 years, with 50% cover. It is possible to get mortgages in ECU and other foreign currencies from Italian banks; these have better interest rates.

Some **Servizi Bancari** — bank services: Bancomat is the card used by current account holders to obtain money from cash dispensers. Normally the daily limit is 500,000 lire with a maximum of 3 million lire a month. *Carte di Credito* (Cartasì, BankAmericard, etc.) are issued to current account holders by the main banks. Re-payment is over 13–18 months with an average annual interest of 25%. *Ordini di addebito* (direct payment debited to a current account requested on each occasion by the customer at a till) and *domiciliazione* (direct debit) are methods used by customers to pay ENEL, SIP, Italgas bills (electricity, phone and gas bills).

Bank statements: The *Estratto conto* can be PERIODICO – sent monthly or quarterly according to the agreement between the bank and the customer – or ANNUALE – sent once a year. The following is an example of the first type. DATA is the date in which the transaction takes place, while VALUTA is the date from which interest is calculated. Annual statements are more complex and include the transactions for the whole year, including bank charges – LE COMPETENZE, interest and tax deductions – LE DETRAZIONI FISCALI – (normally calculated at 25% on accrued interest). SALDO is the balance brought forward.

Estratto conto periodico

Data	Valuta	A Debito	A Credito	Descrizione
			11.800.000	
16. 12	17. 12		8.550.700	Vostro versamento
19. 12	22. 12		30.000.000	Vostro versamento
20. 12	15. 12	10.000.000		Vs assegno n. ....
23. 12	23. 12	6.600		Costo libretto di 10 assegni a partire dal n. ......
			46.950.700	Saldo

Translate into Italian

I would like to open a current account. We have just received our bank statement. They would like to withdraw 2 million lire from their deposit account. Could you use your cash card to withdraw 300,000 lire from your account? I think I'll have to pay interest of 15.8% on my loan. This branch of our bank has a night safe and a cash dispenser. Which bank do you bank with? Could you issue another cheque book to our company? Please go to the cash desk.

Vorrei aprire un conto corrente. Abbiamo appena ricevuto il nostro estratto conto. Vorrebbero fare un prelievo di 2 milioni di lire dal loro conto di deposito. Potresti usare la tua carta prelievi per prelevare 300 mila lire dal tuo conto? Penso di dover pagare l'interesse del 15,8 per cento sul mio mutuo. Questa filiale della nostra banca ha una cassa continua e una cassa automatica prelievi. Di quale banca è cliente Lei? Potrebbero rilasciare un altro libretto d'assegni alla nostra azienda? Si accomodi allo sportello di cassa.

SHARES AND BONDS

La Borsa Valori is the Italian equivalent of the Stock Exchange; it is controlled by the State Treasury and organised by the local Chamber of Commerce. It is also the stock exchange which is open for most days of the year in the world. At the **Borsa di Milano**, the most important in the country, 94% of all Italian transactions take place. Other stock exchanges, in order of importance, are Naples, Turin, Rome, Genoa, Florence, Trieste, Bologna and Palermo. Dealings on the stock exchange take place between 10 a.m. and 1.45 p.m. after which the **listino ufficiale del giorno** – the daily official list – is published.

Italian equivalents of the Dow Jones Index, the F.T. Index and the Commerz Bank Index are ***Il Sole 24 Ore, Mediobanca, Banca Nazionale del Lavoro, MIB (Borsa di Milano)*** and ***Banca Commerciale Italiana (Comit)***. Stock Exchange activity is very low compared to the UK and other EC countries as the shares in publicly quoted companies are predominantly held by family members and institutional investors such as banks. **CONSOB – the Commissione nazionale per le società e la borsa**—is the body created in 1974, which controls all limited companies and all dealings on the stock exchange.

BOT – *Buoni del tesoro*—are government bonds redeemable after three, six or twelve months, while **BTN–buoni novennali del tesoro**—are redeemable after nine years. They are not quoted on the stock exchange and are for 5 million lire each or over. On bonds issued after 1986 tax is payable at 12.5%.

Financing of industry: **IMI**, *Istituto Mobiliare Italiano*—is the body which gives medium- and long-term loans, normally for 20 years, to companies to finance industrial investment projects.

Translate the following text and answer the questions

L'anno scorso la società Parenti chiuse il bilancio in rosso. Quest'anno, grazie al piano di ristrutturazione e di nuovi investimenti, l'esercizio finanziario registrerà un incremento del fatturato attorno al 9% e il ritorno all'utile. Nel primo semestre il giro d'affari dell'azienda è stato superiore di 13 miliardi a quello dello stesso periodo dell'anno scorso. Per il momento i 2.200 azionisti non riceveranno il dividendo, perché il rafforzamento patrimoniale della società avrà priorità sulla distribuzione degli utili.

Last year the Parenti company ended the financial year in the red. This year, thanks to restructuring and new investments, the financial year will close with an increase in turnover of about 9% and a return to profit. In the first six months the company's turnover has been 13 billion lire higher than in the same period last year. For the moment the 2,200 shareholders will not receive a dividend, because the strengthening of the company's assets has priority over distribution of the profits.

1 Qual'era il bilancio della Parenti l'anno scorso?
2 Perché quest'anno il bilancio è positivo?
3 Qual'è stato il fatturato della società nel primo semestre di quest'anno?
4 Quanti sono gli azionisti della Parenti?
5 Perché non averrà la distribuzione del dividendo?

1 Il bilancio l'anno scorso era in rosso.
2 Il bilancio quest'anno è positivo grazie a nuovi investimenti e alla ristrutturazione della società.
3 Il fatturato del primo semestre è stato di 13 miliardi in più di quello del primo semestre dell'anno scorso.
4 Sono 2.200.
5 Perché i fondi verranno impiegati per il rafforzamento patrimoniale della società.

Insert the correct word

valuta, estratto contro, filiali, dividendo, prestito, banca, scoperto, cassa automatica, esercizio finanziario, credito.

1 Prima di andare all'estero è bene acquistare della .... straniera.
2 La banca ci spedisce l'.... ogni trimestre.
3 L'istituto di .... ha 66 .... in Italia.
4 Con la .... si possono fare dei prelievi anche quando la banca è chiusa.
5 Per ingrandire la nostra impresa abbiamo chiesto un .... di 8 miliardi alla .... .
6 I fondi del conto corrente della Salini sono terminati: il conto è .... .
7 Alla fine dell'.... gli azionisti riceveranno il .... .

valuta, estratto conto, credito, filiali, cassa automatica, prestito, banca, scoperto, esercizio finanziario, dividendo.

Unit 42

Social legislation
Legislazione sociale

In this unit you will learn words and expressions from the area of social legislation. You will also review the imperfect and past definite tenses of verbs. The unit begins with two articles of the 1970 Workers' Rights Statute.

STATUTO DEI DIRITTI DEI LAVORATORI
Legge 20 maggio 1970 No. 300

Articolo 9
I lavoratori, mediante loro rappresentanze, hanno diritto di controllare l'applicazione delle norme per la prevenzione degli infortuni e delle malattie professionali e di promuôvere la ricerca, l'elaborazione e l'attuazione di tutte le misure idonee a tutelare la loro salute e la loro integrità fisica.

Articolo 12
Gli istituti di patronato e di assistenza sociale, riconosciuti dal Ministero del Lavoro e della Previdenza Sociale per l'adempimento dei compiti di cui al decreto legislativo del capo provvisorio dello Stato 29 luglio 1947, n. 804, hanno diritto di svolgere, su un piano di parità, la loro attività all'interno dell'azienda secondo le modalità da stabilirsi con accordi aziendali.

WORKERS' RIGHTS STATUTE
Law No. 300 20th May 1970

Article 9
Workers, through their representatives, have the right to monitor the implementation of regulations for the prevention of accidents and occupational sickness and to promote the research, development and execution of all the appropriate measures to safeguard their health and physical well being.

Article 12
Social security institutes which are recognised by the Ministry for Labour and Social Security, in order to carry out the tasks established by legislative decree No 804 of 29th July 1947 by the interim head of state, have the right to carry out, on a basis of parity, their activity inside the company, the manner to be established through company agreements.

Vocabolario

l'accertamento delle fonti di reddito	means test
andare in pensione [andato]	to retire
l'assegno per il nucleo familiare	child benefit, family allowance
l'assicurazione contro gli infortuni	employer's liability insurance
l'assicurazione contro l'invalidità	disability insurance
l'assicurazione contro le malattie	health insurance
l'assicurazione contro le malattie e gli infortuni sul lavoro	industrial accident and health insurance
l'assicurazione sociale	national insurance
l'assistente sociale	social worker
l'assistenza sociale	social welfare
i contributi al fondo pensioni	pension contributions
i contributi previdenziali	national insurance contributions
i contributi sociali	social security contributions
la disoccupazione	unemployment
l'edilizia popolare	public sector housing construction
il fondo pensioni	pension fund
il fondo di previdenza	provident fund
l'indennità/il sussidio di malattia	sickness benefit
l'incidente, l'infortunio sul lavoro	industrial injury
l'istruzione	education
le malattie del lavoro	occupational illnesses
le marche assicurative	national insurance stamps
le norme antinfortunistiche	health and safety regulations
il pensionato statale	retired civil servant
la pensione	pension

la pensione di anzianità di servizio	pension after 35 years of service
la pensione di invalidità	disability pension
la pensione di reversibilità	widow, widower or orphan pension (survivorship annuity)
la pensione di vecchiaia	old age pension
la perdita del posto di lavoro	job loss
la previdenza sociale	social security
la sanità	health service
il sistema previdenziale	social security system
la vecchiaia	old age

Translate the passage and answer the questions

La previdenza sociale risale storicamente ai servizi di assistenza offerti un tempo dalla chiesa e da associazioni volontarie filantropiche; essa si prefigge di aiutare le persone bisognose che vivono in condizioni economiche e morali disagiate, a causa di perdita del posto di lavoro, di malattia e di vecchiaia, perché possano diventare autosufficienti. L'intervento dell'assistenza sociale è sia socio-economico che sanitario; i servizi sociali includono l'istruzione, l'edilizia popolare, le assicurazioni.

Historically the origins of the social security system date back to the welfare services previously offered by the church and voluntary philanthropic associations. Social security aims to help needy people who live in conditions of financial and moral need, due to loss of employment, sickness and old age, so that they can become self-sufficient. The Social Security system covers both the socio-economic and the health spheres: social services include education, public-sector housing and insurance services.

1 Chi svolgeva in passato la funzione della previdenza sociale?
2 Qual'è la funzione della previdenza sociale oggigiorno?
3 Che cosa causa le condizioni economiche e morali disagiate di certe persone?
4 Quali sono i servizi sociali disponibili?

1 La chiesa e le associazioni volontarie filantropiche svolgevano un tempo il ruolo oggi ricoperto dalla previdenza sociale.
2 Oggigiorno la previdenza sociale interviene per aiutare le

persone che si trovano in condizioni disagiate perché possano diventare autosufficienti sia economicamente che moralmente.

3 Principalmente la perdita del posto di lavoro, le malattie e la vecchiaia.

4 L'istruzione, l'edilizia popolare e le assicurazioni.

NATIONAL INSURANCE

INPS — *Istituto Nazionale della Previdenza Sociale* — is the largest state-run social security organisation — *ente parastatale*, partly financed by the compulsory payments made by employers and employees, partly by contributions made by the state. It funds invalidity and old age pensions (*pensioni di invalidità e di vecchiaia*), child benefit and family allowances (*l'assegno del nucleo familiare*), the state-subsidised lay-off pay (*la cassa integrazione guadagni*), unemployment benefit (*il sussidio di disoccupazione*), sickness benefit (*il sussidio di malattia*) and maternity benefit (*il sussidio di maternità*).

INPS contributions for employees are 8.55% of their salary: 7.15% is used to fund pensions, disability allowances and a special TB fund, 1.05% for sickness benefit and 0.35% to fund the building of houses for workers. Self-employed workers, i.e. farmers, business representatives, retailers, craftsmen etc. must by law subscribe to special insurance schemes. INPS contributions payable by the employer equal about 40-45% of gross remuneration.

L'Assegno per il Nucleo Familiare — the Italian equivalent of British Child Benefit/Family Allowance — is paid to all employees and pensioners by INPS or by the employer. The benefit, which is income-related and means-tested is paid for children up to the age of 18 and for other dependent relatives, in varying amounts from 20,000 to 400,000 lire a month depending on the number of dependants and on family income. Some workers, particularly in the agricultural field, still receive the former child benefit (*l'assegno familiare*).

INAIL — *Istituto Nazionale Assicurazione Infortuni sul Lavoro* is the body responsible for industrial injury insurance.

Pensions — Retirement age in Italy is at present set at 60 for both men and women. There are various kinds of pensions:

La pensione di vecchiaia for which people of pensionable age qualify if they have paid pension contributions for a minimum of 15 years.

La pensione di anzianità to qualify for which one must have worked for at least 35 years and of course, have paid pension contributions for that period of time.

La pensione sociale is given to people who are over 65 and who have an extremely low income, below 10 million lire a year. Like most salaries in Italy, pensions are divided into 13 payments — TREDICI MENSILITÀ. The 12th and 13th monthly payments are normally paid together at Christmas and the 13th payment is called LA TREDICESIMA.

Il Servizio Sanitario Nazionale — National health service — was created on 23rd December 1978 as the first stage in a total reform of the Italian health service, plagued for years by management and organisational problems. The new reform should create a system of health care in which central government delegates the funding and the organisation of the system to the regions, in a new structure of which the USL (*l'unità sanitaria locale*) is the main element.

There is currently a bill going through parliament to further modernize the system. The proposal is closely modelled on the British government's plan for the NHS. It must be noted, however, that the 1978 Law has still to be fully implemented in certain parts of Italy.

Imperfect and past definite tenses

The imperfect tense (*andavo, versavo, dovevo, finivo*, etc) is used to signify something which was going on in the past or something which was repeated several times in the past.

To signify something which happened at a specific time, the past definite (*andai, versai, dovetti, finii* etc.) is used.

Rewrite the text putting the verbs into the past tense

1 Mi *sembra* che i lavoratori *abbiano* il diritto di controllare l'applicazione delle norme.
2 *Penso* che la loro salute s*ia* importantissima ai fini della loro prestazione.
3 Non ti *pare* che la situazione economica di quei lavoratori *sia* degenerata e che *abbiano* bisogno di sussidi previdenziali?
4 Lei *crede* che quella famiglia *debba* ricevere l'assegno per il nucleo familiare di 400 mila lire al mese?
5 *Riteniamo* che i contributi che *versiamo siano* elevati.
6 Carlo ci *informa* che i contributi previdenziali obbligatori *sono stati versati* all'INPS.

7 *Pensate* che gli assegni familiari *siano calcolati* in base al reddito?

sembrava/avessero, pensavo/fosse, pareva/fosse/avessero, credeva/dovesse, ritenevamo/versavamo/fossero, informò/erano stati versati, pensavate/fossero calcolati.

Indicate whether the verbs used are active, passive or reflexive

	Active	Passive	Reflexive
1 Controllano la situazione finanziaria.			
2 La legge si prefigge la tutela della salute.			
3 Avete diritto di svolgere quella attività.			
4 I lavoratori si sono impegnati al massimo.			
5 La decisione finale è stata raggiunta.			
6 Sei stato informato della decisione presa?			
7 Deve rispettare la legge!			
8 Questi si chiamano contributi pensionistici.			
9 Siamo stati licenziati dalla ditta.			

A, R, A, R, P, P, A, R, P.

Past tense of some irregular verbs

scrivere	mettere	giungere	offrire	leggere	rispondere
scrissi	misi	giunsi	offrì	lessi	risposi
scrivesti	mettesti	giungesti	offristi	leggesti	rispondesti
scrisse	mise	giunse	offrì	lesse	rispose
scrivemmo	mettemmo	giungemmo	offrimmo	leggemmo	rispondemmo
scriveste	metteste	giungeste	offriste	leggeste	rispondeste
scrissero	misero	giunsero	offrirono	lessero	risposero

Insert the correct tense of the verb in brackets

Non appena io ... (giungere) alla fabbrica ... (rendersi) conto che le norme antinfortunistiche non ... (rispettare). I macchinari ... (essere) estramamente pericolosi e gli operai che li ... (operare) non ... (indossare) guanti, caschi o occhiali protettivi. Subito (io) ... (chiamare) il caporeparto e gli ... (chiedere) perché questo ... (accadere). Mi ... (rispondere) che si ... (rendersi) conto che la situazione ... (essere) disastrosa dal punto di vista della sicurezza e che più volte ... (discutere) questo problema con i dirigenti. Purtroppo la loro reazione ... (essere) di ... (ignorare) sia le sue proteste sia le regole.

giunsi, mi resi, venivano rispettate, erano, operavano, indossavano, chiamai, chiesi, accadesse, rispose, rendeva, fosse, aveva discusso, era stata, ignorare.

How would you say in Italian?

1 I have paid pension contributions for only 13 years, and therefore I do not qualify for the minimum pension.
2 Our company is particulary strict in following all safety regulations in accordance with the law.
3 I think that we should ask the owners of our firm to allow us to discuss the use of those new machines in the factory.
4 Have you paid your national insurance contributions?
5 She received child benefit and unemployment benefit from INPS.

1 Ho pagato i contributi per la pensione solo per 13 anni, perciò non ho diritto a ricevere il minimo della pensione.
2 La nostra azienda è particolarmente severa nell'applicazione di tutte le norme di sicurezza secondo la legge.
3 Penso che dovremmo chiedere ai proprietari della nostra ditta di consentirci di discutere l'impiego di quelle nuove macchine nello stabilimento.
4 Hai pagato i contributi previdenziali?
5 Riceve l'assegno familiare e il sussidio di disoccupazione dall'INPS.

Unit 43

Commercial legislation
Diritto industriale e commerciale

In this unit you will learn words and expressions relating to commercial legislation. You will also review the use of the subjunctive after *essere giusto che.* The unit begins with a description of the areas covered by commercial legislation and the increasing influence of consumer organizations.

Il diritto commerciale disciplina i rapporti tra le imprese commerciali e tra le imprese stesse e il pubblico dei consumatori. Il diritto commerciale stabilisce che ciascun imprenditore è obbligato a tenere le scritture contabili, che devono essere conservate per dieci anni; l'imprenditore deve tenere il libro giornale, il libro degli inventari, lo scadenzario delle cambiali e il registro di magazzino. Deve anche conservare tutti gli originali di tutte le lettere ricevute e spedite e delle fatture ricevute e spedite.

Nell'ambito del diritto commerciale sono anche incluse la disciplina dei vari tipi di società e di cooperative, dei diversi tipi di contratto stipulati dagli imprenditori commerciali, le procedure concorsuali e dell'amministrazione controllata.

Il diritto industriale è una branca di quello commerciale e fra i suoi oggetti rientrano la nascita, la trasformazione, l'avviamento e l'estinzione di un'azienda, nonché i segni distintivi di questa, cioè l'insegna, i marchi di fabbricazione, i brevetti, i disegni industriali e le nuove invenzioni. Altre aree di tutela sono quelle relative alla disciplina della concorrenza ed in particolare della concorrenza sleale, alla concentrazione industriale, cioè la formazione di consorzi e cartelli, e monopolistica.

Nell'area riguardante i rapporti fra le imprese e i consumatori vanno assumendo sempre maggiore importanza le Consulte e le Unioni dei Consumatori che svolgono la funzione di lobby dei consumatori, per far riconoscere i loro diritti in controversie tra consumatori, produttori e distributori.

Commercial law regulates the relationship between companies themselves and between companies and consumers. By commercial law each company proprietor is obliged to write up the accounts which must be kept for 10 years. He/she must also keep the company diary and the stores register. He/she must also keep all originals of letters and invoices, both received and sent.

Commercial law also provides the legal framework for the different kinds of companies and cooperatives, the different types of contract entered into by operators of commercial undertakings, as well as bankruptcy and receivership proceedings.

Industrial law is a branch of commercial law. Among its objects are the creation, transformation, establishment and winding-up of companies, as well as their distinctive marks, i.e. sign/logo, trade-marks, patents, industrial design and inventions. Other areas covered are those relative to competition and particularly to unfair competition, to industrial concentration, i.e. creation of consortia and cartels, and monopolies.

In the area concerning the relationship between companies and consumers the *Consulte* — Consumer Associations — and Unions of Consumers are becoming increasingly important. They act as a lobby for consumers so that their rights are acknowledged in disputes between consumers, producers and distributors.

Vocabolario

l'amministrazione controllata	receivership
la bancarotta	bankruptcy
brevettare [brevettato]	to patent
il brevetto, la privativa industriale	patent
il brevetto di fabbricazione	proprietary right of manufacture
il brevetto in corso di registrazione	patent pending
il brevetto industriale	design patent
la concorrenza	competition
la concorrenza sleale	unfair competition, unfair trade practice
il consumatore	consumer
il consumerismo	consumerism

la contraffazione di brevetto	patent infringement
la contraffazione del marchio	trade-mark infringement
il curatore del fallimento	receiver
la difesa dei consumatori	consumer protection
il diritto di privativa	patent right
il fallimento	bankruptcy
fallire [fallito]	to be bankrupt
fare bancarotta	to be bankrupt, go bust
l'inventario	inventory, stocks
l'inventario di magazzino	stores ledger
i libri sociali	company's books
il libro di fabbrica	plant inventory
il libro giornale	company book of entries
il marchio	brand name
il marchio di fabbrica	trade-mark
il marchio registrato, depositato	registered trade-mark
le procedure concorsuali	bankruptcy proceedings
il registro dei brevetti	patent register
lo standard qualitativo	quality standard
la tenuta dei libri	book-keeping
il titolare di brevetto	patent-holder
l'ufficio brevetti	patent office
la violazione del marchio di fabbrica	trade-mark infringement

Answer the following questions

1 Per quanto tempo l'imprenditore commerciale deve conservare le scritture contabili?

2 Oltre al libro giornale e al libro degli inventari che cosa deve tenere l'imprenditore secondo la legge?

3 Quali sono i segni distintivi di un'azienda?

4 Che cosa sono le procedure concorsuali e riguardano la nascita o l'estinzione di un'impresa?

5 Quale funzione svolgono le Consulte dei Consumatori?

1 Deve conservarle per dieci anni.

2 Deve tenere lo scadenzario delle cambiali e il registro di magazzino.

3 L'insegna, i marchi di fabbricazione, i brevetti, i disegni industriali.

4 Sono le procedure di fallimento e riguardano l'estinzione di un'impresa.
5 Svolgono la funzione di lobby dei consumatori, per far riconoscere i loro diritti.

Il Registro pubblico delle imprese (decreed but not yet implemented) is the Register of Companies in which all companies must be registered. Until implementation, companies are registered at the **Registri di cancelleria dei Tribunali** — Provincial Court Registers. (For the different forms of companies and relevant legislation see Unit 47; for the different types of contract and relative legislation see Unit 30.)

All owners of Italian companies must keep a daily journal, minute books and detailed stock and fixed asset records. All the books must be written in Italian and kept in Italy for 10 years.

Standards. *A Comitato Nazionale Normazione, Certificazione e Qualità* – National Committee for Standardization, Certification and Quality, similar to the British Standards Institute — is about to be set up in Italy to issue the necessary rules to ensure the quality of industrial products at a national level. At present standards are determined by several bodies such as **Uni** (*Ente Nazionale Italiano di Unificazione*), **Cei** (*Comitato Elettrotecnico Italiano per l'emanazione di Norme Tecniche Volontarie*) and **Sincert** (*Accreditamento Degli Organismi di Certificazione*).

IMQ – *Istituto del Marchio di Qualità* — is a private organisation which certifies the quality and safety of products, particularly electrical ones.

Advertising. In most European countries advertising is regulated by law. In Italy there is only a voluntary code of practice which has been agreed by manufacturers on the advertising of their products. Italy has never adopted the EC directive on advertising which has been implemented in all other member states. The Department of Industry is now studying the drafting of a bill.

Labelling — **l'Etichettatura** — is controlled in Italy by law, particularly on food products where ingredients (*la lista degli ingredienti*), best before date (*da consumarsi entro* …), place of origin (*il luogo d'origine*), net quantities (*le quantità nette*) are included.

Italian equivalents of the Consumers' Association are the **CdC** — *Consulta dei Consumatori*, and the **ADICOR** — *Associazione Difesa Consumatori e Risparmiatoril*. The **CIP** — *Comitato Interministeriale Prezzi* — is the body which controls the prices of basic products.

Insert the correct tense of the verb in brackets

Quel marchio registrato ... (appartenere) alla società fiorentina che ... (produrre) macchinari tessili. Il designer dell'azienda ... (inventare) quel procedimento di fabbricazione nel 1989, ... (fare) domanda all'ufficio apposito e subito dopo gli ... (concedere) il brevetto. Il brevetto, che ... (rilasciare) dal ministero dell'industria, ... (difendere) i diritti di proprietà dell'invenzione. Nessuno ... (potere) ... (riprodurre) quel modello senza ... (ottenere) prima la licenza ... (rilasciare) dalla società, per almeno dieci anni.

appartiene, produce, inventò, fece, fu concesso, viene rilasciato, difende, può, riprodurre, ottenere, rilasciata

Complete the text and translate it

Ogni volta che il consumatore compra qualcosa ... un negozio stipula un contratto .... il venditore. La merce .... deve essere conforme .... descrizione .... etichetta. Se il prodotto .... è difettoso il consumatore ha diritto a .... l'articolo .... venditore e richiedere il .... . Bisogna sempre conservare la .... in cui sono specificati il .... di vendita e la data d' .... .

in, con, venduta, alla, sull', acquistato, restituire, al, rimborso, ricevuta, prezzo, acquisto.

Every time consumers buy something in a shop they enter into a contract with the vendor. The purchased goods must always conform to the description on the label. If the product is faulty the consumer has the right to return the item to the vendor and ask for a refund. One must always keep the receipt which specifies the price and the date of purchase.

Rewrite the following sentences placing *è giusto che* at the beginning

Example: I consumatori fanno valere i loro diritti.
È giusto che i consumatori facciano valere i propri diritti.

1 La legge protegge il consumatore e punisce il venditore disonesto.

2 L'utente fa rispettare i propri diritti.
3 I consumatori seguono le istruzioni applicate sui prodotti.
4 Fatevi dare il rimborso immediato se la merce è difettosa.
5 Chiedi un preventivo scritto per qualsiasi impiego di manodopera.

È giusto che la legge protegga il consumatore e punisca il venditore disonesto, che l'utente faccia rispettare i propri diritti, che i consumatori seguano le istruzioni applicate sui prodotti, che voi vi facciate dare il rimborso immediato se la merce è difettosa, che chiediate un preventivo scritto per qualsiasi impiego di manodopera.

Now rewrite the sentences placing *sarebbe giusto se* at the beginning

Example: I consumatori fanno valere i loro diritti.
Sarebbe giusto se i consumatori facessero valere i loro diritti.

Sarebbe giusto se la legge proteggesse il consumatore e punisse il venditore disonesto, se l'utente facesse rispettare i propri diritti, se i consumatori seguissero le istruzioni applicate sui prodotti, se voi vi faceste dare il rimborso immediato se la merce fosse difettosa, se chiedeste un preventivo scritto per qualsiasi impiego di manodopera.

Unit 44

Different forms of companies
Tipi di società

In this unit you will learn words and expressions relating to the different legal forms of companies and their respective organization and operation. We also review nouns derived from verbs. The unit begins with the announcement of a shareholders' meeting.

P.I.A. Finanziaria S.p.A.
Sede Sociale – Via S. Margherita 4 – Milano
Capitale Sociale 87.855.500.000.=
Iscr. Trib. Milano, 352588/7467/22

CONVOCAZIONE DI ASSEMBLEA

I signori Azionisti sono convocati in Assemblea Ordinaria in Milano, via Pacinotti n. 24, presso l'Hotel Lubiana International, per il giorno 28 febbraio 199-, alle ore 10,00, in prima convocazione ed occorrendo per il giorno 1º marzo 199–, stessa ora e stesso luogo, in seconda convocazione per deliberare sul seguente

ORDINE DEL GIORNO

1 Nomina del Vice Presidente
2 Nomina degli Amministratori
3 Revoca dei Consiglieri Andrea Massi e Nicola Parenti
4 Relazione del Consiglio di Amministrazione e del Collegio Sindacale, bilancio al 30 giugno 199– e deliberazioni relative
5 Aumento del Capitale Azionario.

Per partecipare all'assemblea gli Azionisti dovranno depositare le azioni, ai sensi di legge, almeno cinque giorni prima di quello fissato per la riunione, presso la sede della Società o presso i seguenti istituti incaricati: Banca Commerciale Italiana, Banca Nazionale del Lavoro, Banco di Roma, Credito Italiano, Monte de'Paschi di Siena.

L'AMMINISTRAZIONE

P.I.A. Finanziaria S.p.A.
Registered Address – Via S. Margherita 4 – Milano
Share Capital 87,855,500,000=
Registration Tribunal of Milan, 352588/7467/22

SHAREHOLDERS' MEETING

The Shareholders are invited to an ordinary meeting in Milan, via Pacinotti 24, at the Lubiana International Hotel, on 28th February 199-, at 10 a.m., for a first meeting and, if necessary, on 1st March 199- at the same time and in the same place, for a second meeting, to discuss the following

AGENDA

1 Appointment of the Deputy Chairman
2 Appointment of the Members of the Board of Directors
3 Annulment of the appointment of the Members of the Board Andrea Massi and Nicola Parenti
4 Report of the Board of Directors and of the Board of Auditors, balance-sheet up to 30 June 199- and relevant action
5 Increase in share capital

In order to attend the meeting shareholders must deposit their shares, in accordance with the law, at least five days before the day of the meeting, at the company's address, or at the following nominated institutions: Banca Commerciale Italiana, Banca Nazionale del Lavoro, Banco di Roma, Credito Italiano or Monte de'Paschi di Siena.

THE BOARD OF DIRECTORS

Vocabolario

l'accomandante	limited partner, sleeping partner
l'accomandatario	general partner, active partner
l'assemblea, la riunione, l'incontro	meeting
l'assemblea generale annuale	annual general meeting
l'assemblea ordinaria/straordinaria	ordinary/extraordinary meeting

l'azionista	shareholder, stockholder
il bilancio annuale, lo stato patrimoniale	balance sheet
il capitale sociale	share capital
la casa madre	parent company
la costituzione di una società di capitali	foundation of a company
la costituzione di una società di persone	formation of a partnership
deliberare [deliberato]	to decide, discuss
la filiale	branch, office branch
la fusione di società	company merger, amalgamation
la joint venture, l'associazione in partecipazione	joint venture
il numero legale	quorum
l'offerta pubblica di acquisto – OPA	take-over bid
l'ordine del giorno	agenda
i sindaci	statutory auditors
la società a economia controllata	regulated company
la società affiliata, consociata, collegata	associated company
la società anonima a capitale variabile	joint-stock company
la società a responsabilità limitata	limited liability company
la società capogruppo, la holding	holding company
la società concessionaria	concessionary company
la società conglomerata	conglomerate
la società controllante	holding company, parent company
la società controllata	subsidiary
la società cooperativa	co-operative society
la società di persone	partnership
la società in accomandita semplice	limited partnership
la società in accomandita per azioni	company limited by shares
la società in nome collettivo	general partnership, unlimited company

la società madre	parent company
la società multinazionale	multinational company
la società nazionale	national domestic company
la società per azioni	joint-stock company limited by shares
la società per azioni costituita tramite pubblica sottoscrizione	public limited company
la società privata	private company
il socio	member, partner
lo statuto societario	charter, statute, articles of association
la succursale	branch office, agency branch
il verbale dell'assemblea	minutes of the meeting
verbalizzare, mettere a verbale [verbalizzato, messo]	to minute

Answer the questions

1 Quali deliberazioni saranno all'ordine del giorno dell'assemblea ordinaria della P.I.A.?
2 Per quale giorno e quale ora sono stati convocati gli azionisti in prima convocazione?
3 Se il numero legale degli azionisti non sarà presente alla prima assemblea, dove e quando si terrà la seconda assemblea?
4 Che cosa devono fare gli azionisti per poter partecipare alla riunione?

1 La nomina del Vice Presidente e degli amministratori, la revoca di due consiglieri, la relazione del consiglio e del collegio sindacale, il bilancio al 30 giugno e l'aumento del capitale azionario.
2 Per il 28 febbraio alle 10 del mattino.
3 Si terrà all'Hotel Lubiana International, il 1º marzo, alle 10 del mattino.
4 Devono depositare le loro azioni presso la sede della società o presso gli istituti incaricati.

DIVERSI TIPI DI SOCIETÀ

Società di persone	**Partnerships**
1. SOCIETÀ SEMPLICE Questo tipo di società, formata da due o più persone, si trova soprattutto nel campo dell'agricoltura.	1 ORDINARY PARTNERSHIP This type of company formed by two or more persons is found mainly in agriculture.
2. SOCIETÀ IN NOME COLLETTIVO S.N.C. Associazione di due o più persone chiamate soci con uguali diritti e doveri per quanto riguarda i profitti e le perdite.	2. UNLIMITED PARTNERSHIP Association of two or more persons, called members, with equal rights regarding profits and losses.
3. SOCIETÀ IN ACCOMANDITA SEMPLICE S.A.S Formata da due categorie di soci, gli accomandatari, che rispondono alle obbligazioni sociali, e gli accomandanti, che rispondono alla quota conferita.	3. LIMITED PARTNERSHIP Constituted by two categories of members: the active partners responsible for all company liabilities, and the sleeping partners, with limited responsibility.
Società di capitali	**Joint-stock Companies**
1. SOCIETÀ PER AZIONI S.p.A. Il capitale sociale è diviso in quote di identico valore chiamate azioni. Per poter essere costituita, il capitale sociale, non inferiore ai 200 milioni di Lire, deve essere interamente sottoscritto. Gli organi della S.p.A. sono l'assemblea, il consiglio d'amministrazione e il collegio sindacale.	1. LIMITED COMPANY The share capital is divided in equal portions called shares. In order to establish a limited company the share capital of at least 200 million Lire must be entirely subscribed. The decision-making bodies of a limited company are the shareholders' meeting, the board of directors and the board of auditors.

2. SOCIETÀ A RESPONSABILITÀ LIMITATA S.r.l. Il capitale sociale, con un minimo iniziale di 20 milioni di Lire, non è formato da azioni, ma da quote divisibili e trasferibili – con ammontare pari o multiplo di 1.000 Lire ciascuna. Il controllo della società è esercitato dai soci e le assemblee sono convocate secondo procedure semplici.	2. LIMITED LIABILITY COMPANY The share capital, with an initial minimum of 20 million Lire is not made up by shares, but by divisible and transferable units of 1,000 Lire or multiples of 1,000 Lire each. The members and their assemblies, which are convened with a simple procedure, control the company.
3. SOCIETÀ IN ACCOMANDITA PER AZIONI S.A.P.A. Il capitale sociale di almeno 200 milioni di Lire è suddiviso in azioni e gli accomandatari sono responsabili dell'amministrazione della società. In Italia ci sono pochissime società di questo tipo e solo una è quotata in borsa.	3. COMPANY LIMITED BY SHARES The share capital of at least 200 million Lire is divided into shares and the active partners are responsible for the administration of the company. In Italy there are only a few companies of this kind and only one is quoted on the Stock Exchange.
4. SOCIETÀ COOPERATIVE Queste società non hanno scopo di lucro, ma finalità mutualistiche. Il loro carattere è consortile e sono costituite dai soci appartenenti ad un categoria sociale identica.	4. CO-OPERATIVES These are non-profit making mutual companies. They are like consortia and are formed by members who belong to identical social categories.

All Italian joint-stock companies must by law publish their articles of association, their charter, any alterations to the above, their balance sheet and accounts in the **Busarl** — *Bollettino Ufficiale delle Società per Azioni e a Responsabilità Limitata* — published nationally by the Ministry of Industry and regionally by the local Chambers of Commerce.

The **API** is the Association of Small and Medium-sized Companies — *Associazione Piccole e Medie Industrie.*

Translate into Italian

1 The share capital of my company is £550,000.
2 Two of the members of the board have resigned because they are due to retire at the end of May.
3 Our company has already sent the shareholders notification of the AGM of 15th July.
4 Is your company quoted on the Stock Exchange?
5 When is your charter going to be published in the BUSARL Bulletin?
6 Have all the shares of Andrei S.p.A. been subscribed?
7 What's on the agenda at the board meeting tomorrow afternoon?

1 Il capitale sociale della mia ditta è di 250 milioni di Lire circa.

2 Due membri del consiglio d'amministrazione si sono dimessi perché andranno in pensione alla fine di maggio.
3 La nostra azienda ha già spedito agli azionisti l'avviso di convocazione dell'assemblea ordinaria annuale del 15 luglio.
4 La sua società è quotata in borsa?
5 Quando sarà pubblicato il vostro statuto sul Bollettino BUSARL?
6 Sono state sottoscritte tutte le azioni dell'Andrei S.p.A.?
7 Cosa c'è all'ordine del giorno della riunione del consiglio d'amministrazione domani pomeriggio?

Rewrite the sentences using a noun instead of the verb

Example: L'Assemblea ha deciso che Paolo Caroli e Antonio Pani siano eletti come membri del collegio sindacale.
L'Assemblea ha deciso l'elezione di Paolo Caroli e Antonio Pani come membri del collegio sindacale.

1 Gli azionisti hanno deciso che venga aumentato il capitale sociale a 120 miliardi di Lire.
2 L'Assemblea ha stabilito che i delegati si riuniscano alle ore 13 del 22 agosto.
3 Il Presidente ha chiesto che l'intero capitale sociale venga sottoscritto entro la fine del mese.
4 I delegati hanno deciso che il 50% delle nuove azioni venga trasferito alla società madre.
5 L'amministrazione ritiene importante che le deliberazioni dell'assemblea vengano pubblicate al più presto.
6 Il Consiglio ha richiesto che venga convocata un'assemblea straordinaria entro la fine di gennaio.
7 La legge impone che venga letto agli azionisti il verbale della riunione precedente.

1 Gli azionisti hanno deciso l'aumento del capitale sociale a 120 miliardi di Lire.
2 L'assemblea ha stabilito la riunione dei delegati alle ore 13 del 22 agosto.
3 Il Presidente ha chiesto la sottoscrizione dell'intero capitale sociale entro la fine del mese.
4 I delegati hanno deciso il trasferimento del 50% delle nuove azioni alla società madre.

5 L'amministrazione ritiene importante la pubblicazione al più presto delle deliberazioni dell'assemblea.
6 Il Consiglio ha richiesto la convocazione di un'assemblea straordinaria entro la fine di gennaio.
7 Le legge impone la lettura agli azionisti del verbale della riunione precedente.

Unit 45

Industrial relations
Relazioni industriali

In this unit you will learn words and expressions from the area of industrial relations. We also review the past and future tenses. The unit begins with further extracts from the 1970 Workers' Rights Statute.

STATUTO DEI LAVORATORI
Legge No. 300, 20 maggio 1970

ART. 14
Il diritto di costituire associazioni sindacali, di aderirvi e di svolgere attività sindacale, è garantito a tutti i lavoratori all'interno dei luoghi di lavoro.

ART. 15b
È nullo qualsiasi patto od atto diretto a:
licenziare un lavoratore, discriminarlo nell'assegnazione di qualifiche o mansioni, nei trasferimenti, nei provvedimenti disciplinari, o recargli altrimenti pregiudizio a causa della sua affiliazione o attività sindacale ovvero della sua partecipazione allo sciopero.

ART. 20
I lavoratori hanno diritto di riunirsi, nell'unità produttiva in cui prestano la loro opera, fuori dell'orario di lavoro, nonché durante l'orario di lavoro, nei limiti delle dieci ore annue, per le quali verrà corrisposta la normale retribuzione. Migliori condizioni possono essere stabilite dalla contrattazione collettiva.

Le riunioni – che possono riguardare la generalità dei lavoratori o gruppi di essi – sono indette, singolarmente o congiuntamente, dalle rappresentanze sindacali aziendali nell'unità produttiva con ordine del giorno su materie di interesse sindacale e del lavoro e secondo l'ordine di precedenza delle convocazioni, comunicate al datore di lavoro. Alle riunioni possono partecipare, previo preavviso al datore di lavoro, dirigenti esterni del sindacato che ha costituito la rappresentanza sindacale aziendale. Ulteriori modalità per l'esercizio del diritto di assemblea possono essere stabilite dai contratti collettivi di lavoro, anche aziendali.

WORKERS' RIGHTS STATUTE
Law No. 300, 20th May 1970

ART. 14
The right to form trade unions, to join them and to carry out trade union activities, is guaranteed to all workers within their place of work.

ART. 15b
Any agreement or action aimed at the following is void:
to dismiss a worker, to discriminate against him/her in the assignment of qualifications or appointment, in transfers, in disciplinary actions, or to damage him/her because of his/her trade union affiliation or activity, i.e. his/her participation in strikes.

ART. 20
Workers have the right to meet in the plant in which they work, outside working hours as well as during working hours, for a total of 10 hours a year, for which they will be paid normally. Improved conditions may be agreed through collective bargaining.

The meetings, which can involve the entire work force or groups of workers, are convened, singly or jointly, by shop stewards within the company with an agenda listing trade union or work matters and in the order specified on the agenda, of which the employer has been informed.

The meeting can be attended by outside leaders of the union to which the shop-stewards in the company belong; the employer must be given prior notice of this. Collective agreements, including company agreements, can establish further arrangements for the exercise of the right of assembly.

Vocabolario

l'agitazione sindacale	industrial action
il cobas, consiglio di base	branch committee

le condizioni di lavoro	work conditions
la Confederazione Sindacale	Trade Union Congress
il conflitto	conflict
il consiglio di fabbrica	works committee
la contrattazione collettiva	collective bargaining
la contrattazione individuale	individual bargaining
il contratto collettivo di lavoro	collective agreement
i contributi sindacali	trade-union contributions
il crumiro	blackleg, strike breaker
il delegato sindacale	trade-union representative
la dimostrazione	demonstration
essere in sciopero	to go slow, be on strike
gli iscritti al sindacato	union members
le maestranze	all the employees of a company
l'orario di lavoro	work schedule, working hours
l'organizzazione di categoria	trade organization
il picchettaggio	picketing
il responsabile sindacale	trade-union representative
scendere in sciopero [sceso]	to go on strike
lo scioperante	striker
scioperare [scioperato]	to strike
lo sciopero	strike
lo sciopero a carattere nazionale	national strike
lo sciopero a gatto selvaggio	wildcat strike
lo sciopero a oltranza	strike to the end
lo sciopero a singhiozzo	on-off strike
lo sciopero bianco	working to rule
lo sciopero con occupazione	sit-down strike
lo sciopero di solidarità	secondary strike
lo sciopero generale	general strike
lo sciopero non autorizzato	walk-out
lo sciopero secondario	secondary strike
lo sciopero senza preavviso	lightning strike
lo sciopero ufficiale	official go-slow, strike
sindacale	trade union (adjective)
il sindacalismo	trade unionism
il sindacalismo combattivo	militant trade unionism
il sindacalista	trade unionist
i sindacati affiliati	affiliated trade unions
il sindacato	trade-union

il sindacato a organizzazione orizzontale	horizontal union
il sindacato a organizzazione verticale	vertical union
il sindacato autonomo	independent trade-union
il sindacato chiuso	closed union
il sindacato di categoria	craft union
il sindacato di operai appartenenti ad un'intera industria	vertical trade-union
il sindacato libero	independent trade-union
il sindacato nazionale	national trade-union
il sindacato non confederato	independent trade-union
il sindacato padronale	employers' association
la sospensione del lavoro	stoppage, cessation of work
le trattative	negotiations, bargaining, deal
la vertenza	controversy, dispute.

ITALIAN TRADE UNIONS

CGIL — *Confederazione Generale Italiana del Lavoro* — formed in 1944 by communist, socialist and catholic workers. In 1948 the social democrats and the republicans left the union and formed two other unions. CGIL nowadays incorporates communist, socialist and left-wing members and is the largest Italian trade union with about 4.5 million members. **CISAL** — *Confederazione Italiana Sindacati Autonomi dei Lavoratori* — operates mainly in the public sector, in schools and hospitals and in the centre and south of the country. **CISL** — *Confederazione Italiana Sindacati dei Lavoratori* — formed in 1950 as a result of the split from CGIL, is the second largest union in Italy with about 3 million members. It is closely identified with the Christian Democratic Party. **CISNAL** — *Confederazione Italiana Sindacati Nazionali Lavoratori* — founded in 1951, is connected with the Italian Social Movement (MSI), the national extreme right-wing party. **UIL** — *Unione Italiana del Lavoro* — formed in 1950 following the divison of CGIL, is the third largest Italian union with 1,400,000 members and is linked to the Social Democratic Party. At the beginning of the 1980s UIL, with its motto '*dall'antagonismo al protagonismo*' (from antagonism to protagonism), clearly indicated its willingness to give the trade union a position of responsibility in the running of the economy of the country.

CIDA — *Confederazione Italiana dei Dirigenti d'Azienda* — is the Federation of Trade Unions to which managers and company directors belong.

CGIL, CISL and UIL are members of the **CES** — *Confederazione Sindacale Europea* — the European Trade Union Federation.

In 1972 the three major trade unions — CGIL, CISL and UIL — formed a pact and adopted a unified structure — the *Federazione Sindacale Unitaria*, the Italian equivalent of the TUC — to which several categories, including the metal and steel and the building workers, have adhered and whose representative unit is the works committee (*il consiglio di fabbrica*). This process of unification has in recent years suffered a setback, reflecting a general trend in all industrialised countries, due to growing unemployment, falling membership and to the necessary restructuring which the trade-union movement has had to undergo.

The Italian equivalent of the CBI is the *Confindustria — Confederazione Generale dell'Industria Italiana* — the trade-union organization of industrialists, founded in 1919. 106 local associations and 96 national federations of industrialists belong to the Confindustria.

Answer the following questions

1 Che cosa stabilisce l'articolo 14 dello Statuto dei Lavoratori?
2 L'appartenenza ad un sindacato o la partecipazione ad uno sciopero possono essere usati per recare pregiudizio ad un lavoratore?
3 Per quante ore all'anno i lavoratori hanno diritto di riunirsi nel luogo di lavoro per materie di interesse sindacale?
4 Chi può partecipare alle riunioni? Chi deve essere informato in anticipo della loro eventuale presenza?
5 Quali sono i tre sindacati italiani maggiori e quanti lavoratori sono iscritti complessivamente?
6 Che cos'è la CES?
7 Qual'è l'unità rappresentativa della *Federazione Sindacale Unitaria*?

1 Stabilisce il diritto dei lavoratori a formare le rappresentanze sindacali e ad aderire a queste.
2 No, sia l'appartenenza ad un sindacato che la partecipazione ad

uno sciopero non devono in alcun modo pregiudicare un lavoratore.

3 Per dieci ore all'anno.

4 I dirigenti del sindacato possono partecipare alle riunioni nelle fabbriche e il datore di lavoro deve ricevere il preavviso della loro eventuale presenza.

5 Sono la CGIL, la CISL e la UIL e complessivamente gli iscritti a questi tre sindacati sono 8 milioni e 900 mila.

6 È la Confederazione Sindacale Europea.

7 Il consiglio di fabbrica.

Complete the text with the appropriate verb

aderire, appartenere, costituire, diminuire, discriminare, garantire, indire, informare, licenziare, partecipare, prendere parte, tenere, tutelare.

Il sindacato .... i diritti dei lavoratori. Lo Statuto .... il diritto dei lavoratori di .... associazioni sindacali e di .... a queste. Il datore di lavoro non può .... il lavoratore o .... nei suoi confronti perché questo .... ad un sindacato o .... ad uno sciopero. Le riunioni, che si .... nelle unità produttive, ... dai rappresentanti sindacali e i datori di lavoro devono ....ne .... . I dirigenti esterni sindacali possono .... alle riunioni sindacali aziendali. In Italia il numero degli iscritti ai sindacati .... negli ultimi dieci anni.

tutela, garantisce, costituire, aderire, licenziare, discriminare, appartiene, partecipa, tengono, vengono indette, esserne informati, prendere parte, è diminuito.

Rewrite the text putting *Secondo le disposizioni dello Statuto* instead of *Lo Statuto prevede che*

Lo Statuto prevede che i lavoratori abbiano il diritto di formare le organizzazioni sindacali, che si riuniscano sul posto di lavoro fuori dall'orario di lavoro, che il datore debba essere informato di questi incontri, che ulteriori modalità per l'esercizio del diritto di assemblea possano essere stabilite dai contratti collettivi, che il datore non abbia il diritto di discriminare contro i lavoratori per la loro appartenenza al sindacato, che l'affiliazione ad un sindacato non pregiudichi la posizione o l'avanzamento del lavoratore in fabbrica.

Secondo le disposizioni dello Statuto i lavoratori hanno il diritto di formare le organizzazioni sindacali, si riuniscono sul posto di lavoro fuori dall'orario di lavoro, il datore deve essere informato di questi incontri, ulteriori modalità per l'esercizio del diritto di assemblea possono essere stabilite dai contratti collettivi, il datore non ha il diritto di discriminare contro i lavoratori per la loro appartenenza al sindacato, l'affiliazione ad un sindacato non pregiudica la posizione o l'avanzamento del lavoratore in fabbrica.

Rewrite the sentences first in the past then in the future

Remember to use the imperfect (*andava, diminuiva*, etc.) for something which was going on in the past at a particular time and the past tense (*andò, costruimmo*, etc.) for something which happened once and is finished.

1 Adesso i rappresentanti discutono la vertenza con il datore.
Due settimane fa ....
Fra tre giorni ....

2 Attualmente i rapporti fra i datori di lavoro e i lavoratori sono tesi.
Nel 1980 ....
Fra vent'anni ....

3 Quel sindacato conta oggigiorno 4 milioni di iscritti.
Dieci anni fa ....
Fra tre anni ....

4 Si riunisce oggi a Pavia la Federazione Sindacale Unitaria.
La settimana scorsa ....
Il 27 settembre prossimo ....

5 Partecipano stamattina allo sciopero ben 5 milioni di lavoratori.
Il 18 marzo scorso ....
Dopodomani ....

6 Oggi lo sciopero generale di 24 ore ferma i trasporti dell'intera nazione.
Due settimane fa ...
Fra una settimana ...

1 Due settimane fa i rappresentanti discussero la vertenza con il datore. Fra tre giorni i rappresentanti discuteranno la vertenza con il datore.

2 Nel 1980 i rapporti fra i datori di lavoro e i lavoratori erano tesi. Fra vent'anni i rapporti fra i datori di lavoro e i lavoratori saranno tesi.

3 Dieci anni fa quel sindacato contava 4 milioni di iscritti. Fra tre anni quel sindacato conterà 4 milioni di iscritti.

4 La settimana scorsa si riunì a Pavia la Federazione Sindacale Unitaria. Il 27 settembre prossimo si riunirà a Pavia la Federazione Sindacale Unitaria.

5 Il 18 marzo scorso parteciparono allo sciopero ben 5 milioni di lavoratori. Dopodomani parteciperanno allo sciopero ben 5 milioni di lavoratori.

6 Due settimane fa lo sciopero generale di 24 ore fermò i trasporti dell'intera nazione. Fra una settimana lo sciopero generale di 24 ore fermerà i trasporti dell'intera nazione.

Unit 46

Economic geography
Geografia economica

In this unit you will learn words and expressions connected with the economic geography of Italy. Geographically and economically, Italy straddles the southern limits of Northern Europe, with its advanced economies, and the Mediterranean basin, comprising developing economies retaining a substantial agricultural base. The unit begins with a description of the major economic zones in Italy.

Nonostante la scarsità di risorse naturali, la prevalenza del territorio montuoso, un clima non sempre favorevole allo svolgimento delle attività economiche e i danni recati all'ambiente e all'ecologia dall'opera dell'uomo, l'Italia è considerata una fra le maggiori potenze economiche del mondo. Il paese può essere diviso in alcune zone distinte:

Il *Mezzogiorno*, pari al 41% del territorio nazionale e con il 35% della popolazione italiana, comprendente le regioni meridionali e insulari, è la zona meno sviluppata industrialmente nel dopoguerra ha registrato lo spopolamento delle campagne, con una drammatica emigrazione della popolazione agricola verso i centri urbani, particolarmente Roma e le città del Nord. La situazione negli anni Ottanta si è ulteriormente aggravata a causa della disoccupazione, della criminalità organizzata – Mafia e Camorra, della corruzione e del sistema clientelare che hanno avuto effetti disastrosi sullo sviluppo e sull'economia dell'intera regione. Ma non tutta l'Italia meridionale è un deserto economico privo di speranza che va spopolandosi sempre di più. Oltre al turismo sono presenti alcune fiorenti industrie connesse all'agricoltura, come le aziende alimentari e vinicole pugliesi e l'industria conserviera campana.

Il *triangolo industriale* formato da Lombardia-Piemonte-Liguria è la zona italiana più industrializzata dove sono concentrate le industrie automobilistica, metalmeccanica, navale, metallurgica, siderurgica e dei mobili. Una zona di insediamento industriale più recente è il *Veneto,* dove si trovano vari stabilimenti per la produzione di elettrodomestici esportati in tutti i paesi della CE.

L'Emilia-Romagna è la *Silicon Valley* italiana: negli ultimi anni è sorta nella regione una miriade di piccole aziende per la produzione e lo sviluppo di sistemi e tecnologie per microprocessori. Dietro questa immagine modernissima della regione sono sempre valide le industrie alimentari tradizionali dell'Emilia, rinomata come il centro gastronomico italiano per eccellenza.

Identificare però l'alta Italia con le industrie e il Mezzogiorno con l'agricoltura è una semplificazione eccessiva. La Pianura Padana, nel Nord, è ad esempio la zona agricola italiana maggiore e più fertile, per la coltivazione del riso e di cereali e l'allevamento del bestiame. Infine come parte della struttura economica italiana non bisogna dimenticare il mare, fattore importantissimo per il turismo, l'industria alberghiera e della pesca, anche se quest'ultima è in fase di declino come fonte di reddito.

In spite of the lack of natural resources, the prevalence of mountainous territory, a climate not always favourable to economic activities and the damage caused to the environment and ecology by man's pollution, Italy is considered to be one of the major economic powers in the world. The country can be divided in various distinct zones:

The **Mezzogiorno**, equal to 41% of the surface area and with 35% of the population, comprising the southern regions and islands, is the least developed zone from the point of view of industry and in the postwar period has witnessed rural depopulation, with dramatic emigration of the rural population to urban centres, particularly to Rome and the cities of the north. The situation in the 1980s has deteriorated further because of unemployment, organized crime – Mafia and Camorra — corruption and the patronage system which have had a disastrous effect on the development and the economy of the entire region. But not all southern Italy is an economic desert devoid of hope and less and less inhabited. Besides tourism there are some flourishing industries connected to agriculture such as food and wine companies in Puglia and the canning industry in Campania.

The **Industrial Triangle** formed by Lombardy-Piedmont-Liguria is the most industrialized Italian region. The motor vehicle, engineering, shipbuilding, metallurgical, iron and steel and furniture industries are concentrated there. An area of more recent industrial development is the **Veneto** where various factories for the production of white goods exported to all EC countries are situated.

Emilia-Romagna is the Italian '*Silicon Valley*'. In the last few years a large number of small firms for the production and development of microprocessor systems and technologies have been established in the region. Behind this most modern image of the region the traditional food industries of Emilia, renowned as the Italian gastronomic centre par excellence, continue to prosper.

To identify northern Italy with industries and the South with agriculture is a gross simplification. The **Po plain**, in the North, for example, is the largest and most fertile agricultural zone for the cultivation of rice and cereals and for cattle breeding.

Finally one must not forget, as part of the Italian economic structure, the sea, most important for tourism, the hotel industry and fishing, even if the last is declining, as a source of income.

Vocabolario

l'acciaio /le acciaierie	steel/steel-works
aggravarsi	to get worse
l'agricoltura	agriculture
gli agrumi	citrus fruits
alberghiero (l'industria alberghiera)	of hotels (hotel industry)
alimentare (l'industria alimentare)	of food (food industry)
l'allevamento del bestiame	breeding, raising of animals
ambientale	environmental
l'ambiente	environment
il bestiame	cattle, live-stock
bovino, caprino, equino, ovino, suino	of cattle, goats, horses, sheep, pigs
la campagna	countryside
cantieristico (l'industria cantieristica)	of shipyards (shipyard industry)
la carenza	lack
i cereali	cereals
conserviero (l'industria conserviera)	of preserving food (food processing industry)
la criminalità	crime
il danno	damage
il disoccupato	unemployed

la disoccupazione	unemployment
il dopoguerra	postwar period
l'ecologia	ecology
ecologico, l'ecologo	ecological, ecologist
gli elettrodomestici	domestic appliances, white goods
essere privo di	to be devoid of, without
il ferro (la ferriera)	iron (iron-works)
fiorente	flourishing
il frumento, il grano	wheat
il granturco, il mais	maize, corn
l'inquinamento	pollution
inquinare	to pollute
l'insediamento	setting up, development
insulare	insular
il Meridione, il Mezzogiorno	South of Italy
metallurgico (l'industria metallurgica)	metallurgical (metallurgical industry)
metalmeccanico (l'industria metalmeccanica)	of engineering (engineering industry)
la miriade	myriad, large number
montuoso	mountainous
la pesca (l'industria della pesca)	fishing (fishing industry)
la pianura	plain
il piombo	lead
la potenza	power
recare, arrecare	to inflict
il riso/la risaia	rice/paddy field
le risorse naturali	natural resources
il Settentrione d'Italia	North of Italy
siderurgico (l'industria siderurgica)	of iron and steel (iron and steel industry)
sorgere	to arise
lo spopolamento	depopulation
spopolarsi	to lose its inhabitants, become depopulated
il terziario	tertiary, services sector
turistico (l'industria turistica)	of tourism (tourist industry)
vinicolo (l'industria vinicola)	of wine (wine industry)
la vite	vine
viticolo (la regione viticola)	of vine (vine growing region)

lo zinco	zinc
lo zolfo	sulphur

Answer the questions

1 L'Italia è ricca di risorse naturali?
2 La situazione ambientale e quella ecologica possono definirsi ideali?
3 Come viene definito il Mezzogiorno?
4 Da che cosa è stato caratterizzato il Mezzogiorno nel dopoguerra?
5 Quali aspetti positivi sono presenti nel Mezzogiorno?
6 Quali sono i prodotti tipici dell'industria veneta?
7 L'Emilia-Romagna è rinomata solo come il centro gastronomico italiano per eccellenza?
8 Che importanza ha il mare nell'economia italiana?

1 No, in Italia mancano molte risorse naturali.
2 No, ha subito dei danni causati dall'opera dell'uomo.
3 Come la zona comprendente le regioni meridionali e insulari.
4 Dallo spopolamento delle campagne e dalla drammatica emigrazione della popolazione agricola verso centri urbani.
5 Ci sono alcune industrie fiorenti connesse all'agricoltura.
6 Gli elettrodomestici.
7 No, è anche la Silicon Valley italiana.
8 È un fattore importantissimo per il turismo, per l'industria alberghiera e della pesca.

Match the products with the region

1 frigoriferi	a Mezzogiorno
2 prosciutto di Parma	b triangolo industriale
3 autoveicoli Fiat	c Emilia-Romagna
4 riso e cereali	d Veneto
5 pomodori in scatola	e pianura padana

1d, 2c, 3b, 4e, 5a

Match the product with the industry

1 acciaio	a alimentare
2 microprocessori	b siderurgica
3 traghetti	c metalmeccanica

4 pasta
5 Fiat Tipo
6 zolfo
7 macchine per la lavorazione del legno

d chimica
e cantieristica
f automobilistica
g high tech

1b, 2g, 3e, 4a, 5f, 6d, 7c

ECONOMIC GEOGRAPHY OF ITALY

A distinct feature of the economic geography of Italy is economic dualism, the division existing between North and South. This dualism has been a national phenomenon since the unification of Italy in the 1860s and there continues to be a major gulf between the North, with its advanced stage of industrialization, and the South where even many industrial activities are dependent largely on agriculture. In the North, traditional heavy industries tend to be concentrated in the Industrial Triangle, with the north-east and central areas having more recent industrial development.

Since the war particular efforts have been made within the framework of national and European Community policies to improve the economic situation of the South. Employment rates are one indicator of the gap in economic activity between North and South. Employment rates for both males and females are higher in the North, 57% to 52% and 32% to 23% respectively. Male and female unemployment also underscore the disparity, with rates lower in the North than in the South, 5% to 10% for males and 14% to 26% for females. All figures relate to 1985.

The *Cassa per il Mezzogiorno* (Fund for the South), set up in 1950, was the major instrument of political intervention in the South up to its closure in 1984. The Fund sought to promote the economic development of the region by subsidizing employment and fostering investment by private companies and State enterprises. The South's location on the periphery of the European Community and the nature of new developments (e.g. steel works, car plants, etc.) made any such investment a high-risk undertaking. The steel plants, for example, have been enmeshed in the general crisis of the industry and the plants in the South were often the most susceptible to closure. Investments in the infrastructure such as road communications have sometimes been criticized for opening up the South to the products of Northern companies rather than to long-lasting projects. Many of the skilled workers involved in these projects were often from the North and the new jobs created were often few.

A fundamental problem for economic activity in the South is the relative absence of a well-established entrepreneurial business ethic. While Northern businessmen have traditionally been part of the social élite, in the South the élite has tended to consist of large landowners and the professional classes, particularly lawyers.

In recent years direct intervention by the State and government agencies has given way to a policy of encouraging investment by private and public companies, which receive Treasury approval more readily as well as tax benefits for investments in the South. Since Law no. 64 of 1st March 1986, the **Agenzia per la Promozione dello Sviluppo del Mezzogiorno** (Agency for the Promotion of the Development of the South) has sought to stimulate and finance enterprise in the area. Another organization concerned with improving the situation in the Mezzogiorno is **SVIMEZ** — *Associazione per lo Sviluppo dell'Industria nel Mezzogiorno* (Association for the Development of Industry in the South), established in 1946 to undertake economic study and research.

In addition to economic dualism, it is important to be aware that a number of regions — Valle d'Aosta, Trentino-Alto Adige, Friuli-Venezia Giulia, Sardinia and Sicily — have special statutes giving them greater administrative and financial autonomy than the other regions. These regions were established between 1946 and 1963, largely in recognition of the fact that they contained substantial linguistic minorities but also to defuse separatist movements.

Answer the questions

1 Che cosa significa dualismo economico?
2 Che cos'è la politica meridionalista?
3 In che modo si è cercato di incoraggiare lo sviluppo del Mezzogiorno?
4 Quale politica è favorita oggigiorno?
5 Perché sono stati criticati alcuni interventi infrastrutturali?
6 Perché ci sono cinque regioni a statuto speciale?

1 Significa divario economico fra il Nord d'Italia e il Mezzogiorno.

2 È la politica di intervento politico nel Mezzogiorno, con lo scopo di accelerare lo sviluppo economico della regione.
3 Tramite la Cassa per il Mezzogiorno, nuovi insediamenti industriali e l'ammodernamento delle infrastrutture.
4 Una politica di agevolazioni fiscali a favore del Mezzogiorno.
5 Perché, invece di creare progetti duraturi per il Sud, hanno solo incoraggiato l'importazione di prodotti, servizi e occupazione dal Settentrione al Meridione.
6 Perché contengono minoranze linguistiche e movimenti separatisti.

Unit 47

Future of the economy
Futuro dell'economia

In this unit you will learn words and expressions relating to the Italian economy and its future. We also review the future tense. The unit begins with a discussion of the current situation of the Italian economy and its possible development.

Il panorama economico italiano attuale è caratterizzato da vistose differenze fra le aziende e fra le loro *performances* e da contrasti regionali fisici e sociali. Alcune aziende leader come la FIAT e l'Olivetti sono affiancate da numerose imprese piccole e medie. Da non dimenticare è il ruolo delle partecipazioni statali a cui spetta il compito di rafforzare i settori tecnologicamentte avanzati, di sviluppare la ricerca scientifica, di predisporre i programmi di lotta contro la disoccupazione, di razionalizzare il sistema distributivo nazionale, di sanare la bilancia dei pagamenti e di rilanciare la produttività economica del paese. Dinamismo e tradizione competono in una lotta concorrenziale spietata per la sopravvivenza delle aziende, l'accumulazione degli utili e la determinazione delle quote di mercato.

Come sarà l'economia del 2000? C'è chi intravede un futuro colmo di opportunità. Il futurologo Giuseppe Turani, in un saggio intitolato LA LOCOMOTIVA ITALIA, pubblicato nel 1987, ha predetto che entro il 2025 l'Italia sarà la detentrice del primato economico in Europa, sorpassando perfino la Germania e conquistando il terzo posto nel club dei *Sette Grandi,* anche se con un netto distacco dagli Stati Uniti e dal Giappone. Secondo Turani il successo dell'economia italiana sarebbe dovuto al disordine innato nel carattere dell'italiano, alla sua flessibilità, adattabilità, vivacità, vitalità e inventiva. Ma neppure un profeta illuminato come Turani avrebbe potuto prevedere i cambiamenti sconvolgenti della fine degli anni Ottanta nei paesi dell'Est europeo, né l'unificazione politica ed economica delle due Germanie.

Ma, pronostici a parte, è chiaro che l'economia e la società italiane dovranno evolversi e adeguarsi a schemi comunitari ed internazionali. Con l'apertura del mercato unico europeo l'economia sarà sempre più soggetta al potere della concorrenza agguerrita e rimarranno a galla quelle aziende con una struttura di management adeguata per imporsi in un mercato di 320 milioni di consumatori.

Ciò comporterà chiaramente un cambiamento radicale del panorama economico italiano: la struttura basata sulle grandi imprese e sulle piccole aziende difficilmente cambierà, ma il dinamismo, lo slancio creativo e il genio italiani forse non basteranno più. Per il successo dell'economia italiana le aziende dovranno pianificare le proprie strategie, adattarsi alle nuove condizioni e cambiare la propria mentalità.

The Italian economic scene today is marked by enormous differences between companies and their performance and by physical and social regional differences. Some leading companies like Fiat and Olivetti are complemented by large numbers of small and medium enterprises. Not to be forgotten is the role of the state holdings which have the task of strengthening the technologically advanced sectors, developing scientific research, planning programmes to combat unemployment, rationalizing the national distribution network, of improving the balance of payments and of relaunching the country's economic productivity. Dynamism and tradition compete in a ruthless competitive struggle for company survival, the accumulation of profits and the establishment of market shares.

What will the economy of the year 2000 look like? Some perceive a future full of opportunity. The futurologist Giuseppe Turani, in an essay entitled LA LOCOMOTIVA ITALIA, published in 1987, predicted that by 2025 Italy will be the leading economic power in Europe, overtaking even Germany and gaining third place in the G7 club even if with a clear distance from the United States and Japan. According to Turani the success of the Italian economy is due to the innate disorder of the Italian character, with its flexibility, adaptability, vivacity, vitality and inventiveness. But not even an enlightened prophet like Turani could have foreseen the overwhelming changes at the end of the 1980s in the countries of Eastern Europe, nor the political and economic unification of the two Germanies.

But, forecasts apart, it is clear that the Italian economy and society will have to evolve and adapt to Community and international patterns. With the advent of the Single European Market the economy will be more and more subject to hardened competition and those companies will remain on top which have a management structure able to assert itself in a market of 320 million consumers.

This will clearly involve a radical change in the Italian economic scene: the structure based on large firms and small companies is unlikely to change, but Italian dynamism, creative élan and genius will perhaps no longer be sufficient. For the Italian economy to succeed companies will have to plan their strategies, adapt to new conditions and change their ways of thinking.

Vocabolario

a galla	afloat, on top
agguerrito	hardened, tried and tested
l'andamento	trend, tendency
la bilancia dei pagamenti	balance of payments
colmo	full
comportare [comportato]	to involve, require
detenere [detenuto]	to hold (a record)
il detentore/la detentrice	holder
il distacco	distance, gap
il futurologo	futurologist
il genio	genius
illuminare [illuminato]	to illuminate, enlighten
imporsi [imposto]	to impose, assert oneself
innato	innate
intravedere [intravisto]	to perceive
l'inventiva	inventiveness
la mentalità	mentality, way of thinking
le Partecipazioni Statali	state shareholdings in industry
l'azienda a partecipazione statale	state-controlled company
la performance, la prestazione, il rendimento	company performance
pianificare [pianificato]	to plan
predire [predetto]	to predict, forecast
predisporre [predisposto]	to plan, predetermine
prevedere [previsto]	to foresee
il primato, il record	primacy, first place, record
il pronostico	forecast, prediction
rafforzare [rafforzato]	to strengthen
sanare, risanare	to cure
il saggio	essay, treatise
sconvolgere [sconvolto]	to overturn, overwhelm

i Sette Grandi	the seven major 'Western' economies (G7)
lo slancio	élan, impetus
spettare a [spettato]	to be incumbent upon, fall to
spietato	pitiless, ruthless
il titolo, intitolato	title, titled
vistoso	considerable, large

Answer the questions

1 Quali sono attualmente le caratteristiche dell'economia italiana?
2 Quali sono gli obiettivi delle partecipazioni statali?
3 Come sarà il futuro dell'economia italiana secondo Giuseppe Turani?
4 A che cosa Turani attribuisce il futuro successo dell'economia italiana?
5 Che cosa non ha pronosticato Turani?
6 Come influirà il mercato unico europeo sull'andamento dell'economia italiana?
7 Qual'è l'elemento chiave che le aziende italiane dovranno avere per poter rimanere a galla nel mercato unico europeo?
8 Che cose dovranno fare le aziende italiane?

1 L'economia italiana è caratterizzata da vistose differenze fra le aziende e fra le loro prestazioni e da contrasti regionali fisici e sociali.
2 Il rinforzo dei settori tecnologicamente avanzati, lo sviluppo della ricerca scientifica, la predisposizione dei programmi di lotta contro la disoccupazione, la razionalizzazione del sistema distributivo, il sanamento della bilancia dei pagamenti e il rilancio della produttività economica del paese.
3 Sarà colmo di opportunità.
4 Lo attribuisce al disordine innato nel carattere dell'italiano.
5 I cambiamenti sconvolgenti della fine degli anni Ottanta nei paesi dell'Est europeo e il programma di unificazione politica ed economica delle due Germanie.
6 L'economia italiana sarà sempre più soggetta al potere della concorrenza agguerrita.
7 Una struttura di management adeguata per imporsi in un mercato di 320 milioni di consumatori.
8 Dovranno pianificare le proprie strategie, adattarsi alle nuove condizioni e cambiare la propria mentalità.

Put the infinitives in brackets into the future tense

1 Entro il 2025 l'Italia (essere) la detentrice del primato economico in Europa.
2 Solo le aziende più agguerrite (rimanere) a galla nel mercato unico.
3 Le piccole aziende artigianali (imporsi) con difficoltà.
4 Se non li informi subito, non (tenersi) a tua disposizione.
5 L'incontro con i clienti (avvenire) dopodomani.
6 La ditta (esporre) i prodotti nuovi il mese prossimo a Bolzano.
7 A chi (spettare) il primo posto nel mercato europeo nel 2025?
8 Quanti esperti (prevedere) il futuro nel modo giusto?
9 Senza dubbio la realtà (sconvolgere) le nostre previsioni.
10 Pensi che noi (riuscire) a stare a galla?

sarà, rimarranno, si imporranno, si terranno, avverrà, esporrà, spetterà, prevederanno, sconvolgerà, riusciremo.

Read the following passage

Riportiamo qui un primo estratto dei risultati di un'indagine sugli atteggiamenti degli uomini d'affari dei maggiori paesi comunitari — Italia, Regno Unito, Francia, Germania e Spagna — nei confronti dei loro paesi e degli altri paesi membri.

L'indagine è stata condotta nel primo semestre del 1990 da David Baker, docente di ricerca di mercato presso il Buckinghamshire College in Inghilterra. Complessivamente hanno risposto al questionario 522 dirigenti, con un minimo di 100 risposte provenienti da ciascun paese. Le risposte dalla Spagna sono state di numero inferiore, ma si sono dimostrate ugualmente valide dal punto di vista statistico. La selezione dei campioni nazionali è stata effettuata secondo l'attività e il livello di qualifica dei dirigenti.

Che cosa pensano gli uomini d'affari italiani dell'Italia? Pensano che l'Italia sia al primo posto nell'architettura, nella musica, nel cinema e nel teatro e sono convinti che la cucina italiana e che il tenore di vita italiano siano i migliori. Gli italiani sono anche considerati come più artistici e più dotati di estro creativo dai loro partner comunitari.

Da questa indagine emergono anche aspetti negativi dell'Italia legati alle infrastrutture italiane, quali l'ordinamento giuridico, la rete ferroviaria, la rete di telecomunicazioni, il servizio sanitario, considerate le peggiori in Europa. Vengono anche criticati l'élitismo dei politici italiani e la carenza di spirito politico ed ecologico dell'italiano medio.

Secondo questo studio gli italiani sono i meno abili nella conoscenza e padronanza delle lingue straniere (condividono l'ultimo posto con gli inglesi) e considerano la Gran Bretagna come il paese più dissimile dall'Italia.

Indicate whether the following statements are true or false

1. L'italiano medio parla le lingue straniere meglio dell'inglese medio.
2. L'architettura italiana è considerata superiore a quella inglese.
3. La musica inglese è superiore a quella italiana.
4. L'estro creativo degli inglesi è maggiore di quello degli italiani.
5. I film inglesi hanno più successo di quelli italiani.
6. Il Regno Unito è molto simile all'Italia.
7. L'Italia ha il miglior governo possibile.
8. Il sistema telefonico italiano funziona malissimo.
9. L'italiano medio è conscio delle sue responsabilità ecologiche.
10. Le ferrovie italiane offrono un servizio ineccepibile ai propri clienti.

All false except 2 and 8.

Unit 48

Role of the state
Il ruolo dello stato

In this unit you will learn words and expressions relating to the state, in particular its role in the economy. We also review further nouns and their derivation from verbs. The unit begins with a historical survey of the involvement of the state in the Italian economy.

Storicamente lo stato italiano ha sempre ricoperto un ruolo di maggior controllo e intervento di quello britannico. Le ragioni sono molteplici; eccone alcune:

1 l'unità d'Italia risale soltanto al 1861 e negli anni successivi alla proclamazione del regno il nuovo stato si impegnò a creare le strutture economiche ed amministrative di base e dovette far fronte alla concorrenza degli stati più industrializzati dell'Europa del Nord, vale a dire il Regno Unito e la Germania.

2 Negli anni postunitari mancavano le premesse per l'industrializzazione del paese. Mancavano soprattutto adeguate riserve di risorse naturali come il carbone e il ferro. L'Italia continua ancor oggi a registrare un deficit energetico di grandi proporzioni e la sua economia è in gran parte dipendente dalle importazioni di energia, specialmente di petrolio.

3 Esisteva già allora un divario economico e sociale fra il Nord e il Sud del paese. Dopo oltre un secolo la questione meridionale è ancora insoluta e il dibattito continua.

Lo stato si prefisse allora di salvaguardare la nascente industria italiana, intervenendo in vari modi per promuovere l'attività economica, creare nuovi posti di lavoro e sanare il sottosviluppo del Mezzogiorno. Derivò da questa situazione la creazione nel 1933 dell'IRI — *Istituto per la Ricostruzione Industriale* — l'ente di gestione del sistema delle partecipazioni statali. L'IRI è una holding finanziaria statale e una delle maggiori società italiane con particolari interessi nel settore siderurgico (Ilva — già Finsider), cantieristico (Fincantieri), delle telecomunicazioni (STET), dei trasporti aerei (Alitalia) e marittimi, nell'industrializzazione del Mezzogiorno e nel sostegno dell'occupazione.

Negli ultimi trent'anni, a causa di interferenze politiche, di scelte di carattere partitico, di ripercussioni della crisi a livello mondiale e di operazioni finanziariamente gravose per il recupero di aziende in crisi, l'attività dell'IRI è stata oggetto di critiche tali da richiedere la totale ristrutturazione dell'ente.

Nel corso degli anni Ottanta è cominciato il dibattito sulla privatizzazione delle partecipazioni statali e la vendita di alcune partecipanzioni di minoranza ha realizzato circa 12 miliardi di lire. Sono state anche vendute a privati ditte di rilievo, quali la Lanerossi e l'Alfa Romeo, quest'ultima alla FIAT. Il progresso o meno di questo programma di privatizzazione dipende interamente dalla decisione degli uomini politici, che sembrano restii a rinunciare al controllo che esercitano attualmente su una parte considerevole dell'economia italiana.

Historically the Italian state has always had a role of greater control and intervention than the British state. The reasons are many and include:

1 Italy was only unified in 1861 and in the years subsequent to the proclamation of the kingdom the new state committed itself to creating the basic economic and administrative structures and had to meet the competition from the more industrialized states of Northern Europe, i.e. United Kingdom and Germany.

2 In the years following unification the prerequisites for industrializing the country were absent. Above all there was a lack of adequate reserves of natural resources like coal and iron. Even today, Italy continues to have a large energy deficit and its economy is in large part dependent on energy imports, especially oil.

3 Even then, there was an economic and social distinction between north and south. After more than a century the Southern question is still not solved and the debate continues.

The state was determined to safeguard the nascent Italian industry, intervening in various ways in order to promote economic activity, create new jobs and remedy the underdevelopment of the South. From this derived the establishment in 1933 of IRI (Institute for Industrial Reconstruction), the managing body of the system of state ownership. IRI is a state-financed holding company and one of the major Italian companies with particular interests in iron and steel (Ilva, formerly Finsider), shipbuilding (Fincantieri), telecommunications (STET), air transport (Alitalia) and shipping, in the industrialization of the South and in supporting employment.

In the last 30 years, due to political interference, choices of a party political nature, the repercussions of the worldwide crisis and financially onerous operations to save companies in crisis, IRI's activity has been the subject of criticism such as to require the total restructuring of the organization.

In the course of the 1980s a debate has begun on the privatization of publicly owned companies and the sale of some minority holdings has realized around 12 billion lire. Some firms of note, such as Lanerossi and Alfa Romeo, have also been sold to private owners, the latter company to Fiat. Whether this privatization programme continues or not depends entirely on the decision of politicians, who seem reluctant to give up the control they exercise at present over a considerable part of the Italian economy.

Vocabolario

l'azienda a partecipazione statale	state-controlled enterprise
l'azienda di stato, l'azienda statale, l'impresa pubblica	state-owned enterprise
il cantiere	shipyard
cantieristico	of shipbuilding
il deficit, il disavanzo	shortage, deficit
la denazionalizzazione	denationalization
energetico	of energy
l'ente governativo	government body
far fronte a	to face
gravoso	onerous, burdensome
impegnarsi	to commit oneself
l'industria nazionalizzata	nationalized industry
insoluto	unresolved
l'interferenza	interference
intervenire [intervenuto]	to intervene
l'intervento dello stato	state intervention
il manager pubblico	public sector manager
molteplice	multiple, many
il monopolio di stato	state monopoly
la nazionalizzazione	nationalization
la partecipazione (il pacchetto azionario) di maggioranza	controlling interest
la partecipazione (il pacchetto	

azionario) di minoranza	minority shareholding
le Partecipazioni Statali (PP.SS.)	public sector (state share holdings)
partitico	party political
il petrolio	petroleum, crude oil
la premessa	prerequisite
la privatizzazione	privatization
il recupero	recovery, salvation
il regno	kingdom
restio	reluctant, hesitant
ricoprire [ricoperto]	to fulfil (role)
il rilievo	note, importance
la ristrutturazione	restructuring
salvaguardare	to safeguard
sanare	to remedy
il settore privato	private sector
il settore pubblico	public sector, government sector
l'unità	unity, unification

Answer the questions

1 A quando risale l'intervento dello stato italiano nell'economia?
2 Con quali stati dovette competere il nuovo stato unito italiano?
3 Che cosa mancava negli anni postunitari per l'industrializzazione del paese?
4 In che modo l'Italia risolve il proprio deficit energetico?
5 In che modo lo stato intervenne prima della seconda guerra mondiale?
6 Che tipo di azienda è l'IRI?
7 Che cosa hanno subito le partecipazioni statali negli ultimi anni?
8 Chi controlla le partecipazioni statali e chi è titolare del pacchetto azionario di queste?

1 Risale al 1861, l'anno dell'Unità d'Italia.
2 Con il Regno Unito e la Germania, gli stati più industrializzati dell'Europa del Nord.
3 Mancavano riserve adeguate di risorse naturali.
4 Lo risolve importando energia, particolarmente petrolio.
5 Intervenne creando nuovi posti di lavoro, sanando il sottosviluppo del Mezzogiorno e creando l'IRI.
6 È una holding finanziaria statale.

7 Hanno subito critiche tali da richiederne la totale ristrutturazione.
8 Lo stato, attraverso enti di gestione.

THE STATE AND THE ITALIAN ECONOMY

The intervention by the state in Italy can be explained historically in terms of the economy's underdevelopment relative to its major competitors, grave regional disparities and the absence of a predominant entrepreneurial way of thinking. Even today up to half of the economy is controlled by the state, although privatization is being increasingly mooted as a way of resolving Italy's public sector crisis and raising efficiency and the level of service.

Public sector managers are of considerable importance in Italy because of their influence over the economy. Many public sector managers (certainly managers and managing directors of state owned enterprises) are political appointees, as key appointments have generally been shared out between members of the ruling coalition, usually in a manner reflecting the parties' share of the vote. As the Christian Democrats have been the major party since the war and have been present (usually dominant) in all postwar coalitions, many appointees come from among the party's supporters. With the increasing influence of the Socialist Party in recent years, especially under Bettino Craxi, Prime Minister between 1983 and 1987, public sector managers appointed from the Socialist camp have become more prominent.

Comparisons are frequently made between private and public sector managers, especially with regard to their managerial effectiveness and sense of allegiance. It would be wrong to dismiss all public sector managers as purely political appointees, but the public sector has difficulty in shaking off the accusation of partiality when it comes to appointments and conducting business. Some public sector managers, however, state that they uphold a philospophy distinct from the sole pursuit of profit, as in the private sector, and are motivated by values such as social justice in addition to striving to realize economic goals.

Responsibility for state owned companies and shareholdings lies with the *Ministro delle Partecipazioni Statali*. The major state-owned organization is IRI, which controls a variety of companies including

Alitalia and RAI (the Italian equivalent of the BBC). In 1988 IRI's turnover was in the region of 60,000 billion lire, with around one seventh earned outside Italy. Profits were just under 600 billion.

IRI has about 420,000 employees. The largest companies in the IRI group are **STET** (telecommunications: 130,000 employees and c. 21,000 billion lire turnover), and **Ilva** (steel: 60,000 employees and 10,000 billion turnover). IRI also controls about 15% of the Italian banking system through its majority shareholdings in Banca Commerciale Italiana, Credito Italiano, Banco di Roma and Banco di Santo Spirito, as well as the famous food companies Alemagna, Motta and Cirio.

ENI (*Ente Nazionale Idrocarburi*), founded in 1953, was established to carry out research into hydrocarbons and was granted the exclusive right to exploit such deposits in certain areas of the north. In addition ENI has become a major multinational in energy and other sectors such as chemicals and textiles. ENI operates as a holding company controlling such subsidiaries as **AGIP** (*Azienda Generale Italiana Petroli*) and **ENICHEM**. ENI's management reports to the Minister of State Shareholdings and 65% of the group's profits go to the state. ENI has around 10,000 employees.

EFIM (*Ente Partecipazione e Finanza Industria Manifatturiera*), with c. 60,000 employees, was set up in 1962 by the Minister of State Shareholdings to manage state shareholdings in certain engineering companies. EFIM is structured into four main areas, covering mechanical engineering and thermomechanics (*Ernesto Breda* and *Breda ferroviaria*), primary industries (*MCS*) and food (*SOPAL*).

Replace the verbs in brackets with nouns

Il manager pubblico apparve in Italia negli anni Trenta con la ... (fondare) dell'IRI e costituisce una peculiarità del sistema economico italiano. Lo Stato, attraverso l'IRI e le altre ... (partecipare) statali, voleva attuare l'... (implementare) della propria politica economica. Nelle ... (partecipare) statali le burocrazie politiche e partitiche hanno la ... (fungere) di ... (rappresentare) i proprietari. I manager pubblici sono forse più instabili dei manager delle aziende private, perché le loro cariche dipendono dalla ... (volere) degli uomini politici. Le loro ... (retribuire) sono nettamente inferiori a quelle dei manager privati. Alcuni considerano la gestione pubblica essenziale al ... (progredire) del paese, mentre altri pensano che le imprese pubbliche dovrebbero fallire, se non sono più in grado di imporsi sul mercato.

fondazione, partecipazioni, implementazione, partecipazioni, funzione, rappresentanza dei, volontà, retribuzioni, progresso.

Write the opposite of

privato	instabile	inferiore	progresso
essenziale	nazionalizzare	maggiore	successivo
postunitario	nascente	disposto	ultima

pubblico, stabile, superiore, regresso, non essenziale, privatizzare, minore, precedente, preunitario, morente, restio, prima.

Unit 49

European Community and Single European Market
Comunità Europea e Mercato Unico

In this unit you will learn words and expressions connected with the European Community and the Single European Market. You will also practise translation. The unit begins with a description of the attitudes of Italians to the European Community and the Single Market.

Gli italiani sono fra i più appassionati sostenitori della Comunità Europea e dell'unità politica ed economica dei paesi del MEC. Già nel 1957, quando il Trattato di Roma sancì l'istituzione del Mercato Comune, molti italiani vedevano nell'unità europea un'opportunità di crescita, sviluppo e progresso per il paese, dopo gli anni del fascismo e della guerra. Con l'adesione al MEC, l'Italia espresse la propria appartenenza alla famiglia di nazioni dell'Europa occidentale e indicò che il progresso economico e sociale sarebbe scaturito dalla collaborazione piuttosto che dall'animosità politica. Questa passione per l'Europa è stata confermata da numerosi sondaggi d'opinione in cui gli italiani hanno dimostrato di sostenere con entusiasmo il concetto di Europeismo e dello sviluppo delle istituzioni comunitarie.

Il governo italiano è favorevole alla realizzazione dell'unità politica della Comunità, per trasformare il Mercato Comune da un'entità basata principalmente sull'integrazione economica e sulla collaborazione politica degli stati membri, in un'unione di stati con politica estera e di difesa comune.

Molti imprenditori italiani riconoscono i benefici che il Mercato Unico porterà all'economia del paese, con la libera circolazione dei prodotti, del fattore lavoro e delle attività imprenditoriali e professionali, ma guardano allo stesso tempo con apprensione la prospettata invasione di aziende estere del mercato italiano, fino a poco tempo fa relativamente monopolizzato da aziende nazionali.

The Italians are among the most ardent supporters of the European

Community and of the political and economic unity of the EC countries. Already in 1957, when the Treaty of Rome sanctioned the establishment of the Common Market, many Italians saw in European unity an opportunity for growth, development and progress for the country, after the years of Fascism and war. With membership of the EC Italy gave expression to its own membership of the family of West European nations and indicated that economic and social progress would derive from collaboration rather than political enmity. This passion for Europe has been confirmed by many opinion polls in which the Italians have shown themselves as supporting with enthusiasm the concept of Europeanism and the development of Community institutions.

The Italian government favours the political unity of the Community: to transform the Common Market from an entity based mainly on economic integration and political co-operation of the member states into a union of states with a common foreign and security policy.

Many Italian businessmen recognize the benefits that the Single Market will bring to the country's economy, with the free circulation of goods, labour and business and professional activities, but look at the same time with apprehension at the expected invasion by foreign firms of the Italian market, until a short while ago dominated by national companies.

Vocabolario

aderire a [aderito]	to join, be a member of
l'adesione	membership, joining
L'Aja	The Hague
l'animosità	animosity, enmity
l'appartenenza	belonging, membership
appassionato	passionate, ardent
l'apprensione	apprehension
attenersi a [attenuto]	to uphold, keep to
l'Atto Unico Europeo	the Single European Act
Bruxelles	Brussels
il commissario	commissioner
la Commissione delle Comunità Europee	European Commission

il comunismo	Communism
la Comunità europea (CEE)	European Community (EC)
la Comunità europea per l'energia atomica	European Atomic Energy Community
la Comunità europea del carbone e dell'acciaio (CECA)	European Coal and Steel Community
comunitario	of the Community
il Consiglio dei ministri europeo	European Council of Ministers
la Corte dei conti	Court of Accounts
la Corte di giustizia europea	European Court of Justice
la direttiva	directive
l'eurocrate	EC bureaucrat, Eurocrat
l'eurodeputato, il deputato del parlamento europeo	MEP
l'Eurocratese	Eurojargon
l'Europa dei Dodici	the enlarged Common Market
l'Europeismo	Europeanism
il fascismo	Fascism
Ginevra	Geneva
l'istituzione	establishment, institution
Lussemburgo	Luxembourg
il mercato comune europeo	European common market
il mercato unico europeo	single European market
i paesi firmatari	signatory countries
il Parlamenteo europeo, l'Europarlamento	European Parliament
la politica agricola comune (PAC)	common agricultural policy (CAP)
prospettare	to propose, point out
la riluttanza	reluctance
sancire [sancito]	to sanction, permit
scaturire [scaturito]	to gush, derive
il sistema monetario europeo	European monetary system
il socialismo	Socialism
il sostegno	support
sostenere [sostenuto]	to support
il sostenitore	supporter
Strasburgo	Strasbourg

il Trattato di Roma	Treaty of Rome
l'unione doganale	customs union
l'unità monetaria europea	European currency unit

Answer the questions

1 Quando fu firmato il Trattato di Roma?
2 Perché gli italiani erano già allora appassionati sostenitori del MEC?
3 Che cosa hanno confermato vari sondaggi d'opinione?
4 Il governo italiano è favorevole o contrario all'unione politica degli stati membri?
5 Cosa pensano molti imprenditori italiani del Mercato Unico?
6 Come cambierà il mercato italiano?

1 Nel 1957.
2 Perché vedevano nell'unità europea un'opportunità di crescita, sviluppo e progresso per il paese, dopo gli anni del fascismo e della guerra.
3 Hanno confermato come gli italiani sostengono con entusiasmo il concetto di Europeismo.
4 Il governo italiano è favorevole all'unione politica degli stati membri, con una politica estera e di difesa comune.
5 Ne riconoscono i benefici, ma guardano allo stesso tempo con apprensione l'arrivo in Italia di tante imprese straniere.
6 Sarà meno monopolizzato da aziende nazionali.

In quali città si riuniscono le seguenti organizzazioni comunitarie ed internazionali?

La Corte di Giustizia della CE
La Commissione della CE
Il Parlamento Europeo
L'Organizzazione delle Nazioni Unite
La Corte di Giustizia Internazionale
L'Organizzazione Internazionale del Lavoro
Il Consiglio dei Ministri della CE
La Corte dei Conti

Lussemburgo, Bruxelles, Lussemburgo e Strasburgo (alternativamente), New York, L'Aja, Ginevra, Bruxelles, Lussemburgo.

Choose the correct word

L'Atto Unico Europeo fu *presentato/ratificato/discusso* alla fine del 1986 e nel 1992 porterà *all'armonizzazione/alla privatizzazione/alla realizzazione* delle legislazioni nazionali dei paesi *comunitari/comuni/comunisti.* Il mercato comune si basa sull'unione *doganale/legale/geografica* e su una politica *estera/interna/partitica comune* degli stati *membri/uniti/associati.* I paesi firmatari del trattato di *Roma/Bruxelles/Strasburgo* erano *sei/otto/dodici.* L'ingresso nel MEC della Gran Bretagna risale al 1º gennaio 1973/1972/1957. Il consiglio dei *conti/ministri/pòlitici* stabilisce le *politiche/riunioni/giustizie* principali della comunità. La *corte/società/comunità* dei conti controlla il *mercato/parlamento/bilancio* comunitario. La politica *economica/europea/internazionale* comune si basa sul principio della libera *domanda/vendita/circolazione* dei prodotti nella comunità con l'eliminazione di tutti gli ostacoli *tariffari/economici/politici.*

ratificato, armonizzazione, comunitari, doganale, estera, membri, Roma, sei, 1973, ministri, politiche, corte, bilancio, economica, circolazione, tariffari.

Translate into Italian

According to David Baker's research into the attitudes of Community businessmen, the other major European countries tend to agree with the Italian businessmen's view of the negative aspects of Italy, although in the areas of political and ecological awareness and infrastructures Spain is also considered lacking. Most Europeans see the Italians as very artistic, creative and Italian architecture as among the best in Europe.

Secondo lo studio di David Baker sugli atteggiamenti degli uomini d'affari della Comunità, gli altri paesi europei maggiori tendono a concordare con gli uomini d'affari italiani sugli aspetti negativi dell'Italia, anche se per quanto riguarda il senso politico ed ecologico e le infrastrutture anche la Spagna ha mostrato delle carenze. La maggior parte degli europei considera gli italiani come molto artistici, creativi e l'architettura italiana fra le migliori in Europa.

Read the following passage

La qualità della vita in Italia

Un'inchiesta pubblicata nel 1990 ha rivelato che la qualità della vita degli italiani è superiore a quella degli inglesi. L'indagine è stata svolta principalmente nelle città comunitarie con più di 300 mila abitanti, secondo i criteri stabiliti dal professor Cheshire dell'Università di Reading. In complesso la qualità della vita nelle città italiane è risultata più elevata rispetto alle città inglesi. La prima classificata fra le città inglesi è Brighton, al 19º posto. Brighton è preceduta da quattro città italiane – Venezia, Firenze, Bologna e Milano. Fra le ultime venti classificate ci sono sei città inglesi e tre italiane – Messina, Napoli e Cagliari.

L'indice della qualità della vita è determinato da tre componenti chiave: 1 il livello di disoccupazione, 2 il rapporto immigrazione-emigrazione, 3 il dinamismo economico a livello locale.

In genere la qualità della vita nelle città centrali della Comunità europea è di gran lunga superiore a quella nelle città periferiche. Molte città classificatesi ai primi posti hanno in comune un alto tasso di occupazione nel settore terziario. In molte città meridionali la qualità della vita ha subito un netto peggioramento a causa della fuga dai campi che ha avuto un impatto negativo sull'economia del Mezzogiorno e sulla qualità della vita nei centri urbani del Sud.

Answer the questions

1 What was the topic of the research?
2 Who conducted the research?
3 Which Italian cities fared (a) better (b) worse than Brighton?
4 On what was the index based?
5 What factor did many of the cities with a better quality of life share?
6 Why has the quality of life declined in cities in Southern Italy?

1 The quality of life in EC cities with more than 300,000 inhabitants.
2 Professor Cheshire of Reading University.
3 (a) Venice, Florence, Bologna and Milan (b) Messina, Naples and Cagliari.

4 On three key variables – unemployment rate, balance of immigration and emigration, and the economic dynamism of the locality.
5 High employment in the services sector.
6 Because of rural depopulation.

ITALY AND THE EUROPEAN COMMUNITY

Italy's relationship with the European Community has seemingly been problematic, especially in reconciling what are considered national interests and less immediate future aspirations. In general, Italy has been a keen supporter of the move to greater economic and political integration in Europe. At the practical level implementation of Community policies has become entangled in the undergrowth of Italian politics, particularly where sensitive national issues have been at stake, for example, in the restructuring of the European steel industry. Here Italy has frequently been at odds with the EC Commission because the steel industry is a major employer in Italy and is largely in state ownership.

It may be that the Single European Market will accelerate the integration of Italy in the Community economy as foreign companies operate more and more aggressively within Italy, forcing Italian companies to be less reliant on their domestic market. Such economic changes will clearly have an impact on the government of Italy, although in what way is still uncertain. The Italian economy faces many of the challenges affecting other major European economies – the Japanese challenge, demographic downturn, skills shortages – and Italy needs to change in order to survive and prosper. To reap the benefits of change, Italy will clearly need to make full use of her creativity and inventiveness.

Unit 50

Important organizations and addresses
Istituzioni e indirizzi

Alitalia 27 Piccadilly London W1 9PF	Tel. 081 745 8200
Association of British Chambers of Commerce (ABCC) 212 Shaftesbury Avenue London WC2H 8EW	Tel. 071 240 5831
Associazione Italiana delle Agenzie di Pubblicità a Servizio Completo Via Larga 19 I-20122 Milano	Tel. 02 802086
Associazione Italiana per gli Studi di Marketing Via Olmetto 3 I-20123 Milano	Tel. 02 863293
Banca Commerciale Italiana Head Office Piazza della Scala 6 I-20121 Milano	Tel. 02 8850 2619 Telex 340091 BCI MTI Fax 02 8850 2940
London Branch 42 Gresham Street London EC2V 7LA	Tel. 071 600 8651 Telex 885927 COMIT G Tel. 071 606 1071

BBC External Services Export Liaison Unit Bush House Strand London WC2B 4PH	Tel. 071 257 2039 Telex 265781 a/b BBc HQ G
Borsa Valori di Milano Piazza degli Affari 6 I-20133 Milano	Tel. 02 85341
British Chamber of Commerce for Italy Via Agnello 8 I-20121 Milano	Tel. 02 876981/877798 Telex 332490 BRITAL I Fax 02 28100 Ext. 262
British Consulate Via San Paolo 7 I-20121 Milano	Tel. 02 8693442/6 Telex 310528 (a/b UKCON I) Fax 02 720201153
British Consulate Palazzo Castelbarco Lungarno Corsini 2 I-50123 Firenze	Tel. 055 263556 Telex 570270 (a/b UKCON I) Fax 055 219112
British Consulate Via Francesco Crispi 122 I-80122 Napoli	Tel. 081 209227/663320 Telex 710330 (a/b UKCON I) Fax 081 683720
British Consulate Corso Massimo D'Azeglio 60 I-10126 Torino	Tel. 011 687 832 Telex 221464 (a/b BRITRA I)
British Consulate P.O. Box 679 I-30100 Venezia	Tel. 041 5227207/5227408 Telex 410283 (a/b UKCON I)
British Embassy – Commercial Department Via XX Settembre 80A I-00187 Roma	Tel. 06 4755441/4755551 Telex 626119 (a/b 610049 UKEMB I) Fax 06 4741836

British International Freight Association Redfern House Browells Lane Feltham Middlesex TW13 7EP	Tel. 081 844 2266
Camera di Commercio di Milano Via Meravigli 9/11 I-20123 Milano	Tel. 02 85151
Central Office of Information Hercules Road Westminster Bridge Road London SE1 7DU	Tel. 071 928 2345 Telex 915444 Fax 071 928 5037
Commission of the European Communities 8 Storey's Gate London SW1P 3AT	Tel. 071 222 8122
Also Via Poli 29 I-00187 Roma	Tel. 06 678 97 22
Corso Magenta 59 I-20123 Milano	Tel. 02 80 15 05
Confederazione Generale dell'Industria Italiana – CONFINDUSTRIA Via dell'Astronomia 30 I-00144 Roma–Eur	Tel. 06 59031
Confederazione Generale Italiana del Commercio – CONFCOMMERCIO Piazza G.C. Belli 2 I-00153 Roma	Tel. 06 58661

Department of Trade and Industry Overseas Trade Division (Italy Desk) 1 Victoria Street London SW1H 0ET	Tel. 071 215 7877
Ente Autonomo Fiera Internazionale di Milano Largo Domodossola 1 I-20145 Milano	Tel. 02 49971 Telex 331360
Ente Autonomo Fiera Internazionale di Genova Piazzale J.F. Kennedy 1 I-16129 Genova	Tel. 010 53911 Fax 010 5391270 Telex 271424
ESOMAR Central Secretariat J.J. Viottastraat 29 1071 JP Amsterdam The Netherlands	Tel. 020 642141
Euro-Information Centre Via Poli 29 00187 Roma	Tel. 06 6789722 Telex 610184 EUROMA 1
Corso Magenta 61 I-20123 Milano	Tel. 02 801505/6/7/8 Telex 316002 EURMIL 1
Euro-Information Centre Office in London 8 Storey's Gate London SW1P 3AT	 Tel. 071 222 8122 Telex 23208 EURUK G
Euromonitor 87–88 Turnmill Street London EC1M 5Q	Tel. 071 251 8024

Export Credits Guarantee Department
Aldermanbury House
Aldermanbury
London EC2P 2EL
Tel. 071 512 7000

Export Licence Applications (and directly related inquiries)
Department of Trade and Industry
Export Control Organization
Kingsgate House
66-74 Victoria Street
London SW1E 6SW
Tel. 071 215 8070

Export Market Information Centre
Department of Trade and Industry
1-19 Victoria Street
London SW1H 0ET
Tel. 071 222 2629

Federazione Italiana della Pubblicità
via M. Gonzaga
I-20123 Milano
Tel. 02 865262/8055081

Freight Transport Association (British Shippers' Council)
Hermes House
St. John's Road
Tunbridge Wells
Kent TN4 9UZ
Tel. 0892 26171

General Council of British Shipping (GCBS)
30 St Mary Axe
London EC3A 8ET
Tel. 071 283 2922

HM Customs & Excise King's Beam House Mark Lane London EC3R 7HE	Tel. 071 620 1313
Institute of Export 64 Clifton Street London EC2A 4HB	Tel. 071 247 9812 Fax 071 377 5343
International Chamber of Commerce ICC (United Kingdom) Centre Point 103 New Oxford Street London WC1A 1QB	Tel. 071 240 5558
Istituto Centrale di Statistica ISTAT Via Cesare Balbo 16 I-00184 Roma	Tel. 06 46731
Istituto Centrale di Statistica ISTAT Piazza della Repubblica 22 I-20124 Milano	Tel. 02 650321
Istituto Nazionale per il Commercio Estero (ICE) Via Liszt 21 I-00144 Roma	Tel. 06 59921
Italian Chamber of Commerce Room 418–427 Walmar House 296 Regent Street London W1R 6AE	Tel. 071 637 3153
Italian Consulate-General 38 Eaton Place London SW1X 8AN	Tel. 071 235 9371

Italian Consulate-General — Tel. 031 226 3631
6 Melville Crescent
Edinburgh EH3 7JA

Italian Embassy — Tel. 071 629 8200
14 Three Kings Yard
Davies Street
London W1Y 2EH

Italian Institute — Tel. 071 235 1461
39 Belgrave Square
London SW1 8NX

Italian State Tourist Office — Tel. 071 408 1254
1 Princes Street
London W1R 8AY

Italian Trade Centre — Tel. 071 734 2412
37 Sackville Street
London W1X 2DQ

Key Note Publications — Tel. 071 253 3006
28-42 Banner Street
London EC1Y 8QE

The Market Research Society — Tel. 071 235 4709
15 Belgrave Square
London SW1X 8PF

Simplification of International Trade Procedures Board (SITPRO) — Tel. 071 287 3525
Venture House
29 Glass House Street
London W1R 5RG

SVIMEZ – Associazione per lo Sviluppo del Mezzogiorno — Tel. 06 465295
Via di Porta Pinciana 6
I-00187 Roma

Utenti Pubblicità Associati
Via Larga 13
I-20122 Milano

Tel. 02 861951

Unit 51

Abbreviations and acronyms
Abbreviazioni e sigle

AAPI — Associazione delle Aziende Pubblicitarie Italiane
Association of Italian Advertising Companies

ABI — Associazione Bancaria Italiana
Association of Italian Banks

ac — assegno circolare; anno corrente
current account; of this year

ACI — Automobile Club d'Italia
Italian Automobile Association

ACLI — Associazioni Cristiane dei Lavoratori Italiani
Christian Association of Italian Workers

ACRI — Associazione Casse di Risparmio Italiane
Association of Italian Savings Banks

AD — Amministratore Delegato
Managing Director

AGIP — Azienda Generale Italiana Petroli
General Italian Petroleum Company

AGM — assemblea generale annuale
annual general meeting

AISM — Associazione Italiana per gli Studi di Marketing
Italian Association for Marketing Studies

all — allegato
enclosed – enc

ANSA — Agenzia Nazionale Stampa Associata
Press Association National Agency

API — Anonima Petroli Italiana
Italian Petrol Company

API — Associazione piccole e medie industrie
Association of Small and Medium Enterprises

APT — Aziende di Promozione Turistica
Tourist Promotion Companies

ass — assegno
cheque

ASST	Azienda di Stato per i Servizi Telefonici *State Company for Telephone Services*
BEI	Banca Europea degli Investimenti *European Investment Bank*
BOT	Buono Ordinario del Tesoro *Government Bond*
BU	Bollettino Ufficiale *Official Bulletin*
BUSARL	Bollettino Ufficiale delle Società per Azioni e a Responsabilità Limitata *Official Bulletin of Joint-stock and Limited Liability Companies*
BUSC	Bollettino Ufficiale delle Società Cooperative *Official Bulletin of Co-operative Societies*
cap	codice avviamento postale *postcode*
c.c.	conto corrente *current account*
CCI	Camera di Commercio Internazionale *International Chamber of Commerce*
ccp	conto corrente postale *postal current account*
CDF	Consiglio di Fabbrica *Works Committee*
CECA	Comunità Europea per il Carbone e l'Acciaio *European Coal and Steel Community – ECSC*
CEE	Comunità Europea *European Economic Community – EC*
CFR	Costo e nolo *Cost and freight*
CGIL	Confederazione Generale Italiana del Lavoro *General Italian Labour Confederation*
CIF	costo, assicurazione e nolo *cost, insurance and freight*
CIP	Porto e Assicurazione Pagati *Carriage and Insurance Paid to*
CISAL	Confederazione Italiana Sindacati Autonomi dei Lavoratori *Italian Confederation of Independent Workers' Unions*

CISL	Confederazione Italiana Sindacati dei Lavoratori *Italian Confederation of Workers' Unions*
CISNAL	Confederazione Italiana Sindacati Nazionali Lavoratori *Italian Confederation of National Workers' Unions*
cm	corrente mese *instant*
CNEL	Consiglio Nazionale dell'Economia e del Lavoro *Economy and Labour National Council*
CNR	Consiglio Nazionale delle Ricerche *National Research Council*
CONFAGRICOLTURA	Confederazione Generale dell'Agricoltura Italiana *General Confederation of Italian Agriculture*
CONFAPI	Confederazione Italiana della Piccola e Media Industria *Italian Confederation of Small and Medium Industries*
CONFARTIGIANATO	Confederazione Generale dell'Artigianato Italiano *General Confederation of Italian Craftsmen and Craftswomen*
CONFCOMMERCIO	Confederazione Generale Italiana del Commercio e del Turismo *General Italian Confederation of Commerce and Tourism*
CONFINDUSTRIA	Confederazione Generale dell'Industria Italiana *General Confederation of Italian Industry*
CONSOB	Commissione Nazionale per le Società e la Borsa *National Commission for Companies and the Stock Exchange*
CPT	Porto Pagato *Carriage Paid To*
DAF	Reso Frontiera *Delivered at Frontier*
DDU	Reso non Sdoganato *Delivered Duty Unpaid*
DDP	Reso Sdoganato *Delivered Duty Paid*
DES	Franco Bordo Nave a Destino *Delivered ex Ship*

DEQ	Franco Banchina (Sdoganato) *Delivered ex Quay*
DPR	Decreto del Presidente della Repubblica *Decree of the President of the Republic*
ecc.	*etc.*
ECU	Unità di Conto Europea *European Currency Unit*
ENEL	Ente Nazionale per l'Energia Elettrica *National Electricity Board*
ENIT	Ente Nazionale Industrie Turistiche *National Tourist Industry Board*
EXW	Franco Fabbrica *Ex Works*
FAS	Franco Sottobordo *free alongside ship*
FCA	Franco Vettore *Free Carrier*
FF SS	Ferrovie dello Stato *Italian Railways*
F. gli	figli *sons*
FIAT	Fabbrica Italiana Automobili Torino *Fiat*
f. lli	fratelli *brothers*
FMI	Fondo Monetario Internazionale *International Monetary Fund – IMF*
FOB	Franco a Bordo *free on board*
f. to	firmato *signed*
g gg	giorno giorni *day days*
G.d.F.	Guardia di Finanza *Customs and Excise Police*
GU	Gazzetta Ufficiale della Repubblica Italiana *Official Gazette of the Italian Republic*
GUCE	Gazzetta Ufficiale delle Comunità Europee *Official Gazette of the EC*
ICE	Istituto Nazionale per il Commercio con l'Estero *National Institute for Export*

IMQ	Istituto del Marchio di Qualità *Quality Standard Institute*
INA	Istituto Nazionale delle Assicurazioni *National Insurance Institute*
INAIL	Istituto Nazionale per le Assicurazioni contro gli Infortuni sul Lavoro *National Institute for Insurance against Accidents at Work*
INAPLI	Istituto Nazionale per l'Addestramento Professionale dei Lavoratori dell'Industria *National Institute for Professional Training of Industry Workers*
INPS	Istituto Nazionale della Previdenza Sociale *National Social Security Institute*
IRI	Istituto per la Ricostruzione Industriale *Industrial Reconstruction Institute*
IRPEF	Imposta sul Reddito delle Persone Fisiche *Personal Income Tax*
IRPEG	Imposta sul Reddito delle Persone Giuridiche *Corporation Tax*
ISFOL	Istituto per lo Sviluppo della Formazione Professionale dei Lavoratori *Institute for the Development of Professional Training of Workers*
ISTAT	Istituto Centrale di Statistica *Central Statistical Institute*
IVA	Imposta Valore Aggiunto *Value Added Tax – VAT*
L/C	Lettera di Credito *Letter of Credit*
£ Lst	Lire Sterline *Pound Sterling*
Lit	Lire italiane *Italian Lire*
MEC	Mercato Comune Europeo *Common Market*
mitt	mittente *sender*
ns	nostro *our, ours*

odg	ordine del giorno *agenda*
OIL	Organizzazione Internazionale del Lavoro *International Labour Organisation – ILO*
OMS	Organizzazione Mondiale della Sanità *World Health Organization – WHO*
ONU	Organizzazione delle Nazioni Unite *United Nations Organization*
pag. pagg.	pagina pagine *page pages*
per es.	per esempio *for example*
RAI-TV	Radiotelevisione Italiana *Italian Broadcasting Corporation*
rif	riferimento *reference*
SA	Società Anonima *joint-stock company*
seg. segg.	seguente seguenti *following*
Sig.	Signor *Mr, Sir*
Sig. ra	Signora *Mrs, Madam*
Sig. na	Signorina *Miss, Madam*
SIP	Società Italiana per l'Esercizio delle Telecomunicazioni *Italian Telecom*
SME	Sistema Monetario Europeo *European Monetary System* (EMS)
Snc	Società in nome collettivo *General partnership*
SpA	Società per azioni *Joint stock company limited by shares*
Spett. Ditt.	Spettabile Ditta *Messrs.*
Srl	Società a responsabilità limitata *Limited liability company*
SVIMEZ	Associazione per lo Sviluppo dell'Industria nel Mezzogiorno

	Association for the Development of Industry in the Mezzogiorno
TCI	Touring Club Italiano *Italian Touring Club*
IUL	Unione Italiana dei Lavoratori *Italian Union of Workers*
UNIONCAMERE	Unione Italiana delle Camere di Commercio *Italian Union of Chambers of Commerce*
US	ultimo scorso *last*
VS VS	vostro *your, yours*

Additional source material

A good dictionary such as the Collins Sansoni ITALIAN DICTIONARY (Collins, 1988) or IL NUOVO RAGAZZINI – Ragazzini/Biagi, *Dizionario Inglese–Italiano, Italiano–Inglese*, Zanichelli, 1989.
A more specialized dictionary is F. Picchi, ECONOMICS AND BUSINESS, DIZIONARIO ENCICLOPEDICO ECONOMICO E COMMERCIALE INGLESE–ITALIANO, ITALIANO–INGLESE, Zanichelli, 1986.

General works dealing with the conduct of business in Italy include R.T. Moran, THE INTERNATIONAL MANAGEMENT CULTURAL GUIDE TO DOING BUSINESS IN EUROPE, Heinemann, 1990; C. Randlesome (ed.), BUSINESS CULTURES IN EUROPE, Heinemann, 1990; and D. Hakenstein, DOING BUSINESS IN ITALY, BBC Books, 1991.
The general issue of communicating across cultural boundaries is explored in I. McCall and J. Cousins, COMMUNICATION PROBLEM SOLVING, John Wiley & Sons 1990, especially chapter 10 'Cross-border Communication Problem Solving'.